深圳改革创新丛书
（第五辑）

Reformation of Land Rearrangement in the Action
of Overall Planning of the Whole Village in Shenzhen:
Experiments of Pingshan District

深圳"整村统筹"
土地整备改革：坪山实验

段磊　许丛强　岳隽　编著

中国社会科学出版社

图书在版编目（CIP）数据

深圳"整村统筹"土地整备改革：坪山实验/段磊，许丛强，岳隽编著. —北京：中国社会科学出版社，2018.5（2022.6重印）
（深圳改革创新丛书. 第五辑）
ISBN 978-7-5203-2446-5

Ⅰ.①深⋯ Ⅱ.①段⋯②许⋯③岳⋯ Ⅲ.①土地制度—土地改革—研究—深圳 Ⅳ.①F321.1

中国版本图书馆 CIP 数据核字（2018）第 091081 号

出 版 人	赵剑英
责任编辑	马　明
特约编辑	李溪鹏
责任校对	任晓晓
责任印制	王　超

出　　版	中国社会科学出版社
社　　址	北京鼓楼西大街甲 158 号
邮　　编	100720
网　　址	http://www.csspw.cn
发 行 部	010-84083685
门 市 部	010-84029450
经　　销	新华书店及其他书店
印　　刷	北京君升印刷有限公司
装　　订	廊坊市广阳区广增装订厂
版　　次	2018 年 5 月第 1 版
印　　次	2022 年 6 月第 2 次印刷
开　　本	710×1000　1/16
印　　张	18.75
插　　页	2
字　　数	279 千字
定　　价	79.00 元

凡购买中国社会科学出版社图书，如有质量问题请与本社营销中心联系调换
电话：010-84083683
版权所有　侵权必究

《深圳改革创新丛书》
编委会

顾　　问：王京生
主　　任：李小甘　吴以环
执行主任：陈金海　张骁儒

《深圳"整村统筹"土地整备改革：坪山实验》编委会名单

编委会主任：吕玉印
编委会副主任：陶永欣　王幼鹏
编委会成员（以姓氏笔画为序）：

　　　　　　　　弓　李　　马岩松　　王晓星　　方海洲
　　　　　　　　邓国元　　卢少辉　　刘世会　　刘国红
　　　　　　　　许丛强　　李卫红　　李　辉　　余奕鹏
　　　　　　　　张雄宇　　罗成宏　　周盛辉　　周　辉
　　　　　　　　段　磊　　姚早兴　　高晓望　　黄坤赤
　　　　　　　　黄　超　　韩立清　　温阳新　　雷卫华
　　　　　　　　管连秀　　戴像荣

主　　编：刘国红
副 主 编：周盛辉
执 笔 人：段　磊　许丛强　岳　隽
研究组成员：许丛强　段　磊　岳　隽　曹　雪
　　　　　　　陈小祥　张雄宇　张文晖　刘荷蕾
　　　　　　　李嘉诚　许　旭　古　杰　温洲冰

总序：突出改革创新的时代精神

王京生[*]

在人类历史长河中，改革创新是社会发展和历史前进的一种基本方式，是一个国家和民族兴旺发达的决定性因素。古今中外，国运的兴衰、地域的起落，莫不与改革创新息息相关。无论是中国历史上的商鞅变法、王安石变法，还是西方历史上的文艺复兴、宗教改革，这些改革和创新都对当时的政治、经济、社会甚至人类文明产生了深远的影响。但在实际推进中，世界上各个国家和地区的改革创新都不是一帆风顺的，力量的博弈、利益的冲突、思想的碰撞往往伴随改革创新的始终。就当事者而言，对改革创新的正误判断并不像后人在历史分析中提出的因果关系那样确定无疑。因此，透过复杂的枝蔓，洞察必然的主流，坚定必胜的信念，对一个国家和民族的改革创新来说就显得极其重要和难能可贵。

改革创新，是深圳的城市标识，是深圳的生命动力，是深圳迎接挑战、突破困局、实现飞跃的基本途径。不改革创新就无路可走、就无以召唤。30多年来，深圳的使命就是作为改革开放的"试验田"，为改革开放探索道路。改革开放以来，历届市委、市政府以挺立潮头、敢为人先的勇气，进行了一系列大胆的探索、改革和创新，使深圳不仅占得了发展先机，而且获得了强大的发展后劲，为今后的发展奠定了坚实的基础。深圳的每一步发展都源于改革创新的推动；改革创新不仅创造了深圳经济社会和文化发展的奇迹，而且使深圳成为引领全国社会主义现代化建设的"排头兵"。

---

[*] 王京生，现任国务院参事。

从另一个角度来看，改革创新又是深圳矢志不渝、坚定不移的命运抉择。为什么一个最初基本以加工别人产品为生计的特区，变成了一个以高新技术产业安身立命的先锋城市？为什么一个最初大学稀缺、研究院所几乎是零的地方，因自主创新而名扬天下？原因很多，但极为重要的是深圳拥有以移民文化为基础，以制度文化为保障的优良文化生态，拥有崇尚改革创新的城市优良基因。来到这里的很多人，都有对过去的不满和对未来的梦想，他们骨子里流着创新的血液。许多个体汇聚起来，就会形成巨大的创新力量。可以说，深圳是一座以创新为灵魂的城市，正是移民文化造就了这座城市的创新基因。因此，在特区30多年发展历史上，创新无所不在，打破陈规司空见惯。例如，特区初建时缺乏建设资金，就通过改革开放引来了大量外资；发展中遇到瓶颈压力，就向改革创新要空间、要资源、要动力。再比如，深圳作为改革开放的探索者、先行者，在向前迈出的每一步都面临着处于十字路口的选择，不创新不突破就会迷失方向。从特区酝酿时的"建"与"不建"，到特区快速发展中的姓"社"姓"资"，从特区跨越中的"存"与"废"，到新世纪初的"特"与"不特"，每一次挑战都考验着深圳改革开放的成败进退，每一次挑战都把深圳改革创新的招牌擦得更亮。因此，多元包容的现代移民文化和敢闯敢试的城市创新氛围，成就了深圳改革开放以来最为独特的发展优势。

30多年来，深圳正是凭着坚持改革创新的赤胆忠心，在汹涌澎湃的历史潮头上劈波斩浪、勇往直前，经受住了各种风浪的袭扰和摔打，闯过了一个又一个关口，成为锲而不舍地走向社会主义市场经济和中国特色社会主义的"闯将"。从这个意义上说，深圳的价值和生命就是改革创新，改革创新是深圳的根、深圳的魂，铸造了经济特区的品格秉性、价值内涵和运动程式，成为深圳成长和发展的常态。深圳特色的"创新型文化"，让创新成为城市生命力和活力的源泉。

2013年召开的党的十八届三中全会，是我们党在新的历史起点上全面深化改革做出的新的战略决策和重要部署，必将对推动中国特色社会主义事业发展、实现民族伟大复兴的中国梦产生重大而深远的影响。深圳面临着改革创新的新使命和新征程，市委市政府打出全面深化改革组合拳，肩负起全面深化改革的历史重任。

如果说深圳前30年的创新，主要立足于"破"，可以视为打破旧规矩、挣脱旧藩篱，以破为先、破多于立，"摸着石头过河"，勇于冲破计划经济体制等束缚；那么今后深圳的改革创新，更应当着眼于"立"，"立"字为先、立法立规、守法守规，弘扬法治理念，发挥制度优势，通过立规矩、建制度，不断完善社会主义市场经济制度，推动全面深化改革，创造新的竞争优势。特别是在党的十八届三中全会后，深圳明确了以实施"三化一平台"（市场化、法治化、国际化和前海合作区战略平台）重点攻坚来牵引和带动全局改革，推动新时期的全面深化改革，实现重点领域和关键环节的率先突破；强调坚持"质量引领、创新驱动"，聚焦湾区经济，加快转型升级，打造好"深圳质量"，推动深圳在新一轮改革开放中继续干在实处、走在前列，加快建设现代化国际化先进城市。

如今，新时期的全面深化改革既展示了我们的理论自信、制度自信、道路自信，又要求我们承担起巨大的改革勇气、智慧和决心。在新的形势下，深圳如何通过改革创新实现更好更快的发展，继续当好全面深化改革的排头兵，为全国提供更多更有意义的示范和借鉴，为中国特色社会主义事业和实现民族伟大复兴的中国梦做出更大贡献，这是深圳当前和今后一段时期面临的重大理论和现实问题，需要各行业、各领域着眼于深圳全面深化改革的探索和实践，加大理论研究，强化改革思考，总结实践经验，作出科学回答，以进一步加强创新文化建设，唤起全社会推进改革的勇气、弘扬创新的精神和实现梦想的激情，形成深圳率先改革、主动改革的强大理论共识。比如，近些年深圳各行业、各领域应有什么重要的战略调整？各区、各单位在改革创新上取得什么样的成就？这些成就如何在理论上加以总结？形成怎样的制度成果？如何为未来提供一个更为明晰的思路和路径指引？等等，这些颇具现实意义的问题都需要在实践基础上进一步梳理和概括。

为了总结和推广深圳当前的重要改革创新探索成果，深圳社科理论界组织出版了《深圳改革创新丛书》，通过汇集深圳市直部门和各区（新区）、社会各行业和领域推动改革创新探索的最新总结成果，希图助力推动深圳全面深化改革事业的新发展。其编撰要求主要包括：

首先，立足于创新实践。丛书的内容主要着眼于新近的改革思维与创新实践，既突出时代色彩，侧重于眼前的实践、当下的总结，同时也兼顾基于实践的推广性以及对未来的展望与构想。那些已经产生重要影响并广为人知的经验，不再作为深入研究的对象。这并不是说那些历史经验不值得再提，而是说那些经验已经沉淀，已经得到文化形态和实践成果的转化。比如说，某些观念已经转化成某种习惯和城市文化常识，成为深圳城市气质的内容，这些内容就可不必重复阐述。因此，这套丛书更注重的是目前行业一线的创新探索，或者过去未被发现、未充分发掘但有价值的创新实践。

其次，专注于前沿探讨。丛书的选题应当来自改革实践最前沿，不是纯粹的学理探讨。作者并不限于从事社科理论研究的专家学者，还包括各行业、各领域的实际工作者。撰文要求以事实为基础，以改革创新成果为主要内容，以平实说理为叙述风格。丛书的视野甚至还包括为改革创新做出了重要贡献的一些个人，集中展示和汇集他们对于前沿探索的思想创新和理念创新成果。

最后，着眼于解决问题。这套丛书虽然以实践为基础，但应当注重经验的总结和理论的提炼。入选的书稿要有基本的学术要求和深入的理论思考，而非一般性的工作总结、经验汇编和材料汇集。学术研究须强调问题意识。这套丛书的选择要求针对当前面临的较为急迫的现实问题，着眼于那些来自于经济社会发展第一线的群众关心关注或深入贯彻落实科学发展观的瓶颈问题的有效解决。

事实上，古今中外有不少来源于实践的著作，为后世提供着持久的思想能量。撰著《旧时代与大革命》的法国思想家托克维尔，正是基于其深入考察美国的民主制度的实践之后，写成名著《论美国的民主》，这可视为从实践到学术的一个范例。托克维尔不是美国民主制度设计的参与者，而是旁观者，但就是这样一位旁观者，为西方政治思想留下了一份经典文献。马克思的《法兰西内战》，也是一部来源于革命实践的作品，它基于巴黎公社革命的经验，既是那个时代的见证，也是马克思主义的重要文献。这些经典著作都是我们总结和提升实践经验的可资参照的榜样。

那些关注实践的大时代的大著作，至少可以给我们这样的启示：哪怕面对的是具体的问题，也不妨拥有大视野，从具体而微的实践探索中展现宏阔远大的社会背景，并形成进一步推进实践发展的真知灼见。《深圳改革创新丛书》虽然主要还是探讨本市的政治、经济、社会、文化、生态文明建设和党的建设各个方面的实际问题，但其所体现的创新性、先进性与理论性，也能够充分反映深圳的主流价值观和城市文化精神，从而促进形成一种创新的时代气质。

前　言

随着我国土地有偿使用制度的建立，以地谋发展的开发建设模式为我国城市高速发展带来了巨大的推动力。随着原有土地开发模式下问题的不断出现，特别是我国经济发展进入新常态以来，城市发展尤其是特大城市开始寻求新的发展增长极，这其中土地存量开发成为重要探索方向。在进入 21 世纪之后，面临"四个难以为继"的深圳积极提出土地存量开发思路，并着手探索具体实施路径。随着深圳市土地管理制度改革的不断深化，针对存量土地再开发的多种探索均取得一定成效，逐步催生了城市更新、土地整备、农地入市等多样探索。

为解决原农村土地城市化过程中出现的产权瑕疵、利用低效、布局混乱、环境低劣等问题，同时释放土地开发潜力保障城市重大基础设施项目建设和重大产业发展项目落地，坪山区作为全市土地整备综合改革试点，探索创新了"整村统筹"土地整备的土地二次开发新模式。"整村统筹"土地整备是以保障城市基础设施、公共服务设施和重大产业项目土地供应，推动土地集约节约利用，促进城市发展和社区转型升级为目标，以政府主导、社区主体、市场参与为原则，综合运用规划、土地、资金、产权等统筹手段，一揽子解决原农村在经济发展、社会转型、环境优化、土地激活等方面的问题。"整村统筹"土地整备模式紧扣发展这一核心思路，是解决城市化土地问题、实现新型城镇化的重要政策创新。

在坪山"整村统筹"土地整备模式的实践过程中，持续开展了大量试点工作。探索初期选取了金沙、南布、沙湖三个社区作为"整村统筹"土地整备探索试点。在金沙试点的实践过程中，逐步明晰了基本的利益分配思路和实施路径；在南布、沙湖试点的实践过程中，逐步探索形成"整村统筹"土地整备在产权处置、实施主体确认、利益分配格局、审批管理机制等方面的具体操作规则，并在各试点实施的过程中不断发展成熟和稳定，最终为政策出台提供实践经验的参考。随着2014年底和2015年初南布社区和沙湖社区"整村统筹"土地整备方案相继获批，"整村统筹"土地整备路径逐步成熟。在以上试点取得扎实成效的基础上，坪山继续推进"整村统筹"土地整备工作，针对沙田、高新南、金沙卢屋等区域继续丰富完善"整村统筹"土地整备的实施路径，从实施规模调控、工作方式改良和政策优化完善等方面提出了更加符合坪山长远发展的新思路和新要求。

目前，"整村统筹"土地整备已经在坪山全区六分之五的街道以及三分之二以上的土地面积上得以展开，取得了丰硕的实践成果。这不仅促进了原农村社区范围内一揽子土地历史遗留问题的解决，而且全面落实并完善了各项基础设施和公共配套，从而统筹实现了社区党建、社会建设、经济建设等多个领域的城市化转型以及现代化城市生活的转变。坪山在当前改革探索的基础上，不断思考、丰富、优化"整村统筹"土地整备的改革路径，相关经验做法不仅上升总结为深圳土地整备利益统筹的具体政策，而且引起了全国各地的关注，《深圳特区报》《深圳都市报》《南方日报》人民网和搜狐网等媒体相继报道，为全国城镇化建设过程中存量建设用地盘活，提供了可供复制推广的典型案例。

本书以总结坪山"整村统筹"土地整备的发展脉络为主线，围绕三个关键试点，分析其经验教训并在此基础上总结其理论与实践价值，从而形成针对存量土地二次开发模式的若干思考。具体来说，本书共分为三个篇章：第一篇回顾了坪山"整村统筹"土地整备的由来，分析坪山开展"整村统筹"土地整备工作的背景，研究"整村统筹"土地整备探索的必然性；第二篇分析了金沙、南布、沙湖三个试点社区的各自特点和探索历程，梳理其承上启下的关联性及具体政策的差异性，深入解析坪山"整村统筹"土地整备工作推进过程中展开的若干思考；第三篇从宏观视角出发,阐明"整村统筹"土地整备的重要意义,探索未来"整村统筹"土地整备的完善路径,审视这一模式对存量土地二次开发的积极作用。

本书对坪山"整村统筹"土地整备试点探索经验的总结分析,希望能够为读者更深层次地理解这一政策的背景、内核及发展过程提供参考,同时希望对坪山乃至全市、全国的存量土地二次开发探索提供经验借鉴。

目 录

第一篇 "整村统筹"土地整备的思路酝酿

第一章 坪山城市化发展面临的主要困难 …………… (3)
　第一节 坪山区的设立及其城市化发展的使命
　　　　与挑战 ………………………………………… (3)
　第二节 坪山由"半城市化"走向"深度城市化"
　　　　要求城市建设全面升级 ………………………… (13)
　第三节 现状土地盘活利用困难制约坪山"深度
　　　　城市化"发展 …………………………………… (18)

第二章 坪山土地整备工作启动 …………………………… (29)
　第一节 土地整备被列为坪山"一号工程" ……………… (29)
　第二节 "四田一岗"土地整备事件还原 ………………… (32)
　第三节 相关经验借鉴与启示 ……………………………… (38)

第三章 "整村统筹"土地整备的提出 …………………… (52)
　第一节 "整村统筹"提出的原因和目的 ………………… (52)
　第二节 "整村统筹"理念的逐步清晰 …………………… (55)
　第三节 "整村统筹"土地整备改革方向的确立 ………… (63)

第二篇 "整村统筹" 土地整备的发展脉络

第四章 金沙社区试点的探索与胶着 ………………………… (75)
第一节 金沙社区开启"整村统筹"土地整备试点探索 ……………………………………………… (75)
第二节 金沙社区"人、户、房、地、股"的改革尝试 ……………………………………………… (88)
第三节 金沙社区土地整备的主要问题及经验借鉴 ……………………………………………… (94)

第五章 南布社区试点的继承与改革 ………………………… (101)
第一节 南布社区试点的选取 ………………………… (101)
第二节 "政府与社区算大账,社区与居民算小账"利益分配思路的实现 ………………… (111)
第三节 土地整备专项规划和实施方案的互动推进 ……… (114)
第四节 "整村统筹"土地整备工作流程再造 …………… (121)
第五节 集体资产处置与竞争性谈判的关系处理 ………… (124)
第六节 南布社区"整村统筹"土地整备的综合效益 ……………………………………………… (127)

第六章 沙湖社区试点的创新与完善 ………………………… (135)
第一节 沙湖社区"整村统筹"土地整备的缘起 ………… (135)
第二节 社区内部算小账完整框架的构建 ……………… (144)
第三节 多种再开发路径的协调推进 …………………… (147)
第四节 各方主体协调机制完善,社区主体作用更加凸显 …………………………………………… (149)

第五节 沙湖社区"整村统筹"土地整备的综合
效益……………………………………………（151）

**第七章 坪山"整村统筹"试点探索的政策演进与
制度贡献**……………………………………（156）
第一节 坪山"整村统筹"土地整备的政策演进 ………（156）
第二节 深圳土地整备利益统筹政策的生成 …………（171）
第三节 坪山"整村统筹"土地整备的有益贡献………（185）

第三篇 "整村统筹"土地整备的
改革路径

第八章 趋势与挑战：存量发展时代的改革应对 …………（205）
第一节 趋势：快速城镇化背景下的存量土地
再开发成为必然……………………………（205）
第二节 挑战：存量发展时代面向复杂土地开发
情形的管理应对……………………………（213）

第九章 改革思考：存量发展时代土地管理制度建构 ………（237）
第一节 基于"存量"的土地管理制度核心 …………（237）
第二节 存量土地管理制度改革的方向探索 …………（248）

第十章 坪山实践："整村统筹"土地整备的发展建议 ……（260）
第一节 "整村统筹"土地整备的规则建构要点 …………（260）
第二节 "整村统筹"土地整备的制度环境建设 ………（267）

致　谢 ………………………………………………………（279）

第一篇

"整村统筹"土地整备的思路酝酿

第一章　坪山城市化发展面临的主要困难

第一节　坪山区的设立及其城市化发展的使命与挑战

一　发展使命

坪山位于深圳东北部（见图1—1），其建制从坪山镇和坑梓镇演变而来，之后经历了龙岗大工业区管理时期，于2009年6月成立坪山新区，辖坪山、坑梓2个街道。2016年12月获批成立坪山区，并于2017年1月正式挂牌。坪山总面积约为166平方公里，下辖坪山、马峦、碧岭、石井、坑梓、龙田6个街道（见图1—2）。

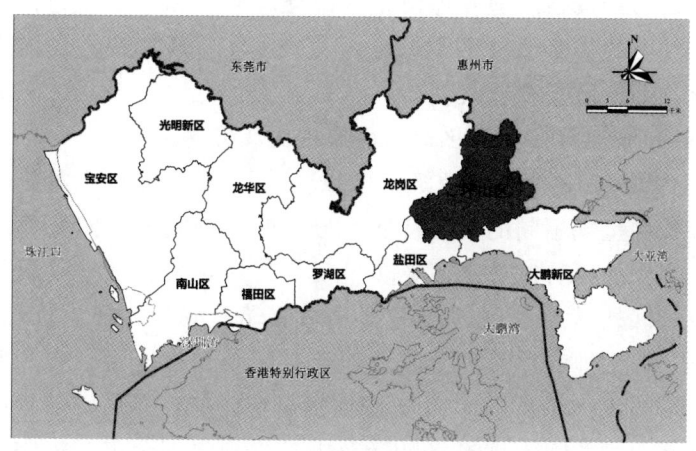

图1—1　坪山区位置示意图

资料来源：笔者自绘。

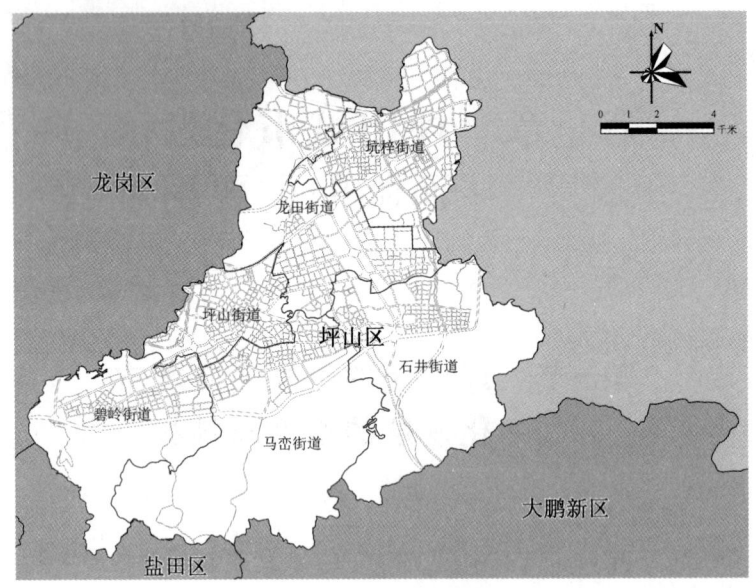

图1—2 坪山区行政区划示意图

资料来源：笔者自绘。

坪山产业基础好、生态资源丰富、空间和土地资源具有相对优势，发展后劲较强。随着坪山新区的挂牌成立和坪山作为行政区的设立，坪山的战略地位不断提高，发展步伐不断加快，在推进深度城市化方面，肩负着重大使命。

(一) 深圳特区一体化面临的城市发展需要

自1980年设立深圳经济特区以来，以"二线关"划分的原特区内外长期呈现不同的发展特征。与深圳原特区内现代化都市景观相比，广大的原特区外地区较多呈现"村村点火、户户冒烟"的景象，原特区外城市发展的过程中业态低端、配套欠缺、管理滞后，特别是产业用地利用呈现出新增产业空间受到挤压而已有产业用地效率低下的突出矛盾。2010年深圳提出特区扩容提质，随后国务院作出批复，同意将深圳经济特区范围扩大到深圳全市，将宝安、龙岗两区纳入特区范围。在《深圳经济特区一体化发展总体思路和工作方案》中明确了特区一体化的内涵，即"六个一体化"，包括：

法规政策一体化、规划布局一体化、基础设施一体化、城市管理一体化、环境保护一体化以及基本公共服务一体化。迈进"大特区"时代的深圳，必然要求以科学发展理念实施特区的整体规划建设。这就意味着原特区内外在道路交通、基础设施、公共服务、社会管理、民生事业等诸多方面必须实现均衡化发展，共同协调产业发展，形成"一带四区九基地"的产业布局。当时，刚刚成立的坪山新区作为落实深圳城市总体规划中"市级中心—副中心—组团中心"构想的重要节点，承接着探索深圳城市体系结构创新和新的城市管理模式改革的重要发展使命，深圳对坪山的发展提出了更高的要求。同时，由于特区扩容和一体化发展所带来的大量产业和科技外溢，对坪山的产业空间布局优化和配套的生产、生活服务均提出了较高的要求。

（二）打造深圳未来新的发展增长极的现实要求

在深圳面临人口、资源、土地、环境四个"难以为继"的发展瓶颈时，坪山作为全市可供开发土地最大的区域之一，在设立之初就承担着市委、市政府打造"科学发展示范区、综合配套改革先行区、深圳新的区域增长极"的重要使命。2008 年全球金融危机爆发，世界经济政治格局加速变化。对于坪山的发展来说，既迎来全球产业调整重组带来的高科技产业和新型产业外溢与梯度化转移的重大机遇，同时又面临着辖区内加工贸易型产业、劳动密集型企业以及中小型企业居多，难以抵挡金融危机影响的严峻挑战。面临当时严峻的经济形势，坪山认真落实市委、市政府关于"保增长"的系列政策措施，抓住大发展大变革的机遇，积极调整产业结构、引进先进制造业和服务业，对培育符合国内外新的形势下产业发展要求的新的产业增长极提出了更高的要求。

（三）落实省、市改革的前沿阵地

《珠江三角洲地区改革发展规划纲要（2008—2020 年）》《深圳市综合配套改革总体方案》等省、市政策文件对深圳的改革创新提出了新的要求，坪山作为改革的前沿阵地，自成立以来，就承担了多项国家、省、市改革的"先行区""示范区""试点区"与"试验区"的重任。在国土资源部与深圳市签署的《关于共建高度城市化地区土地管理制度改革试点城市合作框架协议》中，坪山被列为先行先试地区，奠定了开展土地管理制度改革和创新的良好基础。在住房与城乡建设部与深圳市签署的《共建国家低碳生态示范市合作框架协议》中，坪山试点建设低碳生态试验区，为坪山产业结构调整、城市建设优化、生活方式转变提供了先决条件。2013年，坪山被列为全国首批智慧城市试点名单，通过网络基础设施建设、智慧化信息平台建设以及"智慧化"服务战略性产业集聚等多个领域建设，打造"智慧坪山"，实现"基于云架构的集约政府"和"基于开放数据的开放社会"。同年，坪山成为全国社区治理和服务创新试验区以及全国首批社会工作服务标准化建设示范区，积极推动基层治理改革创新。2012年，《深圳市土地管理制度改革总体方案》获得国土资源部和广东省人民政府的联合批复，前海、坪山被列为此次改革的两个综合试点之一，被赋予推进土地二次开发利用机制统筹以及探索城市发展单元整体开发模式的重大使命。

（四）建设深圳东部中心的主要力量

2016年深圳提出实施城市东进战略，推动东部发展轴向坪山等区域延伸，建设东部中心。随后，深圳印发了《深圳市实施东进战略行动方案（2016—2020年）》，进一步明确了坪山为东进功能辐射中枢之一，具有区域性综合交通枢纽、创新创业服务中心、现代服务业基地及市级文体赛事活动中心的定位。2017年坪山实现了从"功能区"向"行政区"的转变，作为新的行政区，坪山承担着助力粤港澳大湾区、广深科技创新走廊和深圳东进战略实施的重任。在此背景下，坪山以全面实施"东部创新高地建设工程""实体经济强基工程""美丽坪山建设工程""文化繁荣兴盛工程"等"十大工程"为工作重点，通过加快"一心五区"建设，贯彻落实"城市质量提升年"部署，推动东部中心建设全面提质提速，为深圳率先建设社会主义现代化先行区贡献坪山力量。当前随着建设国家高新区坪山园区的推进，坪山进入了努力实现"西有南山，东有坪山"，打造深圳东部中心的快速发展的历史新阶段。

二 主要挑战

（一）深圳城市化发展

城市是社会分工和产业分工的产物，是一国经济、政治、文化、教育、科学技术和物流交通等要素的高度集聚地，其建立和发展与工业化和现代化息息相关。① 城市化既包含有形的城市化又包含无形的城市化，其中有形的城市化主要表现为城市人口的集中、空间物质形态的转变以及经济社会结构的变化，主要是指物质上和形态上的城市化；无形的城市化则是指精神上、意识上的变化，包括农村意识、行为方式、生活方式转化为城市意识、方式、行为的过程，农村居民逐渐脱离固有乡土式生活态度、方式而采取城市生活态度、方式的过程。总的来说就是农村人口转变为城市人口，农村景观转变为城市景观以及农村生活方式和意识形态向城市转化的过程。

城市化是人类社会发生的最为显著的变化之一。联合国数据显示：全球城乡人口已经在2009年发生了历史性"倒转"，城市人口比重首次超过50%。从发展阶段来看，我国的城市化发展处于世界城市化普及阶段，这一阶段中发展中国家和地区的城市化速度迅猛，既带来了巨大的发展机遇，又出现了环境污染、社会发展不均衡等许多问题。我国作为全球最大的发展中国家，当前所经历的城镇化进程，无论是规模还是速度，都是人类历史上前所未有的。其城市化无论在消费能力挖潜、国家投资拉动还是在城市发展空间扩展中均能释放巨大的潜力和需求。世界银行前高级副行长、诺贝尔经济学奖获得者约瑟夫·斯蒂格利茨教授曾经这样说过："中国的城市化与美国的高科技发展将是影响21世纪人类社会发展进程的两件大事。"

2013年12月11日，在中央召开的城镇化工作会议上，习近平总书记和李克强总理分别做了重要报告。会议提出了推进城镇化的主要任务，强调了我国城镇化发展的"稳中求进"、努力实现"人

---

① 吴志强、李德华主编：《城市规划原理》，中国建筑工业出版社2011年版，第3页。

的城镇化"等方针。之后《国家新型城镇化规划（2014—2020年）》正式出台，从人口市民化、城镇化布局和形态优化、城市可持续发展能力的提高、城乡一体化发展和城镇化发展体制机制改革完善等几大方面提出了对未来的详细规划，并且提出"坚持以创新、协调、绿色、开放、共享的发展理念为引领；以人的城镇化为核心，更加注重提高户籍人口城镇化率，更加注重城乡基本公共服务均等化，更加注重环境宜居和历史文脉传承，更加注重提升人民群众获得感和幸福感；要遵循科学规律，加强顶层设计，统筹推进相关配套改革；鼓励各地因地制宜、突出特色、大胆创新，积极引导社会资本参与"①等发展要求，这标志着我国城镇化发展的重大转型。新型城镇化作为我国发展的重要方向，在全国各地的理论研究与探索实践中如荼如火地开展起来。

与国内大多数城市不同的是，深圳在1992年和2004年通过两次城市化统征统转，率先实现全市所辖范围名义上的全域城市化，城镇化率达到100%。虽然这个数字受到一定争议，但是从以下几个方面来看，深圳实际上已经成为名副其实的高度城市化地区。

首先，从农业人口向城市人口转变的角度来看。早在1992年7月15日，福田区上步村率先开展试点，成为深圳首家由农村集体经济转变的股份合作公司。随后一年，原特区内68个行政村、173个自然村均转为城市居委会。2002年6月18日，沙头角镇撤镇设街道办，自此，深圳原特区内城市化结束，原特区内4.6万农民全部转为城市居民。原特区内城市化的完成深刻影响了包括宝安、龙岗在内的原特区外的城市化。2003年10月，深圳市委、市政府加快推进城市化进程，用一年左右的时间完成宝安、龙岗两区的城市化改制。2004年，原特区外16个镇全部撤销设街道办，218个行政村全部撤销设立居委会，27万农民一夜之间全部转为城市居民。自此之后，深圳成为我国首个也是迄今为止唯一一个没有农村建制的城市。

其次，从农村土地向城市土地转变的角度来看。与全国其他主

---

① 习近平：《促进中国特色新型城镇化持续健康发展，习近平对深入推进新型城镇化建设作出重要指示》，《新华网》2016年，http：//www.xinhuanet.com/politics/2016-02/23/c_1118134892.htm，2018年5月8日。

要城市相比，深圳在完成人口城市化的同时，在2004年实现了全域土地国有化。农村集体土地向城市国有土地的一次性转变虽然遗留了一定的历史问题，但是在深圳城市社会经济高速发展时期，土地资源的快速供应成为城市建设"深圳速度"实现的有力保障。截至2015年，深圳建设用地占市域面积比例已经接近50%，而同期，北京建设用地占比约为21%，上海约为36%，香港建设用地占比约为45%。相较于全国其他特大城市，深圳市域土地面积不到2000平方公里，然而城市管理人口已经超过2000万人，常住人口已经超过1100万人，人多地少的高度城市化现状也促进了土地资源向城市建设用地的快速转变。

最后，从农村生活方式向城市生活方式转变的角度来看。由于深圳经济特区成立后"三来一补"的外向型企业快速发展，原有的农村生活方式早已发生变化。一方面，深圳现存农业已经从传统农业生产方式向现代都市农业转变。据统计，2009年，第一产业生产总值占比仅0.1%，农作物播种面积10.37万亩，其中粮食作物、经济作物和其他作物的播种面积分别占比0.16%、0.88%和98.96%，其他作物中蔬菜播种面积约为9.9万亩，占整个农作物播种面积的95.47%[①]。另一方面，存在极少面积的茶园和约5.6万亩的果园，水果种植柑橘橙荔枝为主。农业生产活动在深圳的城市社会经济发展中的作用已经微乎其微。以宝安翻身村为例，1990年左右已经完全没有人种地了。原农村集体早已从传统的农业生产活动转变为向外来企业和工作人口提供工作生活场所的出租经济。

总的来说，深圳的全域城市化是政府通过行政管理和政策实施快速实现的，在这一过程中发生了人口管理、土地管理和生活形态等的实质转变，率先走在了我国城市化发展的前列。

（二）坪山"半城市化"现状和未来发展挑战

坪山由于地处偏远，城市建成区内农村景观和农村文化意识突出，在设立之初尚处于"半城市化"状态。在特区一体化扩容的大

---

① 深圳市统计局：《深圳统计年鉴2010》，《深圳市统计年鉴》（网络数据版）2010年，http://www.sztj.gov.cn/xxgk/tjsj/tjnj/201012/t20101224_1620341.htm，2018年5月8日。

背景下,坪山面临从"半城市化"快速向"深度城市化"转变、追赶原特区内城市发展的巨大挑战。坪山的未来发展不能局限于工业化和产业发展领域,更需要从经济发展向社会建设、城市功能转型和发展质量提高等多方面转变,进一步完善城市的社会经济一体化管理转型,以工业化促进城市化,从以大工业区为核心的产业园区发展导向向多元化新型城市化城区转变。然而完成上述城市化全面转型发展的历史使命,需要正视以下几个领域不同程度的制约和挑战。

1. 经济发展基础薄弱

坪山经济发展相较全市其他各区特别是原特区内存在一定差距。具体表现在:一是经济发展总量偏低,在全市排名较为靠后。二是产业结构亟待调整,现状产业结构以制造业为主的第二产业为主,第三产业发展滞后,导致城市商业活动和商服配套设施发育不充分。三是产业生态圈以及完整的产业链尚未健全。早期发展产业多数集中于产业链层次较低的来料加工和家具、塑胶、机械制造等"两头在外"的"三来一补"、OEM等加工型制造业。虽然坪山拥有比亚迪、高先电子、海普瑞、赛诺菲巴斯德、震雄集团等一系列较高知名度的大型企业,但是由于承接这些企业的生产加工功能,其企业核心的技术研发和总部管理并不在坪山,不仅未能为坪山带来相应的税收效益,同时也无法形成有效的技术外溢,带动周边产业的发展。这方面的突出问题表现在:龙头企业带动作用不强,中小企业尚未培育成熟,产业层次性和梯度性较差;此外,面临新的形势和发展需求,坪山在产业功能调整方面,引进高科技和总部经济等产业附加值较高的企业仍然存在较大困难,现代产业体系尚未形成。四是与高端产业紧密联系的产业配套服务业尚未形成,其主导产业仍然缺乏前端设计研发与后续配套服务,在全球市场竞争中能力不强。五是产业创新能力尚未发展壮大,产业发展后劲不足。坪山产业发展与深圳产业升级转型的创新主导方向未有机协调,龙头企业创新能力和创新意识较弱,无法激活相关中小企业的创新活力,整体创新体系尚未形成。

2. 城市功能配套尚不完善

虽然坪山成立之初就力推高定位、高起点的大开发大建设，但受到政策、体制、土地历史遗留问题等多方面条件约束，严重制约了重大项目的推进实施，城市功能配套设施尚不完善。以基础设施建设为例，由于坪山位于深圳的边缘地区，城市主干道、轨道交通等公共交通无法完全支撑坪山发展需要，在完善交通设施配套建设方面存在较大空白。在城市配套设施建设方面，坪山成立之初不仅落后于福田、罗湖、南山等原特区内地区，也大幅落后于龙华、宝安、龙岗等原特区外地区，突出表现在社区多数呈现建设破败陈旧、建筑建设杂乱无章、道路交通和管线铺设规范性较差等问题，城市建设尚未完全改变以原农村为主的"墟镇"景观，导致人居环境较差，极易造成安全隐患。此外，坪山早期依托大工业区大力开展园区建设，但现有的产业园区不仅远远落后于新加坡等国际先进城市的园区建设，也无法与国内江浙等地以及原特区内成熟的工业园区相比，与坪山高定位、高起点的未来发展目标差距较大。

3. 文化意识转变和社会融合亟待加强

只有当一座城市的市民成为现代市民，这座城市才可以真正称为现代化之城①。坪山如火如荼地建设美丽东部新城，努力实现从边缘城区向城市副中心的战略性转变，这一历史进程既是对城市现代化发展的要求，更是对人的现代化发展提出的更高要求。当前坪山虽然实现了农村人口的城市化转变，但其意识形态与原特区内差别较大，多数仍然停留在"村民"的角色定位，对于现代化城市管理与新兴事物的接受程度较差，现代化市民文化意识培育任重道远。

从另一个角度来说，与原特区内多数社区类似，坪山外来人口与本地人口的文化融合问题也成为迫切需要解决的重要领域。坪山外来人口占比近九成，非户籍人口多数处于以"流动"为基本特征

---

① 谷少传、梁子聪：：《坪山新区首发现代市民标准》，《深圳特区报》（多媒体数字版）2016年3月31日，http://www.sztj.gov.cn/xxgk/tjsj/tjnj/201012/t20101224_1620341.htm，2018年5月8日。

的不稳定状态，这些一方面导致城市人口管理难度增加，另一方面由于流动人口未将坪山作为稳定的居住和发展场所，缺乏家园意识，也缺乏对城市建设的"主人翁"精神和自治意识。这种移民文化既影响了城市居住、教育、文化、医疗、娱乐等消费，增加了城市管理难度，也间接影响了城市的社会稳定。

4. 资源环境保护任务艰巨

20世纪80年代以"三来一补"为主的来料加工型经济在生产过程中排放了大量废水和废弃物，以小五金、电镀、塑胶、家具生产等支柱产业尤甚，这对周边环境造成了严重的破坏和影响。除了上述环境污染问题以外，生态资源破坏也成为坪山生态环境问题的突出方面。另外，坪山位于基本生态控制线内的用地为88.52平方公里，占辖区面积的52.7%，生态环境的保护任务较为艰巨。

5. 发展模式粗放导致土地利用低效

随着深圳城市化进一步发展，早期土地粗放利用导致土地资源短缺的后果在城市承载要求进一步增长条件下日益凸显，坪山面临同样的情况。坪山长期以来对土地资源利用较为粗放，土地资源浪费现象较多。土地资源表面上看似充足，但由于布局分散、权属复杂、历史遗留问题较多等原因，能实际形成有效供给的土地资源十分有限。为进一步推动基础设施建设、公共服务发展以及重大项目的落地，坪山的土地资源必须得以合理利用和高效配置，通过城市更新、土地整备等路径推动存量土地资源盘活以保障坪山发展。

综上所述，城市发展是各类要素综合协调的结果，深度城市化对城市发展的要求更是突破了单一经济增长的局限，转向社会、人文、环境和资源利用效益的综合提升。目前坪山面临经济基础差、城市配套不完善、文化意识淡薄、环境保护不力和土地利用低效等方面的问题互为掣肘，从而影响了坪山的整体发展。因此，上述因素的不断提升完善是一个系统工程，任何一个领域的短板都会导致无法进入深度城市化阶段。

第二节 坪山由"半城市化"走向"深度城市化"要求城市建设全面升级

一 坪山"深度城市化"的主要要求

深度城市化的基础是城市化,实现结构转变和集聚效应的联动是进一步推进城市化的关键问题。深度城市化是城市化的更高级形态,它是人们在社会形态、联系方式、思维意识、文化心理、生活和工作方式等多个方面彻底地实现城市化转型的过程。随着城市的发展,日益形成城市复杂的自组织机制和由此反映出的多样化环境的过程。从某种意义上说,深度城市化不再是政策性地将农村人口转成城市人口,而是使得来到城市的人们选择自己希望的城市生活方式的结果。

坪山作为人口尚未完全"市民化"的"半城市化"地区,除了传统的城市化发展以外,还有一个重要的环节尚未实现,那就是基于农村地区收入水平、消费结构、生活方式等向城市居民看齐的深度城市化,即城市化水平和质量的提升,从而实现城市化的深化发展、转型发展、和谐发展和可持续发展。

(一)以人为核心的现代化城市化治理模式

早期深度城市化是为了解决新时期进城务工人员面临的农村土地丧失和城市福利保障机制缺失的双重尴尬而提出的解决思路。然而对于坪山这种人口城市化已经基本完成的地区来说,以人为核心的城市化治理模式尚未建立,居民尚未实现完全的市民化。由于深圳"村改居""镇改街"的过程,给原村民的生活方式带来了较大的变化,需要通过推动他们生存途径和生活方式的转变而成为真正的城市居民。而传统的农村自发形成的独特自治力量——"乡村精英",由于市场经济与城市现代化发展建设迅速,社会知识更新较快,其原有储备的社会治理知识和才能已经不能适应社会发展需求。因而,深度城市化过程中以人为核心的城市治理模式建立,不仅需要关注教育、医疗卫生、保障性住房、就业和社会保障体系的重构与建立，更加需要关注以下两个方面：

一是以"乡村精英"为主导的社区自我管理体系构建。虽然"乡村精英"的治理能力未能跟上时代的步伐，但是他们对原村集体的领导能力和凝聚力影响仍然存在。如何实现这部分人从传统的乡土社会保护人到现代市场社会企业家的角色转变，更好地发挥其基层治理作用，是深度城市化面临的重要问题。

二是尚未完全"市民化"的原村民现代化素养和文化意识的建立。将这部分人的生活、就业、社会保障纳入现代城市管理轨道，这不仅需要适应信息化、智能化时代要求的服务型政府，更需要发展以社会更多主体自身为合作方的治理机制。扁平化的政府组织体制和自治型、多元化的治理主体及相互之间协商合作达成的公共治理格局，是深度城市化应有的高效能治理模式。

(二) 高附加值产业引导经济结构高级化转型

与原有的第一产业向二、三产业转变的城市化进程不完全相同的是，深度城市化过程中更加注重产业结构的优化与新兴经济的发展。在城市化初期阶段，以产业特色鲜明、规模效应显著的制造业为核心。在深度城市化阶段，由于技术进步和信息、人才、资金等要素快速大量集聚所产生的巨大效应，第二产业生产效率不断提高，制造业的比重适度下降，而原本对制造业起到配套作用的服务业，因其低消耗和较高附加值的产业特点引致其地位日益重要。同时在传统产业基础上衍生出更为丰富的产业门类，例如兼具第二产业与第三产业特征的"2.5"产业，即创新型产业，以及以重大技术突破和重大发展需求为基础，对经济社会全局和长远发展具有重大引领带动作用，知识技术密集、物质资源消耗少、成长潜力大、综合效益高的战略新兴产业。创新型产业与现代服务业的比重增大，使得城市经济发展发生质变，从而实现深度城市化过程中经济结构的高级化转型。

坪山具有良好的工业基础，但是在深度城市化过程中，如何构建适应于城市发展特点的现代化高附加值产业体系，引导区域经济进一步发展转型，成为深度城市化过程中的重要问题。

(三) 智慧化的城市管理机制

深度城市化一般发生在城市建设用地增长速度下降，城市发展转为存量为主的城市治理阶段，对城市公共服务设施的完善和精细化智慧化管理提出了更高的要求。一方面城市存量发展需要摒弃传统快速扩张的发展模式，对城市进行精细化管理，从传统"手术刀式"转变为"针灸式"的管理模式；另一方面从治理的角度，深度城市化的治理模式需要更大范围的公众参与。智慧化的管理形式无疑较好地解决了传统的上传下达管理方式无法很好地了解居民需求和城市基层治理状态和不能及时解决城市基础公共服务设施存在漏洞的问题。

深圳已经率先进入以质量效益为中心的稳定增长阶段，社会经济发展理念和潜力使得深圳有能力、有条件率先适应深度城市化时期城市发展的"新常态"。坪山作为国家智慧城市试点之一，既面临着"半城市化"现状下的诸多城市管理问题，又需要构建基于深圳城市发展阶段特征的精细化标准化智慧化治理模式，实现城市新型智慧化发展。

（四）生态型的生产生活方式和意识文化构建

过去快速城市化是以制造业快速发展为核心的发展模式，其高投入、高消耗、高污染、低效益的生产方式和与之相适应的生活方式，将人与自然对立的一面充分展现出来。在过去，我国的城市化发展是以大规模的资源和能源消耗为基础的，这种发展方式与深度城市化的本质要求相悖。深度城市化发展必然要求对环境影响减弱、环境友好型生产生活方式的建立，从而构建人与自然协调统一与和谐共生的相处模式。这个过程不仅要求生态低碳的城市建设方式、城市运营模式以及产业生态圈构建，而且需要多种软性的城市低碳文化培育，引导市民建立低碳化生态化的行为准则。

坪山虽然面临"半城市化"现状的资源环境挑战，但同时也具备建成度低于市区，以及城市管理模式和人们意识形态需要打破重构的阶段性条件。通过坪山生态生产生活方式的制度化建构与规范化管理，能够有效地实现深度城市化过程中生态城市发展方式的构建，借助政策制度体系建设、信息科技手段以及公众的高度环保意识，进入生产与生活方式不断优化的良性发展轨道。

（五）高度融合与互动的社会组织方式

不同于以传统农村集体为基层管理组织和以"乡土文化"为精神纽带的农村社会组织方式，城市居民的交往形式和生活方式发生了实质性的改变。在深度城市化过程中，随着经济结构复杂化，传统固定的居住关系与工作关系被打破，熟人街区和交往方式逐渐消失。人与人之间的交往关系更加复杂、更加具有流动性，形成了高度融合与有机联动的社会组织方式。

对于坪山来说，大多数社区仍然处于农村社会组织形态，社区原村民与外来人口的区别对待使得社区成为一个个隔离的社会组织。封闭固定的居住和交往关系使其无法建成复杂高效的组织模式，也无法适应深圳快速的社会经济发展变化，对实现其完全的现代化转型提出了较大的挑战。如何建立由原农村社会组织方式向城市社会组织方式转变，并且通过规则建构实现城市复杂社会关系的高效运转，是"深度城市化"对坪山提出的又一要求。

通过对"深度城市化"发展特征的研究可以发现，城市化的快速、粗放的发展达到一定程度必然面临可持续发展的挑战，在经济转型、社会深刻变革、城市管理难度加大的城市化新阶段，如何在原有的增量发展的基础上深度发展，对城市化的质量、结构、效益进行提升，显得极为重要。

二 坪山"深度城市化"的理念转变

从宏观角度来看，深化土地管理制度改革是变革与生产力进一步发展要求不相适应的生产关系（包括土地要素资源配置方式、土地管理体制机制和政策等）这一层面的根本路径，是实现深度城市化、促进转型发展的必然要求。对于深圳来说，一方面，土地管理制度改革特别是基于存量的制度改革工作能够进一步完善过去在快速工业化、城市化进程中的各类历史遗留问题的有效处置，实现土地资源的高效配置，为深度城市化时期社会经济文化等各个领域的深入发展提供空间保障。另一方面，深度城市化阶段的城市治理模式发生明显变化，不仅需要政府管理层面的不懈努力，更加需要社会资本和各领域力量的积极参与和共识达成，在土地利用管理过程中更是如此。作为深圳的后发展地区，坪山的城市结构、产业结构、社会结构和人的意识形态都还处于一种"半城市化"状态，这种落后是一种全方位的落后。如何实现坪山由这种"半城市化"向与全市发展相契合的"深度城市化"转变，对城市建设工作特别是面临大量存量土地现状时如何优化利用和再开发，提出了更高的要求。

首先，不再仅仅以释放土地为单一目标，应该以实现城市建设、社会建设、产业发展等为多元化目标。坪山源自龙岗大工业区，天然具有较强的工业基础，因此其成立以后走的基本是一条"先工业化、再城市化"的发展之路。虽然部分地区工业化水平较高，但仍然存在着城市发展碎片化、社会公共服务功能低下和生态环境遭到破坏等许多问题，以致城市化水平较大地滞后于工业化发展。因此，必须正视城市化发展过程中基础设施落后、公共设施不足、服务配套欠缺等问题，探索通过土地管理制度改革促进土地的集约高效利用，进而推进产业转型升级，拉动相关生产、生活服务业的发展，实现坪山城市经济社会文化的新发展和新突破。

其次，不能眼里只有拆迁，而应重视原农村社区的长远发展。传统的征地拆迁模式将补偿"一次性付清"，并未考虑被拆迁人的可持续发展。因此在近几年中，如何让土地使用权的收回与原权利人自身创造价值获得收益能力的提高联系起来，不仅成为内地农村土地管理制度改革的重点，也成为坪山深度城市化下的土地管理制度改革的重要思路。在城市化快速发展的深圳，应本着公平、公正、公开的原则，在项目推进过程中实现多方主体的利益平衡。坪山在城市建设、教育、医疗、住房、文体等公共服务方面与全市相差巨大，道路建成率仅为全市平均水平的37.5%左右，如何进一步推动惠民项目建设，提升民生幸福水平是坪山深度城市化的重点问题。作为人民生活的重要载体——原农村社区，其可持续发展成为提升民生基础设施建设的重中之重。因此，坪山城市化建设，既推进集体经济由单一的出租经济向多元化的经济形态转变，降低集体经济弱化的风险，又以多种方式为原村民提供补偿，保障原村民的长期经济利益，使得社区、居民都能够受益。

最后，坪山的城市建设应综合统筹、统一规划、开发，实现社区的全面整合和整体升级。坪山成立之初在城市建设与规划管理方面存在较大问题，具体体现在以下三个方面：一是城市管理特别是自下而上的社区管理水平较低，虽然新区成立之初，在环境整治、城市保洁、边坡治理等方面进行了大量城市化建设工作，但是仍然与原特区内、国内外先进城市的管理模式存在较大差距。二是重大项目管理经验不成熟，从重大基础设施和公共服务配套的角度来说，坪山成立之初，尚未建立起类似于原特区内发展较快片区的成熟重大项目管理机制以及探索出符合坪山自身发展特色的项目管理模式。三是从产业转型升级的角度来说，由于现代化的产业体系尚未完全建立，企业运营管理经验较为欠缺，无法形成成熟的适应城市发展需求的质量管控、成本控制、项目进度控制等方面规范化、高效化的运作体系，给产业重大项目的实施管理带来了一定的阻力，也对深度城市化过程中各项工作开展带来了一定影响。在城市管理综合水平较弱的条件下，坪山面临原农村实际占用土地较多、历史遗留问题复杂等状况。坪山需要统筹协调、综合运用土地整备、城市更新等政策手段，一揽子解决城市化土地历史遗留问题。在此基础上，综合运用产业、规划、经济、财税等手段，在土地整备这个基础平台上系统解决社会经济发展不可持续的问题，实现坪山"深度城市化"发展，使所有居民共享城市化发展成果。

第三节　现状土地盘活利用困难制约坪山"深度城市化"发展

一　土地资源较为丰富，但是真正利用起来十分困难

根据《深圳市土地利用总体规划（2006—2020年）》，坪山剩余可建设用地约30平方公里，是全市土地资源潜力最大的地区。虽然坪山土地资源优势明显，但无论是土地利用效率还是利用结构，都存在较多问题，给土地开发利用带来较大困难。

深圳的建设用地利用效率在全国首屈一指，但是原特区内外存

在较大差异。根据2010年数据，原特区内的产出强度约为原特区外的3.6倍，原特区内外呈明显的"二元化"状态。据2012年数据统计，坪山地均生产总值仅为2.04亿元/平方公里，地均税收仅为0.27亿元/平方公里，与全市平均水平（地均生产总值6.35亿元/平方公里，地均税收0.74亿元/平方公里）差距明显，与原特区内福田、罗湖、南山等区相比差距更为突出。坪山土地产出效益较低，土地利用的节约集约水平不高，利用模式亟待优化和提升。

从土地利用结构来看，根据坪山2012年统计数据，工业用地占已建成土地面积的40.73%，达到2334.54公顷；居住用地仅占19.96%，为1144.3公顷；商业用地更少，仅占1.08%。整个区域在发展初期仍然延续了大工业区的特色，土地供应主要以传统制造业为代表的工业用地为主，产业配套以及产业人口所需的公共配套和商业娱乐设施发育不完善，致使坪山生活环境和营商环境相较原特区内发展滞后，较难吸引高端企业和高科技人才进驻坪山。

在实际土地利用过程中可以发现：坪山可开发用地分布凌乱、地块规模较小，且受城市规划、土地利用总体规划、农转用等相关指标制约的土地数量较大，以至于目前可实际利用的土地少之又少。具体来看：原农村社区占据着城市建设用地的半壁江山，历史遗留问题、征转地问题、"外卖地"问题凸显；原农村土地与国有储备土地犬牙交错，能够有效成片供应的土地，特别是产业用地少之又少；存在着大片国有土地作为农用地（"菜篮子"用地），新增建设用地资源有限。

二 零星房屋拆迁无法满足坪山大开发、大建设的用地需求

根据深圳市委、市政府赋予坪山的"两区一极"发展定位和所承担的省市改革创新重大使命，坪山在新区设立之初提出了"现代化国际化新城、新兴产业名城、山水田园新城、文化创意新城、和谐幸福新城"等"五大新城"的发展蓝图以及2011年"十大战役"（土地整备、园区建设、织网工程、新能源产业合作示范区建设、交通建设、落后产能退出、城市更新、市容环境提升、坪山河综合整治和中心区规划建设）的重大安排，引起坪山以及全市各界的热

切关注。

为了实现这一战略目标,坪山规划开发建设坪山中心区、聚龙山片区、坪山河流域、坑梓中心区、新能源产业园等重点片区,并计划推进一大批涉及产业发展、交通配套、民生保障、环境提升的重大项目的落地,进入了大开发、大建设的关键时期,而这些重点片区的建设以及重大项目的实施都需要以成片、成规模的土地作为重要支撑。根据上述发展目标和发展阶段,坪山土地供应速度较快,仅在2010年产业用地供应就达到1.3平方公里,占当时产业用地储备的三分之一,以此速度,坪山将在2—3年左右将储备产业用地消耗殆尽,辖区剩余可利用土地将日益难以满足坪山"大开发、大建设"的迫切需要。

然而,面对当前土地利用破碎化、低效化的现实情况,坪山高度重视运用城市更新、房屋征收、土地收购收回等手段对不能进行有效利用的土地进行盘活,但是相关手段常以单个项目的形式进行,无法对土地进行成规模的清理整合。这样整理出来的土地仍然分布零散、规模不大,无法最大限度地释放土地的潜力,更不能满足坪山大开发、大建设时期产业项目落地、市政工程和公共基础设施建设对于建设用地的需求。

三 依托传统的房屋拆迁难以推动成片的土地整备

由于原农村集体存在多种土地历史遗留问题,严重制约了土地整备、城市更新、征地拆迁等工作。传统的存量土地再开发已经不能适应坪山在现实情形下对于成片区存量土地整备盘活的发展诉求。

其中,传统的房屋拆迁在实施过程中受到的阻力主要来自于被拆迁人,而这种阻力产生的最大原因则是被拆迁人对于拆迁补偿不满意,这种不满主要是受到以下几个方面因素的影响:

第一,传统的补偿安置方式不够灵活多样,被拆迁人可选择余地较少。目前补偿安置基本采取货币补偿和产权置换两种方式,前者缺乏有效的弹性激励机制,没有考虑到发展带来的增值收益再分配;后者则缺少安置房明确的政策规定,安置房储备制度不完善,安置房建设滞后于征收工作。对于当时的坪山而言，基本上采用单一的货币补偿模式，这种补偿模式存在诸多问题，其中较为突出的问题是补偿未与发展相关联，导致原村民对房屋拆迁推动的积极性不高，而且由于原村民长远发展理念不足，容易造成短时间消费所得补偿款，重新"返贫"，从而引发新的社会问题，不利于原村集体的可持续发展。

第二，传统拆迁补偿模式的货币补偿标准偏低。在2011年以前，根据《深圳市征用土地实施办法》《深圳市宝安龙岗两区城市化土地管理办法》以及《深圳市公共基础设施建设项目房屋拆迁管理办法》等土地安置补偿政策的规定，传统的拆迁安置补偿主要采取"房地合一"的安置补偿模式。由于对合法建筑与违法建筑区分方式不合理而补偿标准往往采用单一的"房地合一"补偿模式，在一定程度上刺激了违法抢建行为的大量滋生，变相提高了补偿成本。另外自2009年以来，深圳大力推进城市更新，作为市场主导的存量土地再开发模式，城市更新的补偿标准主要由市场定价，大大提高了被拆迁人的预期，这样传统房屋拆迁过低的补偿标准使被拆迁人容易产生抵触心理。此外，由于征收拆迁时间要求紧迫，救济机制不健全，容易造成相关权益人的信访甚至其他过激行为。

第三，土地收购困难重重。一是在收购过程中，被收购方往往提出不合理的补偿要求甚至拒绝土地收购，致使土地收购过程十分缓慢。二是由于坪山建立之初资金需求量巨大，而财政收入状况无法保障充足的资金用于收购。在政府完全主导的土地整备模式下，整备资金的大量需求使得坪山在工作推进过程中显得心有余而力不足，无法快速满足这一资金缺口。三是在融资机制方面，由于《国务院关于加强地方政府融资平台公司管理有关问题的通知》和《财政部、发展改革委、人民银行、银监会关于贯彻〈国务院关于加强地方政府融资平台公司管理有关问题的通知〉相关事项的通知》中加强了对作为地方政府融资平台的城投公司的监管，加上当时坪山的城投公司运营并不顺畅，导致一方面因财务困难、土地无法抵押而难以向商业银行申请贷款；另一方面受到政策制约难以引入社会资金，在土地融资方面作用十分有限，加大了土地收购的实施难度。

第四,拆迁安置问题难以解决。一般的征地拆迁,都是先拆迁再安置。为了保障被拆迁人的合法权益,坪山在设区之初就提出了"安置先行"的拆迁思路。当时,市规土委和坪山新区管委会联合向市政府写报告,说明拆迁安置先行的重要性,并在坪山规划了两处建保障性住房(面积合计约为30多万平方米),要求安置区的规划和建设与房屋拆迁工作同时进行,希望缩短搬迁居民住进安置房的时间。但从另一个角度来说,推行拆迁房的"安置先行"就意味着要找到新的建设用地来落实安置问题,面对急需依托拆迁来寻找发展空间的坪山,这种拆迁安置方式的实现无疑随着土地资源紧约束日益增强而变得愈加不可持续。

四 被赋予了新的内涵的土地整备尚未健全

深圳最早提出土地整备的概念是在2007年至2008年,主要是针对规划和土地工作的相互配合,由规划部门负责选址,国土部门或者拆迁办公室则负责把土地整备出来,当时土地整备提法主要是指土地出让前对土地进行清理工作。2008年至2009年期间,深圳针对土地整备的内涵展开了一次大讨论。在这一期间土地整备概念发生了一些变化,从土地整备的对象、土地整备的方式,以及完成土地整备工作需要的资金支持等方面进一步延伸和扩展。2010年前后,在光明、坪山等地开展了土地整备的探索实践,这时土地整备的政策内涵已经不仅仅局限于传统的房屋征收和土地储备,而是将土地资产运营理念贯穿储备、整理、重组、再开发、运营等一系列土地利用综合管理过程,是一种城市土地资源资产的综合利用和开发过程。① 2011年,深圳出台《深圳市人民政府关于推进土地整备工作的若干意见》(深府〔2011〕102号),其中明确土地整备为:"立足于实现公共利益和城市整体利益的需要,综合运用收回土地使用权、房屋征收、土地收购、征转地历史遗留问题处理、填海(填江)造地等多种方式,对零散用地进行整合,并进行土地清理及土地前期开发,统一纳入全市土地储备。"从这个概念来讲,土

---

① 岳隽、戴小平、赖伟胜、罗超英、仝兆远:《整村统筹土地整备中规划土地政策互动——基于深圳的研究》,《城市规划》2015年第8期。

地整备是政府为了更好地获得保障公共利益和城市整体利益的储备用地而采取的多种政策手段的集合,包括土地收回、土地收购、土地处置、房屋征收等等,是政府主导的公共导向性政策,与以市场为主体推动的城市更新模式有一定区别。

首先,深圳土地整备政策体系包含传统的土地储备。2006年以前,深圳的土地储备一直实行的是国家层面的相关政策。2006年深圳出台了《深圳市土地储备管理办法》(深圳市人民政府第153号令)和相应的实施细则,标志着深圳土地储备制度的建立。其时代背景主要体现在两个方面:其一,经历了改革开放之后,土地征收、收回、收购、置换等土地国有化方式和政策逐步完善;其二,深圳处在快速城市化发展阶段,土地需求量持续增长,国有已储备土地的规模无法满足居住、商业、工业和基础设施建设对土地发展诉求的需要。这样,国有土地的供给与市场主体需求之间的矛盾促使政府通过完善土地储备制度存储土地以备出让。《深圳市土地储备管理办法》对土地储备的政策内涵、适用范围、实施方式、操作流程和部门职责等的详细规定。其中包括:一是土地储备的对象既包括国有已出让土地,也包括原农村集体土地,适用对象将宝安、龙岗城市化转为国有的土地和通过挖山、填海造地纳入实施范围;二是将根据因城市规划调整、实施城市规划、土地使用权转让过程中政府优先收回、国有企业改革和旧城区改造等情况予以实施,其中重点厘清了政府通过土地收购的实施步骤;三是针对市区各级部门的主要职责进行了明确规定,明确土地储备机构对储备土地的位置、面积、来源、土地用途、地上建(构)筑物和其他附着物情况等进行调查,建立储备土地档案和台账,严格实行储备土地入出库制度,进行动态管理。

其次,在土地储备政策基础上,深圳土地整备政策体系进一步纳入了房屋征收。房屋征收是由早期的征地拆迁政策演变而来,2011年1月国家出台了《国有土地上房屋征收与补偿条例》,征地拆迁的概念被房屋征收所替代。房屋征收是指政府依照法律程序,根据保障国家安全以及促进国民经济和社会发展等公共利益需要,实施由政府主导的对房屋及其他不动产的行政购买行为。目前深圳房屋征收的主要政策依据为2013年市政府发布的248号政府令《深圳市房屋征收与补偿实施办法（试行）》以及2016年发布的292号令对《深圳市房屋征收与补偿实施办法（试行）》部分条款进行修订。这一政策对深圳房屋征收的具体适用情形，具体实施程序，针对不同情形的补偿与安置标准，以及政府、产权人、第三方服务机构（评估、测绘、法律等）各方职责等关键内容进行了具体规定，并对房屋征收的技术细节给予了明确指导，对于规范和指导房屋征收与补偿安置工作具有重要作用。

最后，深圳土地整备政策体系明确将征转地历史遗留问题处理作为主要内容。在深圳土地利用管理过程中，涉及对各类土地问题的处理，其中原农村用地历史遗留问题是处理难度最大的问题之一。虽然深圳针对原农村土地已经出台了包括《深圳经济特区处理历史遗留违法私房若干规定》《深圳经济特区处理历史遗留生产经营性违法建筑若干规定》（以下简称"两规"）和《深圳市人民代表大会常务委员会关于农村城市化历史遗留违法建筑的处理决定》（以下简称"三规"）等一系列政策，但这些政策在执行的过程中仍然遇到许多困难，急需结合存量土地再开发探索原农村历史遗留问题处理的新路径。

这样土地整备的概念包括土地整理、储备、开发和运营，其主要方式包括有土地收购、土地收回、土地处置和房屋征收等方面（详见表1—1）。

表1—1　　　　　　　　深圳土地整备的主要方式

方式	主要内涵	主要特征
土地收购	由政府依照法定程序，运用市场机制，按照土地利用总体规划和城市总体规划，通过收购、回购、置换和征用等方式取得土地，进行前期开发利用和存储后，以公开招标、拍卖出让方式供应土地	政府主导 有偿收回
土地收回	由原批准用地的人民政府土地行政主管部门经批准后依法收回用地单位或者个人使用的国有土地使用权	政府主导 无偿收回

续表

方式	主要内涵	主要特征
土地处置	针对城市化征转地过程中产生的历史遗留问题,通过"两规"处理、"三规"处理以及城市化征转地手续完善等方式进行处置,经过处置后予以确权	产权人申请有偿收回
房屋征收	由房屋征收部门在立项的基础上对住宅和生产经营性房屋的土地使用权有偿收回	政府主导有偿收回

资料来源:笔者根据相关材料整理。

《深圳市人民政府关于推进土地整备工作的若干意见》初步构建了深圳土地整备工作开展的总体思路、基本框架以及主要内容,成为深圳土地整备实施的重要基础。根据该文件及相关上位规划,深圳市规则和国土资源委员会(市海洋局)(以下简称市规土委)组织编制了《深圳市2011年度土地整备计划》,首次明确了土地整备计划的编制体系,主要包括土地整备专项计划、征地拆迁专项计划(2012年提出房屋征收后,征地拆迁专项计划被房屋征收专项计划所替代)、拆迁安置房建设专项计划、储备用地管理专项计划以及整备资金专项计划,这之后形成了稳定的年度计划编制与实施安排。

此外,自土地整备理念提出之后,为了进一步细化和落实具体工作,2012年市相关主管部门分别从土地整备金申请与使用、安置补偿原则和标准、土地整备实施方案及安置用地规划编制这三个方面完善了相关配套政策支撑体系。其中资金方面主要的政策为《深圳市土地整备资金管理暂行办法》(深府办〔2012〕22号),对土地整备资金的管理职责分工、计划编制、来源、支出及监管流程做出了详细规定。安置补偿原则主要依据原市征地拆迁办公室和市房地产评估发展中心编制的《土地整备项目实施方案安置补偿原则汇编》,针对具体货币补偿和土地置换的补偿原则和标准做了系统梳理。实施方案和安置用地规划编制则是分别依据《土地整备项目实施方案编制指引(暂行)》和《土地整备项目安置用地规划编制规程》,对于两个方案的成果要求、编制内容、技术方法做出了明确的要求。

作为深圳土地再开发的重要手段之一，土地整备被作为深圳市"十二五"时期一项重要基础性工作，也是在此期间着力推进的三大综合性改革之一。

虽然深圳土地整备的内涵得以扩大，但这一时期的土地整备主要是基于房屋征收与土地收储这类传统土地收储模式建立起来的，当时已有的政策法规主要为土地储备和房屋征收政策。面对深圳经济飞速发展、土地资源严重不足、土地价值快速显化、历史遗留问题纷繁复杂的状况，这种传统的房屋征收、土地收回收购等政府收储模式已经较难实现。

（一）存量成片土地整备模式亟待探索

一是，2011年土地整备提出时，全市尚未建立针对存量成片、政府主导机制下的政策、规划、计划、立项、资金保障等一整套机制，市区两级分工的土地整备实施机制也未建立，征地拆迁实践中担任拆迁人角色的主体既有市拆迁主管部门、区和街道拆迁事务机构等，又有房管、轨道交通等行业建设单位，五花八门。

二是，土地整备所需的征地拆迁、土地收回、土地开发及历史遗留问题处理等多种手段尚未有机整合，而单独运用一种手段难以解决土地整备片区的复杂权属问题，急需从应对单个项目供地的征地拆迁模式转变为综合运用多种手段、成片开发的大规模整备模式。

三是，在面对成片成规模用地实施土地整备时，当时仅仅依托"公共利益"去推动房屋征收拆迁，其所参照的政策法规并不充分。具体来看：一是《深圳市公共基础设施建设项目房屋拆迁管理办法》仅适用于市政基础设施建设的项目拆迁，属于纯公共利益行为，对于需经过土地整备释放产业用地的情况无法完全参照。二是《深圳市公共基础设施建设项目房屋拆迁管理办法》采用的"房地合一"的补偿模式，在实施过程中产生了拆迁补偿价格趋高、违法建筑获利较高等不良后果，面对大规模土地整备，这种补偿模式无法实现。

四是，在资金保障方面，虽然针对房屋征收和土地储备的资金管理体制已经十分健全，但是在针对存量成片土地整备的资金如何保障方面尚存在一定的缺陷。在财政资金保障方面，原本由财政全额保障和集中统一管理的土地储备资金不足以支撑相比之下工作链条更长、事务更加庞杂的存量成片土地整备工作，使得这类土地整备资金缺口明显，各个试点区域面临巨大的资金压力。在融资机制方面，尚未建立顺畅的金融机构融资渠道和社会资本融资机制，使得这两部分的资金无法参与到土地整备活动中去，不利于土地整备在更大范围内推广。

此外，自2009年《深圳市城市更新办法》出台以后，以市场主导推动的城市更新项目不断予以快速推进。而这一时期内，对于政府主导下的成片土地整备模式尚未形成明晰的政策体系。由于这类土地整备是一项十分复杂的工程，涉及历史遗留问题处理、土地收回、拆迁、储备、开发等多个环节，每个环节都涉及与已有的城市更新模式和传统的房屋征收的协调和衔接，需要在工作机制上建立一套责权利高度统一的机制，在工作手段上将多元化的手段综合运用。然而，这两个方面在当时都尚未达到理想状态。因此，相较于当时政策已经相对比较完善、可以进行批量化操作的城市更新项目来说，以政府主导推进的土地整备并不具有明显的优势，这样同样面对成片存量土地改造时，土地整备显然很难得以推动。

由于土地整备最主要的目的是为实现城市整体利益的重大公共设施和产业项目落地而进行的综合性土地整理、储备和再开发过程，仅仅依靠传统的土地储备和房屋征收这两个领域的政策基础已不能完全满足成片土地整备的需求。面对存量土地"拆不动、赔不起、玩不转"的实施困境，政府急需在当时土地整备政策基础上，加大成片土地整备的政策探索。

（二）土地整备管理主体职责及其运作环境尚未完善

一是土地整备管理机构尚未健全。当时深圳尚未针对土地整备设立专门的管理和执行机构，土地整备的相关职能主要由市征地拆迁机构和土地储备机构承担。而这两个机构本身在当时就存在管理机制不完善和机构力量薄弱等问题，何况征地拆迁机构设立的主要目的是为保障项目用地供应服务，土地储备机构的主要职能则是管理政府储备土地，这两个机构无法完全承担起土地整备工作的全部职责，也无法适应大规模开展土地整备工作的需要。

二是土地整备管理的体制机制尚未理顺。结合坪山实际情况来看，在当时土地整备体制机制框架下，坪山土地整备局（当时为土地整备中心）作为一个承上启下的协调机构，在实际运作过程中处于尴尬境地。其一是因为土地整备机构不拥有实际的垂直管理权，而是隶属于坪山新区管委会的直属事业单位，导致在实际工作开展中，与深圳2004年设置的城中村（旧村）改造办公室（旧改办）类似，无法充分协调相关部门形成合力，共同推进土地整备工作。在处理解决相关问题时，由于缺乏规范，导致"政出多门"和"多头管理"。相关主体往往不按照既定的工作体制运作，倾向越级反映。其二是坪山土地整备局（当时为土地整备中心）不具有较强的横向协调权力，导致与同级职能部门在协调沟通上存在较大的困难。资金申请与拨付上没有明确的制度化细则，在拆迁安置和建设上没有有效的跟踪落实机制，在项目审计上无法有效与补偿谈判进度联动等等，这些问题对土地整备工作产生了较大影响，极大地降低了土地整备工作的质量和效率。

三是土地整备的相关运作环境并不协调。在土地整备过程中，需要规划、国土、城建、经服、公安、物价、审计、监察等多个部门有机结合，形成合力，才能顺利实施。然而当时多个部门之间尚未在土地整备工作领域形成协调联动的运作环境，比如，因市、区、街道三级行政事权划分不清导致的政策措施难以跟进，查违及问责体制机制不健全导致的存量土地再开发受限等等。

第二章　坪山土地整备工作启动

第一节　土地整备被列为坪山"一号工程"

2009年6月坪山新区成立，着力打造"规划平台、产业升级平台、城市建设平台、社会建设平台、土地整备平台"这五大转型升级平台，其中土地整备平台作为其他四大平台的基础，成为坪山大开发、大建设的重要抓手。这样土地整备工作被列为坪山2011年"十大战役"中的"一号战役"。要求积极制订社区总体发展和具体实施方案，滚动推进其他条件成熟社区的土地整备工作，争取形成一套操作性强、可复制的体制机制，为坪山乃至全市土地整备工作累积经验。

为保障土地整备工作的顺利实施，2009年12月14日，《坪山新区土地整备工作实施方案》颁布，这是深圳市层面第一个在土地整备方面的总体实施方案，体现了坪山对土地整备工作的全面部署和战略安排。

该方案从六个方面对土地整备工作的具体实施路线予以明确。

一是，做好组织架构保障。在机构设置方面，坪山成立了坪山新区土地整备工作领导小组（以下简称领导小组），由坪山新区党工委书记担任领导小组组长，坪山新区党工委副书记、坪山新区管委会主任担任土地整备指挥部（以下简称指挥部）总指挥，成员由相关部门的核心领导或主要负责人组成。领导小组下设土地整备工作办公室（以下简称办公室），以及坪山和坑梓两个办事处的领导小组（具体架构见图2—1）。这一架构层级之高、参与人员之广在以往的征地拆迁工作中较为少见，充分体现了坪山对土地整备工作的重视。

```
┌─────────────────────────────────┐
│    坪山新区土地整备工作领导小组    │
│  （组长、常务副组长、副组长、成员）  │
└─────────────────────────────────┘
                │
┌─────────────────────────────────────────┐
│        坪山新区土地整备工作指挥部         │
│（总指挥、常务副总指挥、执行副总指挥、副总指挥、指挥）│
└─────────────────────────────────────────┘
                │
┌─────────────────────────────────┐
│        坪山新区土地整备办公室       │
│          （主任、副主任）          │
└─────────────────────────────────┘
         │                    │
┌──────────────────┐  ┌──────────────────┐
│坪山办事处土地整备工作领导小组│  │坑梓办事处土地整备工作领导小组│
│  （组长、副组长、成员）   │  │  （组长、副组长、成员）   │
└──────────────────┘  └──────────────────┘
```

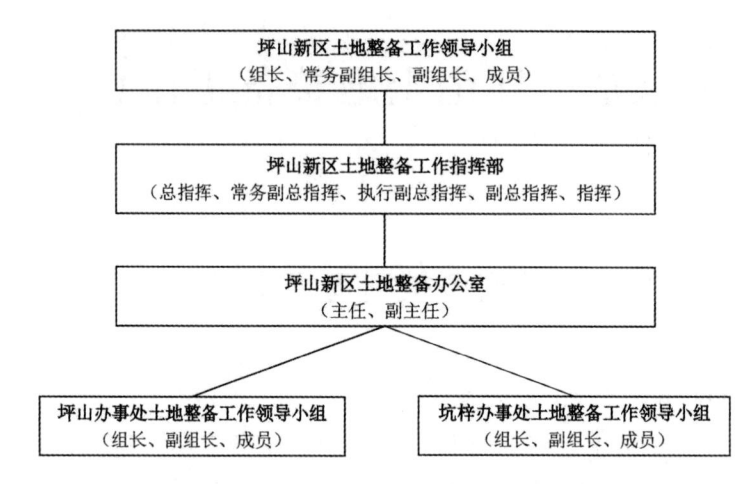

图2—1　《坪山新区土地整备工作实施方案》土地整备
工作组织架构

资料来源：笔者根据《坪山新区土地整备工作实施方案》绘制。

二是，明确了上述各个部门的职责。其中，领导小组主要负责土地整备工作的组织协调以及与市政府相关部门的沟通；负责协调市规土委、深圳市财政委员会等市政府相关部门，以顺利推进全区土地整备各项工作；决策土地整备工作涉及的重大问题，并就其工作开展对各相关单位提出明确要求。指挥部的职责包括落实领导小组下达的各项任务和决定，就土地整备工作中的重大问题提请领导小组审议，一般问题进行研究和决策，组织街道办事处实施土地整备具体工作，协调市规土委坪山管理局推进相关规划、国土、房产工作，统筹解决土地整备涉及的房屋拆迁、土地置换、补偿安置，以及费用审批、人员和办公场所调配等。办公室的职责包括落实领导小组及指挥部下达的各项任务，确定土地整备具体方案和实施程序，以及人员培训、工作进度考核和上报、工作现场指导和技术服务、问题处理或上报、费用审核和上报、各协作单位工作的指导和监督等。其他各相关单位，包括市规土委坪山管理局、坪山新区综合办公室、坪山新区纪检监察局、坪山新区组织人事局、坪山新区发展和财政局、坪山新区城市建设局、坪山新区城市管理局等也分别承担了不同的职责，互相配合，全力推进土地整备工作。这样土地整备工作的开展，可以在统一领导和组织下进行整体和系统的全面部署。

三是，确定启动"三田一岗"土地整备一期工作的目标。具体来说，主要包括：第一，沙田片区整体搬迁。该项目占地约272万平方米，建成区约82万平方米，总建筑面积69万平方米。第二，田脚旧村搬迁，该项目建成区面积约1万平方米，总建筑面积约7350平方米。第三，荣田旧村搬迁，该项目建成区占地约1.1万平方米，涉及建（构）筑物面积约7000平方米。第四，望牛岗村旧村搬迁，该项目建设红线涉及土地约3万平方米，建筑面积约3.6万平方米。

四是，确定了征地拆迁的执行标准。规定了正在实施的深汕公路等房屋拆迁项目的基本标准，个案问题参照其他区对同类问题的处理办法，对于非原当地村民的私房一律采取货币补充的方式，严格控制原当地村民安置房的资格审定等。

五是，明确了实施步骤，包括领导决策、项目管理和项目实施。领导决策主要是指由领导小组确定整备目标和区域，再由指挥部确定土地整备具体实施方案，并报领导小组审议，最后由领导小组对土地整备实施方案进行批准。项目管理的工作内容和责任单位如表2—1所示。而项目实施则包括对于房屋拆迁工作、拆迁安置房建设工作以及转地历史遗留问题处理工作的具体安排。

表2—1　《坪山新区土地整备工作实施方案》管理内容

工作内容	责任单位
土地整备办公室主要人员到位	组织人事局
选拔相关协作单位，包括测绘、评估、监理等	新区征地办
确定土地整备办公室人员组成	土地整备工作指挥部
制定拆迁补偿安置办法，并报领导小组批准	新区征地办
组织培训土地整备工作相关人员	土地整备办公室
组织收集土地整备工作中存在的问题，研究解决并上报领导小组	土地整备办公室
办事处土地整备工作人员和职责分工	坪山、坑梓办事处

续表

工作内容	责任单位
针对土地整备工作制定监察、审计工作专项方案和奖惩机制，报领导小组审批后执行	纪检监察局
针对土地整备范围制定违法建筑查处行动专项方案，报领导小组审批后执行	城市管理局

资料来源：《坪山新区土地整备工作实施方案》。

六是，制定了土地整备的保障措施。具体来说主要包括以下五个方面：在工作原则方面，确立统一标准、统一指导、统一协调的原则；在人员保障方面，确保人员及其后勤服务及时到位；在拆迁补偿方面，确保安置用地的尽快落实和拆迁安置房尽快开工建设；在资金保障方面，确保土地整备资金和工作经费及时落实；在监督管控方面，确保土地整备范围内违建的绝对零增长、土地整备工作奖惩机制严肃执行以及监察、审计工作的全过程介入。

为了更好地落实土地整备工作，在土地整备工作启动会议上，坪山相关领导明确"这项工作关系坪山前途命运，事关发展大局，是坪山新区政府的职责所在、使命所在"。坪山新区党工委书记、坪山主要领导代表新区土地整备指挥部与基层领导签订《2009—2010年坪山新区土地整备一期工程责任书》，责任书明确提出各办事处书记为办事处推进土地整备工作的第一责任人，全面负责办事处辖区内拆迁谈判工作和各项政策措施的执行落实。

从以上工作可以看出，坪山土地整备工作从其提出之初，就搭建了组织架构完善、工作职责明晰和年度任务落实的工作框架，这使得坪山土地整备工作从一开始就有了一个高起点，从这个时期开始坪山土地整备工作受到社会各界的广泛关注。

第二节 "四田一岗"土地整备事件还原

一 "四田一岗"项目由来

由于当时坪山在土地整备各方面的经验还不够成熟，同时从工作推动上来看也难以全面铺开,所以坪山在土地整备之初就采取了试点探索的路径。从当时的项目选择来看,最早确立的一期工程启动项目为"三田一岗",被纳入到《坪山新区土地整备工作实施方案》中。"三田一岗"包括沙田村、田脚村、荣田村和望牛岗。沙田村和田脚村被纳入到土地整备一期工程的原因是比亚迪在此需要3平方公里土地,并希望半年就能得到土地使用权,开始项目建设。荣田村被纳入到土地整备一期工程的原因是该地块计划用于生物医药产业基地规划项目。望牛岗被纳入到土地整备一期工程的原因是该地块计划用于大工业区人民医院项目。后来由于吓田村考虑建设变电站,就把吓田村也加入土地整备一期工程。这样,坪山土地整备的启动项目就由原来的"三田一岗"演变成"四田一岗"。"四田一岗"土地整备项目占地总面积约280万平方米,其中沙田、田脚、荣田三个地块位于坑梓街道,望牛岗地块位于坪山街道,具体区位见图2—2。

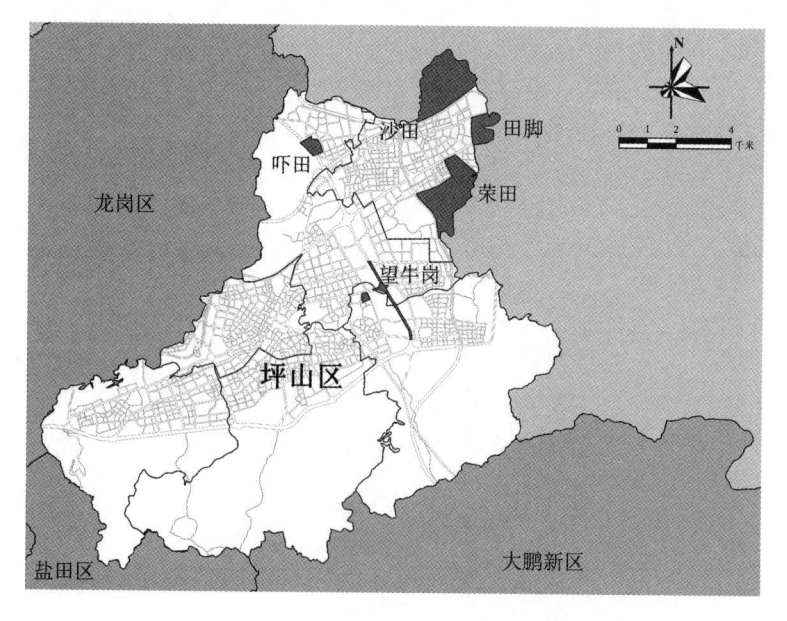

图2—2 "四田一岗"区位示意图

资料来源:笔者自绘。

二 制定为期半年的土地整备计划安排

坪山新区成立之前,坪山由大工业区管委会管理,当时主要是通过征地拆迁进行土地储备。坪山新区成立以后,为了对零散的土地资源进行空间整合,坪山开始酝酿土地整备工作。

2009年12月14日,坪山新区管委会印发了《坪山新区土地整备工作实施方案》,这个被各方主体都寄予厚望的政策文件,被称为坪山的一号工程。《坪山新区土地整备工作实施方案》中对土地整备一期工作制定了详细的阶段性目标。具体包括:2010年1月底前,组织测绘单位进行土地整备范围内的测绘、查丈工作;2010年2月15日前,组织人员对土地整备范围内的拆迁标的物进行确权并将结果公示;2010年2月底前,组织评估单位对土地整备范围内的拆迁标的物进行评估,评估单位出具评估报告;2010年2—4月,组织工作小组与土地整备范围内的拆迁标的物业主进行谈判;2010年5月15日前,与土地整备范围内的拆迁标的物业主签订拆迁安置补偿协议;2010年5月30日前,根据相关程序支付房屋拆迁补偿款;2010年6月底前,组织力量对土地整备范围进行清场,并办理移交入库(见图2—3),其中拆迁安置房建设工作进度安排如图2—4所示。

2010年1月底前	测绘、查丈
2月15日前	确权拆迁标的物并公示结果
2月底前	评估拆迁标的物
2月至4月	工作小组与拆迁标的物业主谈判
5月15日前	与业主签订拆迁安置补偿协议
5月30日前	支付房屋拆迁补偿款
6月底前	清场并办理移交入库

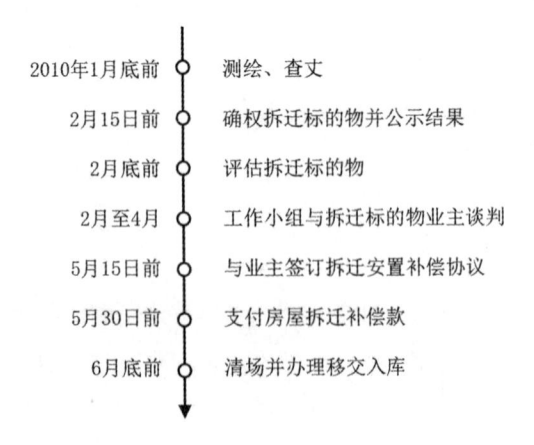

图2—3 《坪山新区土地整备工作实施方案》土地整备总体进度安排

资料来源:笔者根据《坪山新区土地整备工作实施方案》绘制。

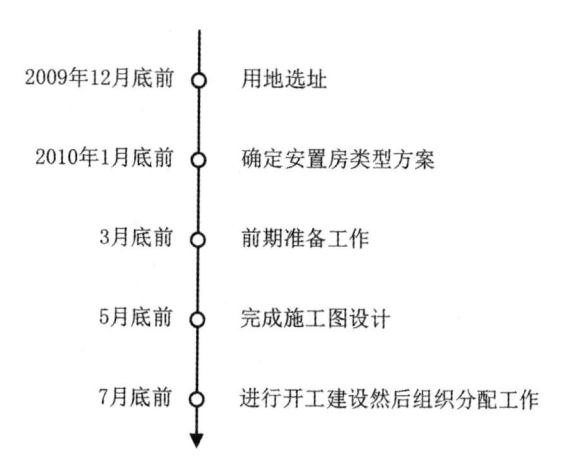

```
2009年12月底前 ——— 用地选址
2010年1月底前  ——— 确定安置房类型方案
3月底前        ——— 前期准备工作
5月底前        ——— 完成施工图设计
7月底前        ——— 进行开工建设然后组织分配工作
```

**图 2—4　《坪山新区土地整备工作实施方案》拆迁安置房
建设工作进度安排**

资料来源：笔者根据《坪山新区土地整备工作实施方案》绘制。

三　违建的集中爆发，迫使土地整备工作予以中断

2009年10月20日，坪山新区成立刚三个多月，就开展了为期一个月的查处违法建筑的工作，辖区内所有的在建民房一律被叫停，包括具有合法手续的"一户一栋"居民楼。虽然违法建设的查处工作本身具有常态性，但此次集中查违工作与以下三方面有关联。一是坪山新区的设立使得当地居民对征地拆迁的赔偿有更高的期待，本地居民进行违法建设的意愿和诉求都在增加。即便是坪山不推出土地整备，城市更新一样需要拆迁，传统的土地储备也需要拆迁，因此，通过建设更多房子来获取更多的拆迁补偿对原村民而言是可获利的。二是坪山有计划推出土地整备工作，这刺激了原村民加快违法建设赶上获利关键时期的行为。尽管具体的土地整备工作当时并未向社会公布，但是从《坪山新区土地整备工作实施方案》中可以看出，坪山已经开始土地整备这项工作，本地居民对土地整备已有所闻。三是要有计划地推动土地整备工作，必须加大对违法建筑的查处工作，保障新区各项工作顺利推进。

2009年11月20日，为期一个月的查违工作结束之后，原有已

经开工的"一户一栋"建筑允许复工，其余项目仍一律喊停，其中包括取得"一户一栋"合法手续的居民楼，然而对于喊停项目如何处理，当时尚无明确的处理意见。虽然政府以极大的决心查处违建工作，但违建情况更加明显，违建不仅表现为直接的开工建设，还包括在原有合法建筑的基础上增加新的建筑面积。

《坪山新区土地整备工作实施方案》发布的当天，坪山召开了"四田一岗"土地整备的动员大会，对土地整备工作进行动员和安排，"四田一岗"土地整备的讯息全面公开，获悉这一消息的原村民纷纷开始违法抢建。而由于当时的违法建筑查处工作组织机制尚不健全，无法切实有效地遏制违法抢建行为，从12月14日《坪山新区土地整备工作实施方案》出台到12月30日，在短短的十几天时间内，抢建的建筑面积高达10万平方米，竹坑、沙田的违法抢建现象尤其严重。根据《南方日报》的相关报道，因土地整备而来的坪山拆迁，让原村民有了一次"暴富"的可能，抢建开始与时间赛跑。"几天一层楼"，大肆集中在空地上建不能住人的单砖墙房子，近280万平方米的"三田一岗"土地上开始了一场抢建与拆违的博弈，土地整备因抢建进度缓慢。

违建抢建的迅猛增长势头大大超出了政府的预期，也使城市管理工作陷入了两难境地，既不能为违法建筑支付拆迁补偿，也不能将这些违法建筑全部拆除。在这种状况下，"四田一岗"地区的土地整备没能够按预定的计划持续推进。到2010年1月4日，这项被称为"坪山一号工程"的土地整备项目宣布停止。政府随后决定改变之前推进土地整备的做法，改为采取成熟一个推进一个的做法，停止了沙田片区（高速公路以北范围）及暂停其他"三田"片区的土地整备工作，积极推进条件比较成熟的"望牛岗"片区的土地整备工作。

四 "四田一岗"土地整备工作搁浅的主要原因思考

由于各方面的原因，作为坪山新区成立一号工程试点同时被寄予厚望的"四田一岗"土地整备工作遭遇了较大阻碍，不得不宣布停止，意味着这次土地整备过程中所沿用的传统房屋征收模式已经无法适应新的市场形势。

"四田一岗"土地整备项目的叫停，反映出当时土地整备工作在以下几个方面存在一定的不足：

第一，土地整备的政策理念和相关宣传不够。当时社会各界对于土地整备这个提法的理解仍然局限于传统的房屋征收模式，直接反映是政府采取一种新的路径来收回原农村土地。因而原村民采取了与传统房屋征收相似的应对行为，也即大量快速的违法抢建。然而在政府快速叫停"四田一岗"土地整备工作之后，由于宣传不到位，大部分原村民仍然寄希望于通过短时间抢建起来的"豆腐渣工程"获取离开这片土地之前的最后一份收益。

第二，土地整备政策的社会接受度不高。一方面，由于土地整备政策的不明朗，对于土地整备之后原农村集体和原村民能否获得较好发展，大多数被拆迁利益主体持怀疑态度。土地整备涉及的拆迁如何补偿没有明确，土地整备后集体经济发展走向也不明朗。正是因为原村民对土地整备之后前路的不明，让他们对土地整备新政的实施持怀疑态度和排斥情绪。从另一个角度来说，随着2009年《深圳市城市更新办法》出台，深圳存量土地再开发过程中操作规则明确、政策配套完善的城市更新模式不断成熟，因而社区及居民在对土地整备政策内涵理解不深入、城市更新政策优惠突出的情况下，对于"四田一岗"这类土地整备模式具有一定的排斥心理。

第三，土地整备政策实施的准备工作不足。"四田一岗"土地整备的初衷是为了实施规模成片以保障产业用地为主的"新型"土地整备，虽然从政策角度做了很多探索，但在实际操作层面，社区、居民和市场的可接受程度以及相关主体具体参与路径考虑并不清晰，导致对于非政府主体如何参与土地整备，缺少明确的政策依据，最终使得《坪山新区土地整备工作实施方案》中计划的详细实施流程无法有序推进。

反思"四田一岗"土地整备项目推进受阻的原因，可以得出以下两个方面的启示：

第一，需要综合考虑推进成片土地整备的可行性。坪山当时在确定"四田一岗"土地整备项目范围时,首先缺乏支撑成片土地整备项目推进的、较为成熟的政策基础,针对项目实施过程中的具体细节考虑并不充分;其次缺乏对"四田一岗"区位条件和经济基础的考量,所选择的区域属于欠发达地区,土地价值显化效应较低、原村民理解新兴事物意识不强等给项目实施推进带来了较多困难。因此,在选择成片土地整备试点项目时,应该从政策和实践多个角度综合考量项目推进可行性,避免准备尚未充分的情况下过快推进实施。

第二,需要联动考虑土地整备与相关工作的协调关系。与传统的房屋征收不同,成片大规模的土地整备不仅仅包含简单的房屋征收和土地收储,还需要从查违、房屋征收拆迁、安置补偿等诸多方面进行系统协调,构建土地整备工作外围保障系统,并且合理安排各子系统之间的互动及前后影响关系。以查违为例,大量违法抢建的涌现一方面是由于传统的房屋征收模式下其拆迁补偿机制从根本上无法消除原村民加建、违建的动机;另一方面是由于当时的查违工作机制没有较好地融入这类土地整备工作,没有形成政策合力。这样在具体项目实施过程中,前期查违工作未介入而导致后期土地整备工作无法开展。因此,为了保障土地整备工作的顺利推进,应该从注重有关工作的联动与衔接等方面加大力度。

从当时试点项目区位选择来看,虽然"四田一岗"是现在坪山城市开发建设的重点片区,但是由于传统的运动式征地拆迁模式难以满足当时的整备工作需求,从而导致"四田一岗"土地整备工作中途夭折。

第三节 相关经验借鉴与启示

"四田一岗"土地整备的中途夭折使得坪山土地整备探索者们意识到,采用传统的征地拆迁模式已经无法实现土地整备清理出成片、成规模土地的目标。坪山积极调整了按照传统征地拆迁模式开展土地整备工作的思路,希望以一种更为综合的方式,一揽子解决社区在由农村向城市转变过程中涉及的相关问题，最终实现城乡一体化发展，这成为后来实践的"整村统筹"土地整备开展的缘由。

虽然当时土地整备管理部门中有人提出了"整村统筹"土地整备一词，也对相关政策思路进行了思考，但是由于缺少实践方面的经验，因此对于这项工作具体怎么开展难以把握，当时"四田一岗"土地整备工作组织的难度也让坪山土地整备探索者们感到迷茫和困惑。于是，他们把目光投向了国内外存量土地再开发的成功经验，以期对"整村统筹"土地整备提供经验借鉴。

一　国内典型城市和地区存量土地再开发

国内与土地整备类似的概念包括土地整理、土地整治和土地收储等。1997年，《关于进一步加强土地管理切实保护耕地的通知》中要求"积极推进土地整理，搞好土地建设"，首次明确提出了土地整理的概念。土地收储是指国家土地储备机构动用国家优先购买权力，对流入土地市场的土地使用权进行购买，通过土地整理后作为储备用地的过程。而土地整治是指在一定区域内，按照土地利用总体规划确定的目标和用途，以土地整理、复垦、开发和城乡建设用地增减挂钩为平台，推动田、水、路、林、村综合整治，改善农村生产、生活条件和生态环境，促进农业规模经营、人口集中居住、产业聚集发展，推进城乡一体化进程的一项系统工程，主要包括农用地整理、废弃土地复垦、宜农未利用地开发、建设用地整治和区域性国土综合整治等模式。我国土地整理、土地整治等土地开发整理工作经历了发育、壮大和综合发展等阶段，理论研究和实践经验逐步累积。近年来，随着社会经济的新常态发展，生态文明建设、自然资源保护、产业转型升级等发展理念相继提出。面对深度城市化时期的土地资源紧约束，北京、上海等大城市纷纷探索"减量提质"的发展理念，土地资源的节约集约利用和耕地红线的严格保护也日益受到关注。十八大、十八届三中全会等均对农村土地流转、宅基地管理和用途管制制度等提出了进一步健全的要求，在土地整理等存量土地再开发模式探索领域也进一步深入开展。

由于"整村统筹"土地整备既涵盖了存量土地综合开发，又涉及城乡统筹多方主体共赢的发展理念，其目标在于提升城市竞争力和可持续发展能力、盘活公共基础设施和重大产业需要的用地的同时，促进社区社会、经济、文化、法制等多方面转型发展，实现其真正的城市化转型。从这个概念上讲，"整村统筹"土地整备涉及城乡统筹、存量土地再开发、农村社区建设等多个方面。因此，在传统的土地收储和土地整理实践基础上，坪山"整村统筹"土地整备需要从城乡一体化建设、存量土地再开发、土地增值收益分配管理等多个角度汲取营养。

（一）北京、成都等地区的城乡一体化建设

1. 北京城乡一体化发展

北京从2008年开始积极推进城乡一体化建设，2008年12月25日出台了《关于率先形成城乡经济社会发展一体化新格局的意见》（以下简称《城乡经济社会发展一体化意见》）。

《城乡经济社会发展一体化意见》是北京推进城乡一体化建设的纲领性文件，其重点主要包括以下五个方面：

第一，突出在农村土地和金融制度方面的创新。《城乡经济社会发展一体化意见》明确提出2009年在区县普遍建立农户土地承包经营权流转信息平台，加快建立城乡统一的建设用地市场，开展村庄综合整理试点，盘活存量，拓展发展空间，推动农村土地制度创新。在金融制度方面，《城乡经济社会发展一体化意见》要求放宽农村金融准入政策，加快建立商业性金融、合作性金融、政策性金融相结合，资本充足、功能健全、服务完善、运行安全的农村金融体系。

第二，明确提出同步加强城镇化和新农村建设。采取"双轮"驱动城乡统筹的思路，"一轮"以镇中心区建设为重点，梯次推进重点镇和一般乡镇建设，通过加强基础设施和公共服务设施建设着力提升乡镇对产业和人口的承载能力，通过加快培育乡镇主导产业着力壮大镇域经济，促进农村人口在城镇集中居住，产业在乡镇集群发展；"一轮"以村为单元、以区县为主体，继续扎实推进社会主义新农村建设，不断改善农民的生产生活条件。①

第三，将城乡接合部地区作为北京城乡一体化发展的先行示范区。城乡接合部是发展活力最强、人口资源环境矛盾最突出、城乡一体化要求最迫切的地区。《城乡经济社会发展一体化意见》提出要积极推进城乡接合部综合配套改革试验，鼓励和支持区县结合自身特点，大胆探索，先行示范，在绿化隔离带建设、土地使用制度、农民整建制转居、劳动就业、社会保障、管理体制等重点领域取得重大突破。

第四，明确提出实现城乡教育、文化、卫生等基本公共服务均等化。《城乡经济社会发展一体化意见》要求大力发展农村教育，促进教育公平，提高农民科学文化素质；深化城乡医疗卫生服务和保障制度改革，建立城乡一体化的公共卫生、基本医疗和药品供应服务保障体系；建立城乡统筹的文化事业发展体制，使城市丰富的文化资源、要素和服务加快向农村地区延伸。

第五，提出加快社会保障体系和社会管理的城乡衔接。为加快城乡社保制度的衔接并轨，《城乡经济社会发展一体化意见》提出建立城乡全部覆盖、有效衔接、机制灵活的一体化社会保障体系，将已稳定非农就业的北京市农村劳动力纳入城镇职工社会保险体系；加快建立统一规范的人力资源市场，统一城乡就业促进政策、劳动者失业保险缴费和失业保险待遇标准。

在 2009 年 1 月北京政府工作报告中，城市与农村的协调发展以及农村的改革被多次提及，几乎涵盖了农村发展的方方面面，其中城乡接合部的建设成了着力点。相关报告指出，对于城乡接合部，要落实、集成和创新政策，培育发展优势产业，完善基础设施和公共服务设施，逐步实施城市化管理，使之成为城乡一体化发展的示范区。在城乡一体化改革中，要关注农民就业、农转居和农村产业发展等问题。"城乡一体化"要把社会主义制度的优越性与市场经济机制的优越性结合起来，一是城乡接合部地区产业基础相对薄弱，导致一些农民转居后不能就业，因此要坚持北京服务业为主的

---

① 杜海萍：《率先形成城乡经济社会发展一体化新格局——访北京市发展和改革委员会委员蒋力歌》，《前线》2009 年第 4 期。

产业规划，增加就业岗位数量，同时也要适当发展实体经济；二是鼓励农民参加培训，增加自身技能。

同年北京实施了"新四统一"基本医疗卫生制度，即全市统一规范"特殊病种"门诊补偿范围、统一试行乡镇卫生院"零起付"补偿政策、统一住院补偿"封顶线"18万元、统一推行"出院即报和随诊随报"，城乡医疗卫生制度与社会保障制度一体化加快。《北京市城乡居民养老保险办法》也在这一年启动，新制度打破了城乡户籍界限，将符合参保条件的本市城镇和农村居民统一纳入到城乡居民养老保险制度，并实现了缴费、待遇等标准上的城乡一致，在全国率先实现了养老保障制度的城乡全覆盖和一体化。[①]

2009年2月北京率先启动了朝阳区"大望京村"和海淀区"北坞村"的城乡一体化改造的试点工作，这两个试点地区的旧改工作取得了巨大的成功，其中，大望京村实现了"无群体上访、无强制腾退、无村民倒腾退补偿后账"，创造了高效腾退的"奇迹"；北坞村对传统的征地拆迁模式进行了较大程度的改革，充分发挥了村集体和村民的自主性。这两个地区的城乡一体化试点工作形成了备受瞩目和推崇的"望京模式"和"北坞模式"，对其他地区开展旧村改造工作具有重要的示范效应。

2010年北京加快城乡一体化步伐，整体启动了50个市级挂账重点村的城市化工程，同步推进"城中村"建设治理，对位于城乡接合部地区的人口密度高、卫生环境脏乱差、违章违法建筑多的村进行集中整治改造，全面改善其生产生活环境，这些村的城乡一体化建设，为全国城乡一体化综合改革和建设发展探索出了新思路和新模式。

2. 成都城乡统筹建设

自2007年被国家批准为全国统筹城乡综合配套改革试验区以来，成都在农村集体建设特别是相应的土地管理制度创新方面，取得了较好的成效。总结成都的做法，其核心在于"工业向集中发展区集中、农民向城镇集中和土地向规模经营集中为核心"的"三个

---

① 黄冠华：《北京城乡一体化发展进程的思考与分析》，《北京农业职业学院学报》2013年第5期。

集中"原则。具体来说，工业向集中发展区集中，是强力推进新型工业化，通过产业规模经济效益带动城市化发展；农民向城镇集中是梯度引导新型城镇化，其中城镇分为大城市、中等城市、小城市和小城镇四个等级，根据农村各自特点，选择城镇化方向，并完善相应的配套设施；土地向规模经营集中是转变传统农业生产方式，提高土地利用效率，发展现代农业。

为更好地实现"三个集中"，促进城乡统筹发展，成都在土地管理制度方面进行了新的探索。首先，明确了"政府引导、农民主体、镇村组织、市场运作"的土地整理原则；其次，针对农村集体土地确权赋能，以村民小组为单位明确集体土地所有权，以户为单位明确农村宅基地使用权，从而形成了相对完整的农村集体土地确权登记体系，为后续城乡统筹土地管理工作奠定了良好基础；再次，创新土地增值收益分配方式，在充分尊重农民意愿的基础上，引入社会资本，将用地指标进行公开出让，把扣除出让成本、农村集体组织和村民基本收益、政府公共利益和相关税费之后的剩余出让收益返还给农村集体经济组织，用于扶持壮大农村集体的社会经济发展；最后，在城乡统筹建设的同时，严控耕地红线，并且从每年的土地出让收益中筹集一定费用设立耕地保护基金，用于对基本农田和一般耕地的保护和经济补偿。

同时，成都基于不同区、县的发展特点，探索了城乡用地"一张图"模式、集体建设用地使用权流转模式、城乡建设用地增减挂钩模式等不同的土地管理实施路径（见表2—2），灵活应对城乡统筹建设过程中的各种土地管理问题。

表2—2　　成都城乡统筹土地管理制度改革创新试点模式

模式类型	区域	核心思路	主要成效
城乡用地"一张图"	各区（市）县	建立土地全过程管理，并在此基础上融入城市规划、产业规划等多规合一的城乡统筹发展思路	实现了三大规划基本融合，为土地利用和城乡建设奠定基础

续表

模式类型	区域	核心思路	主要成效
集体建设用地使用权流转模式	锦江区	将集体建设用地纳入"成都市锦江区集体建设用地储备中心"管理,并制定相应的集体建设用地基准地价和交易政策	实现了农民、政府对土地出让收益的共享,有利于壮大农村集体经济组织,促进城市化转型
城乡建设用地增减挂钩模式	郫县	将拆旧和建新指标相结合,实现城镇建设用地增加和农村集体建设用地减少平衡	有利于优化城乡土地资源配置,提高土地节约集约利用效率,实现农村劳动力城市化转移
土地综合整治模式	邛崃市	以土地整理为契机,加强集体建设用地和农用地的综合整治,农民以土地承包经营权入股,实现农用地规模化经营和集中管理,实现农业现代化转型	优化村庄用地布局,促进耕地保护和质量提高,改善农民生活环境
双放弃一退出模式	温江区	农民自愿放弃宅基地使用权和土地承包经营权,获取购房补贴、社保等城市服务,宅基地进行统一管理	优化城乡建设用地结构,实现农村集体建设用地和农用地的集中管理
生态搬迁模式	龙泉驿区	将经济较好的村与生态保护发展受限的村进行捆绑,并对腾退的宅基地进行复耕	有利于生态保护,促进农村发展和土地集约节约利用
耕地保护基金的创设模式	中心城区以外区(市)县	从每年的新增建设用地出让收益中抽取一定的资金用于耕地保护基金,并对基本农田和一般耕地制定不同的补偿标准	促进耕地保护,在一定程度上实现了因为基本农田和耕地发展受限地区的耕地保护积极性

资料来源:笔者根据《基于城乡统筹发展的土地管理制度改革创新模式评析与政策选择——以成都统筹城乡综合配套改革试验区为例》相关内容整理。

(二)香港、台湾地区存量土地再开发

香港和台湾地区的存量土地再开发已经形成系统成熟的模式和体系,不同模式具有相应的利益分配模式和调控手段。

1. 香港地区都市更新

香港的都市更新主要包括重建发展、楼宇修复、文物保护和旧区活化四种类型，其核心在于坚持以人为本和可持续发展。其主要做法为：一是，进行城市更新立法，并成立相应的专业机构——香港重建局，明确规定了重建局的工作权责。二是建立起一套以人为本的顶层制度设计。例如除了传统的政府主导模式以外，香港都市更新还推行了需求主导模式和促进者模式，分别由业主提出申请，重建局组织实施和业主自行改造。三是，在都市更新的利益分配过程中，强化了业主、租户、商户等各种权利人的利益保障，同时也强化了都市更新中的公众参与和决策。

以拆除重建类项目为例，完整的实施过程需要经历规划、征集物业业权、组织开发建设三个主要阶段。其中，第一阶段为由香港重建局制定"综合发展区"的详细规划，并且向规划主管部门提出规划申请，通过审批之后，进行公示，城市规划委员会考虑公众的反馈意见后批准总纲发展蓝图。第二阶段则是香港重建局根据《收回土地条例》收回图则范围内的土地，征集物业业权。香港重建局通过协商的方式征得上述规划覆盖的综合发展区内90%的业主同意之后才能实施拆迁和收回土地行为，对于剩余10%不同意业主，政府可以实施强制执行的权力。第三阶段即为开发建设阶段，收回土地和物业业权后，香港重建局会根据项目的具体情况以较灵活的方式进行重建，包括将重建项目交给地产商发展、与地产商合作或考虑自行重建发展。

2. 台湾地区区段征收与市地重划

台湾存量土地再开发的两种典型模式包括区段征收和市地重划。

区段征收是从地政系统衍生出来关于空间再开发方面的重要制度，旨在配合城市开发建设，实现土地增值收益的公平分配，以及片区土地利用效率和福利水平的整体提升。其主要做法为：一是确定各方增值收益分配比例，包括以政府为代表的用于公共基础设施建设的公共设施用地、原权利主体领回的不超过原土地50%的部分免交增值税的抵价地，以及剩余用于土地使用权市场出让、偿还项目开发费用的土地。二是明确区段征收需要执行上位规划计划，不得随意改变功能，保证区段征收活动在城市规划的框架下进行。三是抵价地需要采用公开抽签决定位置，并且根据需要可统一加成补地价，或者从实际地价与理论匡算的差异确定需要补缴的地价，通过多种手段调控原业主收回抵价地的超额利润，保障土地增值收益合理分享。

而市地重划则是依据城市规划的要求，将一定区域内奇零细碎的土地，加以重新整理、交换分合，并兴建公共设施，使之成为大小适宜、形状方整、直接临路并立即可供建筑使用的土地，然后按照原有权属分配给原土地所有权人。市地重划是土地综合业务的整体开发，涵盖了土地登记、测量、地价、地权及地用。其最重要的做法是确立了"谁受益、谁分担"的受益者负担制度，在限制重划负担不超过45%的基础上，根据受益比例，如临街状况、地价上涨率等，来具体计算土地抵付。

二 国外典型城市土地整理

从国外经验来看，由于各国实行的法律体系和政体基础不同，土地资源利用和再开发的方式也不尽相同。但是由于城市发展的不同阶段必然对土地管理提出相应的要求，因此虽然实施方式各不相同，但都面临着土地整理和再利用的过程，其核心区别在于土地整理的模式及其背后的土地收益分配与调控手段不同。其中以土地整理、发展权转移等最为典型。

（一）土地整理：改善地区土地利用条件

国外土地整理实践起源于16世纪中叶的德国，其初始目的是为了改善农业和林业的生产条件，合并分散田块，调整田间道路，以满足机械化耕作要求。其土地整理包括贡献土地、返还土地和政府的成本收回用地，涵盖土地面积整理和土地价值整理两个主要方面。实质是一个利用整理带来的土地增值，进行土地形状改变、产权调整、区域基础设施完善等，对整理区域内所有权利主体进行权益协调，同时体现了受益者付费的理念，其中在价值整理中，根据增值来源，合理区分了"规划增值"与"整理增值"。随着经济发展，土地整理为建设准备土地和将被建设打乱的地块重新规则化，以城乡居民生活条件等值化为基本理念，推进村庄革新和农村发展，改善农民的生产生活条件和工作条件，注重自然环境与景观保护，改善人民的生活环境。

日本土地区划整理是指一种将基础设施建设与居民地块调整相结合来推进住区发展的方法，具体是在评估得出项目实施前后各地块土地价值的增长，调整各地块规模及区位使其获得均匀的收益率，并且将部分收益用于投入该地区基础设施建设的一种"经费自足"模式，在日本城市建设中颇具特色。区划整理的主要环节包括土地献出、地块重整和预留地三个方面，被广泛运用于城市重建活动中，在部分城市，如奈良、名古屋，这种土地整理模式在土地开发中占比高达70%到90%[1]。

(二) 发展权转移：土地增值收益共享

土地发展权是在土地用途管制的情况下产生的。政府由于耕地保护和生态保护，对某种规划用地开发进行限制，从而使得该土地使用权人权益受损。土地发展权是从土地所有权中分离出来的一种财产权利。在国外实践过程中，以美国发展权归私和英国的发展权归公为典型代表。

美国发展权转移是土地开发管理中重要的利益平衡手段。发展权转移做法包括发送区和接收区的确定、发展权或者容积的价值设定以及通过土地发展权银行实施发展权转移等。发送区一般为农田、自然保护区、历史保护街区或建筑和水源保护地等规划保护和限制区域，而接收区是指现有公共基础设施承载力潜力较大、希望增加密度或者提供保障性住房的已开发区域。两者之间通过发展权银行设置合理的发展权或容积价值，进行发展权转移和土地开发权的买卖，从而补偿发送区产权人因规划所带来的发展权损失。这在国外发展权转移实践中较为成熟。

英国实行的则是土地发展权国有化，政府通过土地租税费及相关政策调控限制许可开发的土地价值上升，禁止开发的土地价格下降，政府吸收增加部分从而补偿减价部分，以达到利益分配的均

---

[1] 王珺：《日本的土地区划整理及对中国合理用地的启示》，《国土资源情报》2009年第9期。

衡。然而，由于失去土地的人没有得到有效补偿，缺乏保护土地的积极性，而土地购买者需要通过更高的价格购买，这不利于土地市场的正常发展和对土地资源的优化配置。

三 相关经验借鉴及对坪山土地整备工作的启示

（一）遵循"公私兼顾"理念，合理分配土地增值收益

土地增值收益分配理念包括"涨价归公""涨价归私"和"公私兼顾"三种情形。从国内外经验可以看出，相较于前两者而言，"公私兼顾"更有助于实现对土地增值收益的合理分配。

在土地整理和存量土地再开发过程中，首先要注重原权利人的保护及其合理的增值收益分配规则的制定。只有充分保障原权利人的知情权、参与权，发挥其保护土地和合理开发土地的积极性，才能促进项目快速实施。在这一方面，北京、成都等从城乡统筹的角度出发，充分考虑了农民在整个过程中的角色和合法权益，以及整个农村集体经济组织的长远、可持续发展问题。通过产业用地划拨，把农民纳入社会保障体系，劳动力由乡政府托底安置等措施在集体土地整治的同时，保障原权利人的可持续发展。而香港、台湾则是设置了一系列实质性公众参与路径，通过土地整理和再开发的实施主体创新，不断完善相应的制度设计和明确公众参与渠道和政策路径，来实现公众权益的保护，这不仅考虑到了土地权利人，还充分考虑了使用土地的相关主体的利益诉求。国外的土地发展权转移则是通过土地税费和市场价格的调控来实现对发展权益受损地区的土地权利人保护。

其次则是需要通过完善的土地收益分配规则促进相应的公共利益实现。在北京和成都的城乡一体化发展中，以城市建设标准来规范原农村集体，完善公共基础设施，改善农民居住条件、改善生态环境等内容作为政策实施的首要战略，推进公共服务均等化作为实施的重要目标。在香港和台湾的存量土地再开发过程中，均对项目实施的土地增值收益分配规则进行了明确的界定。例如台湾的区段征收，设置了政府公益性用地、抵价地和市场出让土地三种土地处置类型，并且就各类用地比例和租税费缴交规则进行了明确界定。

此外，其抵价地的选址需要通过公开招标实现，也在一定程度上体现了公平公正的原则。市地重划则是确立了"谁受益，谁分担"的受益者负担制度。而国外的公共设施建设成本大多数由开发主体或原业主承担，政府一般把握宏观政策和战略方向的制定，具体的实施工作由市场主体和权利人协商推进。

（二）灵活运用多种方式实现存量土地整理和再开发

土地整理和存量土地再开发涉及的主体复杂、利益关系交织，因此比起传统的新增建设用地开发，需要应对的情况更为繁多，需要因地制宜设计多种方式以促进政策目标的实现。从基本思路来看，大多国家和典型城市均倾向于政府、开发商和公众三方协作的实施模式，从而可以划分为政府主导、开发商主导和公众（原业主）主导三种类型。

北京的城乡一体化工作为典型的政府主导模式，从政府层面给予了该项工作高度重视。在具体实施过程中，北京市委、市政府通过制定并出台《关于率先形成城乡经济社会发展一体化新格局的意见》对城乡一体化工作做出总体安排和部署，在实施过程中，通过政策制定和相关管理，强化了北京城乡一体化发展的重要战略地位，这种政府高度重视和高位推动的模式，为城乡一体化工作的推进提供了强劲的动力和有力的保障。

相较而言，成都的城乡统筹则主要由区、县（市）政府组织实施，并且根据不同情况设置了政府宏观把控（如"一张图"）、业主自发实施（如集体土地使用权流转、耕地保护）、市场开发主体推动（如城乡建设用地增减挂钩）等不同侧重点的实施模式，在政府把控的情况下促进多种方式的灵活运用。

香港、台湾地区的存量土地再开发既包含了政府主导实施，也包含了原业主委托申请实施和自主改造，但是无论哪一种实施方式，均强调了原业主、市场主体和其他公众（如社会组织、媒体、周边市民）等的积极参与与决策支持。

国外的土地整理则是由政府制定宏观政策和操作规则，由市场主体和原权利人自主实施，政府通过土地税费和政策优惠等多种手段的综合调控，激励或者抑制市场和原业主的土地整理和再开发倾向，从而实现城市层面的发展目标。

（三）土地整理和再开发的工作组织与管理程序精细化

由于各国政体不同，在我国的土地整理和再开发过程中多数强调保护和尊重原权利人特别是农民群体的切身利益。而国外则是通过相关的政策手段调控农场主和农用地权利人的收益分配，从而激励其保护农用地和城市整体利益。

因此，基于我国国情特别是坪山这类原农村集体转型尚未完全实现的地区，首先要充分重视基层政府组织的作用。城乡一体化工作涉及农村集体和农民个人的切身利益，充分取得这两者的理解和支持是工作顺利推进的基本保障，而在这个过程中基层组织能够凭借其特殊的优势，向上起到争取支持、及时沟通的作用，向下起到宣传政策、组织执行的作用，成为构建"自上而下"和"自下而上"相结合工作机制的关键环节。例如，北京北坞村为了顺利推进旧村腾退工作，以村委会为主体，依据村民自治章程，在村民代表民主决策、民主监督、民主管理的基础上制定北坞村旧村腾退方案。在北京大望京村的案例中，在北京市和朝阳区的政策和资金支持下，崔各庄乡成立试点工作指挥部，每周召开一次工作分析会，并定期向上级部门汇报进展情况，及时沟通解决实际问题，为大望京村创造快速拆迁腾退的"奇迹"做出了不可忽视的贡献。

在此过程中应强调基层党委组织对于城乡一体化发展的作用。例如北京大望京村试点探讨了城乡接合部发展的主导权问题。市场主导下，开发商的"逐利性"往往更加注重经济利益，局限于单纯地块的开发利用，而对整个区域的产业发展、城市建设管理和农民的长远利益考虑不够，容易造成区域发展的分割和碎片化，影响公共利益的保障、城市规划的落实和政府公共管理职能的发挥。特别是在深圳"村改居""镇改街"之后，社区股份合作公司一家独大的问题十分凸显。因此，政府特别是社区党委需要在此过程中充分发挥"守夜人"作用，坚持党的核心领导和政府合理引导，从全盘统筹、长远发展的角度实现对全局工作的主导管控。

此外，针对土地整理中面临的复杂的产权和收益分配问题，需要构建合理规范的管理程序保障其顺利实现。例如针对土地整理和再开发过程中的收益分配，香港通过市重建局制定规划，然后进行物业征收，并设置了被征收业主意愿征集规则等来保障项目实施。香港在前期框定了土地增值的空间，并在后期实施中保障了公众的知情权和政府基于公共利益的强制执行权。北京在城乡一体化实践过程中，针对农村违法抢建现象，大望京村和北坞村在改造过程中均采取了高压的态势及相关政策措施进行应对。大望京村对地上建筑物进行补偿时，宅基地上一层全部通过实际丈量面积按标准进行补偿，二层按每平方米800元部分补偿，对于三层以上的违法建筑则不予补偿，全部无偿拆除，并且在实践过程中，通过公告、签订《强制腾退意愿书》等方式保障政策实施。此外，针对农村土地整理中的集体资产处置问题，国内城乡一体化探索了出让收益返还集体经济建设，建立股份公司统一管理运营等创新模式，对农村集体资产进行现代企业化管理运营，促进农村经济发展。这些模式的成功都离不开管理工作的精细化。

第三章 "整村统筹"土地整备的提出

第一节 "整村统筹"提出的原因和目的

一 "整村统筹"提出的原因

在坪山当时急需改变"半城市化"状态的背景下,土地资源的利用面临着五个迫切需要解决的问题。

一是满足坪山建设继续落实重大基础设施和重大产业项目的需要。坪山新区成立之初,将稳增长、促发展作为工作的主要任务,积极采取措施,促进经济又好又快发展。然而不管是龙头企业和重大项目的引入,还是新型产业园区的打造,均需要通过土地整备促进存量土地资源盘活。随着土地整备工作的推进,成片可开发空地越来越少,剩下的整备对象主要是建成区和一些零星空地等,土地整备实施难度大大增加。与此同时,原农村集体的利益诉求不断提高,已有的土地整备政策法规,在土地利益共享方面考虑不够,加大了土地整备工作推进的难度。"整村统筹"土地整备以公共利益为切入点,以利益共享为突破口。一方面,通过划定政府土地储备底线,优先保障城市公共利益,使重大产业项目和公共基础设施得以落实,促进城市长远发展;另一方面,通过建立利益共享机制,使土地增值收益在多元主体之间合理分配,寻找政府与原农村集体的利益平衡点,有利于提高土地整备的推进效率。"整村统筹"的初衷是,为上述公共利益的实现提供成片区成规模的建设用地资源,保证开发项目的顺利实施,从而促进坪山发展。

二是要探索完善现有土地再开发手段,形成能够系统解决原农村土地问题的新模式。在新的社会经济条件下，对于传统的土地房屋征收政府需要付出较高的成本，且只能用于公共利益需要，不能用作产业用地储备。城市更新虽然推进迅速，但由于原特区外大部分社区达不到合法用地的准入门槛，且相较于原特区内，当时坪山的土地价值尚未凸显，市场吸引力不足，难以通过城市更新解决社区和政府面临的土地问题。土地整备虽然将征收范围扩大到了重大产业用地的需要，但由于安置补偿较低，难以调动社区积极性。而"两规""三规"处置政策也未能解决原农村合法外土地的全部问题。产业转型升级"1+6"政策虽然为原农村合法外用地提供了一条合法化路径，但是利益分享有限，实施接受度也不高。如何集合现有政策手段之所长，形成针对原农村土地的系统解决方式，成为当时坪山区政府迫切需要探索的方向。

三是面对迫切的社会经济发展需求和复杂的土地产权问题制约土地盘活的突出矛盾，需要改革创新一揽子的解决方案。继《珠江三角洲地区改革发展规划纲要（2008—2020年）》、《深圳市综合配套改革总体方案》《深圳经济特区一体化发展总体思路和工作方案》相继获批后，坪山提出了土地整备与社区发展相结合的"整村统筹"模式，试图以土地这个最大的利益平台，结合产权、规划、资金等多种政策手段，撬动解决原农村的历史遗留问题，推动社区基层建设和转型发展。当时"整村统筹"的理念中已经凸显了社区主体这一思想转变，试图将社区作为实施主体，充分调动基层和群众对于土地整备的积极性。因此，"整村"即以社区为单位来开展项目实施，这种定位一方面是由于社区是原农村历史文化、风俗习惯的继承单位，也是最小的城市行政治理细胞；另一方面是考虑到社区领导班子是最直接面对群众的政策执行者，也是政府与原村民之间联系的纽带。基于这两点，将社区作为"整村统筹"土地整备实施单位，不仅有利于政策的上传下达，也有利于原村民积极性的调动。"统筹"不仅仅考虑土地资源的存量挖潜，还要从社区发展、设施配套、产业升级等诸多方面进行全盘考虑。

四是要探索多方主体合理分享土地增值收益的可实施路径。由于原农村集体实际使用土地与国有储备土地交杂分布，不论是政府还是社区都面临土地利用困难的局面。例如在沙湖社区辖区范围内，已征转土地和未完善征转补偿手续用地几乎各占一半，而后者中60%以上的土地位于基本生态控制线内，已建成用地分布在十个居民小组，并且与国有储备土地犬牙交错，社区无法集中利用这些土地，国有产业用地也无法有效实施供应。这些土地还存在产权不完善、征地补偿未落实、利益纠葛复杂等多项问题。而且在非农建设用地和征地返还地落实过程中，一般将指标划给社区股份公司，但是土地的实际掌握者却是居民小组，各个居民小组又分为行政村和自然村，股权关系十分复杂。土地的这些复杂情况对土地利用、管理提出了新的挑战，坪山必须找到各方都能接受的增值收益分配路径，借助土地增值收益的共享，厘清这些土地的产权关系，达到盘活利用土地的目的。

五是要寻求社区转型发展的新道路。坪山大部分社区仅依靠集体物业出租的租金维持，产业多为"三来一补"等劳动密集型产业，较为低端，导致租金偏低，原村民分红不高。同时，社区基础设施和公共设施严重不足，难以满足发展需求。例如沙湖社区拥有约2万人，但是却没有独立的学校，也只有一家社康中心，无法满足居民生活服务需要。而社区建成区道路等基础设施由于规划建成年期较短，不但已经与城市规划的基础设施脱节，而且也不利于区域基础设施和公共设施的统筹。因此，社区需要从土地资源入手，改变社区的景观风貌和人居环境，以及原村民的生活生产方式，融入坪山社会经济发展和城市建设，从根本上实现深度城市化，促进区域可持续发展。

二 "整村统筹"提出的目的

基于以上现状，坪山希望通过"整村统筹"土地整备，综合运用多种政策手段，发挥杠杆作用，实现城市空间拓展、社区发展转型、城乡一体化发展等多个目标，具体如下：

一是为城市功能完善和品质提升提供空间。随着土地资源日益紧缺，深圳将城市空间拓展的方向重点放在了原特区外，因此，创新"整村统筹"，最根本的目的之一，就是为了给深圳寻求发展空间。

二是构建完善的产业生态链。坪山原有的"三来一补"产业已经不能适应城市发展需要，迫切需要建立与原特区内形成互补的高端产业布局，构建全市完整的产业生态系统。

三是改善坪山居民的生活环境。原特区内早已经实现了城市化和市民化，但是原特区外的坪山还处于"农村包围城市"阶段，如果不通过"整村统筹"及时整理出政府需要的发展用地，提升城市基础设施水平和土地节约集约利用程度，将会使整个坪山的发展落后于深圳，作为后发地区永远无法赶超。

四是为解决土地历史遗留问题探索新路径、好方法。无论是土地房屋确权还是城市更新，都无法完全解决深圳市域范围内历史遗留土地问题，而这些问题，也是制约坪山乃至深圳发展的一大障碍。

五是真正实现社区自我管理。将社区发展纳入城市化的正确轨道，使社区成为政府管理的神经末梢，为实现城市精细化、人性化管理奠定基础。

第二节 "整村统筹"理念的逐步清晰

一 "整村统筹"土地整备理念的提出

在"四田一岗"土地整备工作经验基础上，坪山开始采取成熟一个推进一个的做法，主要动作如下：一是停止了沙田片区（高速公路以北范围）及其他"三田"片区的土地整备工作，积极推进了条件比较成熟的"望牛岗"片区的土地整备工作。二是开展前期研究，明晰土地整备潜力区域。由市规土委坪山管理局与坪山土地整备局开展前期研究，在坪山辖区内初步划定了八个潜力较大的土地整备范围，为坪山申报年度土地整备计划提供参考指引。根据研究测算，八个地块范围内建筑约4000栋、建筑面积约170万平方米，所需补偿金额预算约160亿元。如果实施土地整备，可以有效盘活坪山存量土地资源，特别是成片区大规模的产业用地供应。截至

2013年11月，坪山土地整备累计入库土地15平方公里，主要包括康达尔收地、菜篮子收地、历史遗留问题处理、石井养殖场收地等项目地块。

在以上工作开展过程中，坪山于2010年12月正式提出"整村统筹"理念。2011年2月发布《坪山新区特区一体化社区转型发展试点工作方案》，该工作方案中指出"整村统筹"土地整备的新思路已得到部分社区的认可和响应，急需通过实质性的工作进行检验。其后，坪山以金沙社区作为试点，要求在试点工作中以社区土地空间整合为平台，以政府引导方向、社区主体运作、居民自愿参与为原则，综合运用规划、土地、产权以及相关政策，统筹解决社区农村城市化等遗留问题和社区转型发展问题，完善社区基础设施，改善社区民生，优化城市发展空间，提升城市管理水平，探索和实践土地整备带动社区转型发展、社区转型发展促进土地整备的体制机制。2011年5月开始，坪山办事处与沙湖社区、南布社区开始谋划、响应这一试点。随着2012年《深圳市土地管理制度改革总体方案》的获批，坪山"整村统筹"土地整备工作作为改革前沿在全市土地管理制度改革的大平台上强化推进。2012年7月，坪山正式确立了金沙社区、南布社区、沙湖社区进行"整村统筹"土地整备试点，其中金沙社区整备范围170公顷，南布社区整备范围29公顷，沙湖社区整备范围143公顷。"整村统筹"土地整备思路的提出标志着多方主体共识的达成，各项方案为政策层面的集成创新打开了新的探索空间。

二 "整村统筹"土地整备理念的内涵

按照《坪山新区特区一体化社区转型发展试点工作方案》的有关精神，坪山通过对前期土地整备工作经验教训的总结和反思，调整了过去按征地拆迁模式开展土地整备工作的思路，提出了结合坪山实际情况，以尊重历史、充分发挥"自上而下、自下而上"的主动性和积极性为原则，以实现城市建设和社区建设全面、协调、可持续发展为目标的"整村统筹"土地整备工作新思路。概括起来为：以遏制违法建筑为前提，以处理"一户一栋"问题为重点，以土地权属调查为基础，一方面综合运用规划、土地、产权以及相关行政手段，充分调动各方力量参与，优化整合城市发展空间，一揽子解决农村城市化土地历史遗留问题；另一方面，协调并集成相关政策，凝结发展共识，调动社区居民自主决策、共谋发展的参与意识和主动性、积极性，妥善解决社区居民安置、就业、社保等未来发展问题，促进社区转型发展。

由此，我们可以提炼出"整村统筹"土地整备的基本内核：一是多手段应用和多政策集合，强调规划、土地、产权和相关行政手段的综合，以及相关政策的集成与协调；二是总体目标的确立以社区转型发展为根本目标，实现城市建设和社区建设全面、协调、可持续发展；三是在实施路径方面，强调充分发挥"自上而下、自下而上"相结合的主动性和积极性为原则。这三点一直贯穿在后续"整村统筹"土地整备探索与实践的过程中。

"整村统筹"土地整备是对传统征地拆迁土地整备模式的丰富与创新，其主要针对原农村土地历史遗留问题的解决，实现基于传统土地整备方式上的四个转变。

首先，在工作目标上。传统的土地整备主要关注的是政府能够"整理出多少土地"，而"整村统筹"需要集政府、社区以及市场三家的力量来完成原农村集体土地的整备工作，需要统筹考虑原农村的土地利益格局，实现土地增值收益共享，城市发展红利共享。

其次，在工作方式上。传统的土地整备完全由政府主导，关注点主要在拆迁安置过程中补偿标准的博弈。而"整村统筹"则强调社区的实施主体地位，通过政府与社区统筹安排规划、土地、资金三项大账，拆迁和社区留用地开发完全交给社区，充分调动社区的主动性，而工作方式也由强制拆迁向协商博弈转变。

再次，在发展方式上。由传统土地整备中政府制订整备计划，确定整备项目，转变为社区自主申报"整村统筹"土地整备项目试点。由传统的政府建设城市、社区建设城中村，向政府、社区、居民和市场一起建设城市转变，不仅增加了公众参与力度，提升了原村民主人翁意识，更实现了政府由管控向服务、引导转变。

最后，在工作内容上。与传统土地整备中征地拆迁、房屋安置模式不同，"整村统筹"不仅涉及存量土地的盘活利用，而且需要综合运用规划、产业、资金等多项政策，实现政策之间的相互协调，在整备好原农村土地的同时，提供社区"造血"功能，实现社区转型升级和可持续发展。

从统筹二字来看，"整村统筹"土地整备中具体包括利益、规划、政策、风险等四大方面的统筹。在利益方面，要实现政府、社区、居民三大主体的土地增值收益共享，这是合作推动实施的根本基础。在规划方面，需要通过对上位规划的落实，以及城市规划与土地利用规划的有效衔接，合理安排开发建筑量，落实城市公共设施配套，实现社区发展与城市建设的统筹。在政策方面，需要综合运用产业、资金、产权等多方面的政策手段，制定一个系统的"社区发展综合规划"。在风险方面，需要在项目成本和开发价值等方面进行综合评价，实现土地整备中土地资产运营的概念，综合防范各类风险，保障项目顺利实施。

专栏3—1　"整村统筹"土地整备的统筹要点
（1）利益统筹
为找到政府、集体和个人的利益平衡点，设计了"政府与社区集体算账、社区集体与个人算账"的利益关系处理模式，把社区集体利益和居民个人利益以打包的方式交给社区集体，由社区集体再跟个人之间算小账，解决各利益主体的利益分配问题。一是政府与社区算政策大账。即通过"留用土地＋规划指标＋补偿资金"方式，给社区集体保留一定规模的留用地，并提出社区留用地的规划指标，以满足社区集体的未来发展需要；社区留用地之外的土地由社区交给政府，政府给予一定的资金补偿。二是社区与居民算补偿细账。社区与居民协商两者之间的利益分配方案，并经股东代表大会认可，既要对社区范围内的房屋权利人进行补偿安置，也要解决社区内部历史遗留问题；同时，政策大账与补偿细账之间是集体账，因此也要平衡大村、小村的利益关系。
（2）政策统筹
政府与社区算政策大账必须用好用足用活现有政策，形成政策集成合力。一是社区总体留用地指标。在社区已有合法用地指标的基础上，结合利益共享原则和具体规划综合确定。二是规划指标。让社区留用地具有可预期的价值，引导社区按规划开发并搞好集体、个人分配，政府的土地也能连片，做到"共同做大、共享增值"。三是补偿资金。社区留用地和按一定比例贡献的土地及其建筑物不予补偿，之外的土地按现有政策标准、地上建筑物按重置成本（远低于现有房屋征收标准）进行补偿。按照城市更新政策，更新范围内必须贡献部分公共配套用地（不少于15%），这部分土地及地上构筑物政府不予资金补偿。

（3）规划统筹

在推进"整村统筹"土地整备过程中，坚持规划先行，着力以高水平规划引领社区的高品质建设和环境提升，推动社区融入产城融合发展格局。一是以规划平衡各方利益，首先按照已有的规划落实公共配套的用地需求，再对剩余的经营性用地进行政府和社区之间的分配。二是与社区协商编制整备专项规划，在社区留用地的选址上，充分考虑社区的发展诉求，让社区的留用地和政府储备的地都集中连片，好管好使用。三是同步编制实施方案，以社区为大尺度空间，由社区和政府共同协商，互让互利，整体推进，避免了项目式征收和小片区改造带来"好做的先做、不好做的更难做"的后遗症，建立起"规划片区统筹、土地成片开发"的政府与社区互动的城市二次开发机制。

（4）风险统筹

综合预判了各类风险，采取举措，最大限度保障改革风险在可控范围。一是社会稳定风险方面，因项目涉及的补偿面广，安置规模大，持续时间较长，在全市尚无先例可循。同时项目建设主要是通过引入社会资本进行操作，原居民对整备后物业、经营、安置房源等方面存在一定的疑虑。对此，将通过竞争性谈判或者公开招标的方式，公平、公开地挑选合作发展商，充分发挥社区的主体作用和政府的监管作用，保障项目运作的全过程管控。二是居民利益风险方面，"整村统筹"土地整备采用市场化机制引入社会资本来运作，项目运作势必会受到市场波动（特别是房地产市

> 场）的影响。为确保社区及居民的利益，明确提出坚持安置先行，优先选定安置用地，项目开发必须先建设居民安置房，有效规避了社区、居民利益流失的风险。三是政策实施风险方面。一方面，在实施方案中将社区留用地的出让、补偿资金的拨付与社区移交的土地挂钩；另一方面，在边探索、边实践的同时注重政策研究和提炼总结，既为"整村统筹"土地整备开展提供政策指引，又确保试点在政策法规的框架内运作。
>
> ——坪山土地整备局"整村统筹"土地整备总结材料

"整村统筹"的基本理念就是把社区的发展和城市的发展结合起来，走合作共赢的道路。"整村统筹"土地整备作为土地管理制度改革的重要内容，除了实现城市空间结构的改变外，社区的经济转型、居民的共同富裕、人的城市化也是其重要目标。坪山提出"整村统筹"土地整备思路是一项重大的改革创新，贯彻落实了十八大和十八届三中全会精神，以及土地管理制度改革的目标和方向要求，得到了各方的认同。对于"整村统筹"土地整备思路和做法，可以高度总结为五个"三"，即："三个特点""三个有利于""三个好处""三个前提"和"三个原则"。具体来说：

三个特点：一揽子解决原农村地区土地历史遗留问题；把复杂的问题简单化，变多头土地管理为单一土地处置；整合现有政策，实现创新和突破。

三个有利于：有利于遏制违法抢建的利益冲动和行为发展；有利于引导社区经济转型，为坪山城市建设、产业转型升级提供服务；有利于实现土地整备合理配置土地、空间资源的初衷。

三个好处：建立了不同权利主体的利益共享机制；实现了差别化的利益平衡；发挥了社区主体作用，形成社区与政府、社区与群众共同推动土地整备工作的合力。

三个前提：社区留用地开发建设必须服从城市规划；促进转型升级，强调为支持产业发展和重点项目建设服务和配套；做强集体经济，利益向原农村集体经济组织倾斜，加强党建和社区建设。

三个原则：以土地管理制度改革促进土地整备；以土地整备促

进城市更新；以城市更新促进社区转型。

三 "整村统筹"土地整备的主要特征

(一) 以查处违法建筑为基础

"四田一岗" 15 天抢建 10 万平方米建筑量的教训历历在目，之后坪山围绕"整村统筹"土地整备的探索都要求尽可能杜绝违法抢建。对于违法建筑，最重要的是要防患于未然。一是政府主导，设置查违高压线，杜绝违法建筑产生；二是社区主动杜绝，成为遏制违法建筑的主力军。在坪山区政府层面，集合查违相关部门和街道办的力量，统一思想，严格查处；在街道办层面，要求加强基层查违力度，会同各社区落实 24 小时网格巡查办法，对包庇、隐瞒违法抢建的人事行为进行严厉查处。将社区违法抢建行为作为基层领导考核标准，从而约束社区干部参与违法建筑行为，调动社区主动查违的积极性。

如何从根本上杜绝违法建筑，形成违法抢建"过街老鼠、人人喊打"的局面，坪山借力"整村统筹"土地整备，提出了新的解决思路。即将社区基层领导组织纳入政策实施的重要角色，面对土地整备中的拆迁安置问题，街道办和社区基层领导不能置身事外，必须打起精神来处理这些建筑，一方面平衡未抢建原村民的合法利益，另一方面又必须通过有效手段来解决这些违法建筑，从而实现政府通过基层领导主动查违的目的。

(二) 以社区发展为核心

在当时传统拆迁模式难以持续的情况下，坪山曾考虑采用城市更新的方式来解决社区发展问题，在针对城市更新的异地安置模式以及其与社区转型发展相结合等诸多方面都有很多探讨。但原特区外社区内的土地问题远比原特区内复杂，采用城市更新依然存在较多困境。首先，合法用地占比低，产权结构和股份结构复杂，空地与已建成区交织错杂，无法满足当时城市更新的准入门槛；其次，由于市场的逐利性，城市更新多倾向于商业服务业和住宅等改造方向，既无法为政府想要实施的产业项目腾挪落地空间，也无法保障原农村集体及原村民的可持续性发展，对于坪山等后发地区，需要的可能不仅仅是存量土地盘活和城市建设更新换代，更加需要的是整个社区转型和区域发展活力的注入；最后，原特区外社区普遍面积较大，动辄几万平方公里，单一的市场实施主体往往无法满足开发需求，缺乏政府把控的开发建设也极易造成资金链断裂、开发商破产等项目实施风险。

在这样的条件下，坪山开始考虑在传统的房屋征收、土地储备与城市更新的基础上，融合出一种新的路径，既能解决土地整备推不动问题，又能避免城市更新不可行问题。将传统征地拆迁的"自上而下"与城市更新的"自下而上"模式相结合，探索以政府引导方向、社区为主体运作促进集体经济和社区转型发展的"整村统筹"发展模式，是坪山解决社区发展问题、土地历史遗留问题的新途径、新模式。

（三）以明晰土地权益为路径

以城市建设带动社会经济发展，是坪山特别是坪山中心区建设的主要思路，探索通过城市更新和土地整备来促进城市建设，体现了坪山除了"建房子"以外的生产生活服务功能，在城市建设的同时也要实现社区内生性发展。因而，坪山当时开始思考建立一套政府主导、市场参与、社区统筹的新型开发模式，创新投融资规划，平衡各方面利益，加快城市建设的速度。

根据历史遗留土地处置的相关政策，除了城市更新以外，大多是以确权为基础，定权定益。然而原农村的土地权益非常复杂，即便是未完善征转地补偿手续这一类土地，就有不同时期不同主体导致的多种情形。如果完全确定每一寸土地的权能和权益之后再开始进行开发建设，对于原特区外大体量的社区及复杂的土地关系而言，耗费的时间、人力以及精力都无法估量。如何在保障公平的前提下提升效率，既能使相关主体获得正当的利益，又能够保障项目的快速实施，在城市更新依改造确权的思路基础上，"整村统筹"土地整备对明晰土地权益的路径进行大胆探索，即通过旧改和利益分配，实现以益定权，一次性进行项目土地全部合法化，不再纠结于各类细分产权的来源、类型、权能和权益，而是建立了一个相对公平的利益分配机制，使得历史遗留用地问题得到一次性解决。

第三节 "整村统筹"土地整备改革方向的确立

一 国家土地制度改革奠定了深圳土改的制度基础

1979年以来，我国土地制度可以大致分为三个发展阶段。

第一阶段：1979—1986年，以家庭联产承包责任制为基础的土地制度探索。1979年我国土地所有制为社会主义公有制，试行农村土地集体所有制和城镇土地全民所有制。十一届三中全会之后，我国大力推行农村土地家庭联产承包责任制。在建设用地方面，1982年国务院颁发了《村镇建房用地管理条例》，初步建立建房用地指标的审批制度。为了加强对全国土地的管理，中共中央和国务院1986年发布了《中共中央、国务院关于加强土地管理、制止乱占耕地的通知》，要求强化土地管理。十一届三中全会后我国开始实行"改革、开放、搞活"的战略方针，国家经济体制开始发生巨大而深刻的变化。计划经济时期的城市土地使用制度难以适应改革开放的要求，改革是必然的。中国农村土地制度改革的起点是实行土地承包、包产到户，而此时的城市土地制度依然以划拨这类无流动、无限期使用方式为主。

第二阶段：1986年到十八届三中全会，城市国有土地和农村集体土地二元化土地管理制度凸显。1986年之后，我国土地制度不断完善。1986年六届人大常委会通过并发布《中华人民共和国土地管理法》。与此同时，农村土地改革已见成效，城市土地制度改革也逐步引入市场主体。1987年深圳在国有土地有偿使用方面进行探索，1988年国务院决定在全国普遍实行收取土地使用费（税），开始土地使用权有偿转让。在《中华人民共和国宪法修正案》中将有关不得出租土地的条文改为"土地使用权可以依照法律的规定转让"。1990年，国务院颁布了《城镇国有土地使用权出让和转让暂行条例》和《外商投资开发经营成片土地暂行管理办法》以及相应文件。1998年《中华人民共和国土地管理法》以法律的形式把国家实行土地用途管制制度确立下来。同年，国务院发布了《中华人民共和国土地管理法实施条例》，确立了从国家到地方的五级土地管理体制。2001年，国务院发布了《关于加强土地资产管理的通知》，进一步完善了城市土地交易场所和基准地价等内容。2006年，国务院发布了《国务院关于加强土地调控有关问题的通知》，提出了建立工业用地最低价标准统一公布制度。2007年3月《中华人民共和国物权法》对土地招拍挂范围进行了明确规定："工业、商业、旅游、娱乐和商品住宅等经营性用地以及同一土地有两个以上意向用地者的，应当采取招标、拍卖等公开竞价的方式出让。"2008年，《国务院关于促进节约集约用地的通知》提出，今后对国家机关办公和交通、能源、水利等基础设施、城市基础设施以及各类社会事业用地要积极探索实行有偿使用，进一步提高土地出让的市场化程度。

这一时期，城市土地使用制度以土地有偿使用为开端，以土地资源配置的市场化为目标开始改革。在划拨与有偿使用并存的二元土地制度下，中国城市普遍呈现出内部结构优化调整与外部高速扩张并存的现象。在城市功能结构发生大规模调整置换的同时也出现了依托征地制度的城市低成本快速扩张。在城市土地有偿使用的市场化机制建立后，为了增强政府对城市土地一级市场的调控能力，产生了一种适应垄断竞争型市场模式的城市土地市场运行机制的制度——土地储备制度，这一制度成为地方政府调控土地市场的重要手段。与此同时，城市土地管理制度也开始逐步扩大市场化范围，将划拨用地范围尽量缩小到公益性用地范围。

由于城市的快速扩张和粗放发展模式对土地资源的强烈需求，在土地征收和土地储备制度不断建立完善的情况下，农村集体土地一直位于支援城市建设的被征收阶段，土地权能不完善、土地流转机制不健全，城市与农村土地管理制度二元化特征日益凸显。

第三阶段：十八届三中全会以来，土地管理走向了从二元化到一元化探索的新阶段。

十八届三中全会重点提出了："建立城乡统一的建设用地市

场，在符合规划和用途管制前提下，允许农村集体经营性建设用地出让、租赁、入股，实行与国有土地同等入市、同权同价。"这是1986年以来，我国首次放开农村集体土地经营入市。作为一项事关全局的重要改革，农村土地制度改革在2015年迅速推进。2015年1月，中共中央办公厅和国务院办公厅联合下发《关于农村土地征收、集体经营性建设用地入市、宅基地制度改革试点工作的意见》，并决定在全国选取30个左右县（市、区）行政区域进行试点。

2015年中共中央就健全城乡发展一体化体制机制进行了第22次集体学习。习近平总书记在主持学习时强调，加快推进城乡发展一体化，是落实"四个全面"战略布局的必然要求。在中国经济发展新常态下，推进城乡一体化发展已经成为一项重要的国家战略，但这个"城乡一体"绕不开的是现行农村土地制度的改革。农村土地制度改革，因其牵涉到巨大的社会、政治和经济变革，可谓是牵一发而动全身的核心改革，也是推进城乡一体化进程的最重要抓手。对于这一改革，中共中央已经划好了三条底线：坚持土地公有制性质不改变、耕地红线不突破、农民利益不受损。

这一时期，除了建立"同地同价同权"的城乡土地制度统筹机制以外，还明确提出了以不动产登记为基础的产权制度改革、以市场力量主导的土地供给侧改革制度、以规划和用途管制为基础的"多规合一"等土地规划制度，以及以存量土地再开发探索为主要内容的土地节约集约利用机制。在土地所有制、土地有偿使用制度、土地用途管制制度以及土地征收制度基础上，逐步探索和完善适应我国新时期社会经济发展的新型土地制度。

经过梳理，可以发现改革开放以来中国土地制度变迁的基本框架为：一是在坚持城市土地国家所有制的基础上实行国有土地所有权与使用权的两权分离，国有土地使用权可以依法进入市场流通；二是国家在征用农村集体所有土地，以及国有土地使用权的初次分配中处于双重垄断地位；三是国家实行国有土地有偿使用制度，并且逐步采用市场机制来配置土地使用权。

二 深圳土改推动快速城市化发展

第一次改革：深圳土地"第一拍"，开始建立土地有偿使用制度。

1980年深圳经济特区建立初期，建设任务十分艰巨。为了科学合理地开发和利用土地资源，促进特区城市建设迅速发展，1981年广东省人大常委会颁布《深圳经济特区土地管理暂行规定》，规定了各类用地的使用年限以及每年必须缴纳的土地使用费标准，打破了传统的土地管理制度，在全国率先推行土地有偿使用制度。1982年，深圳特区开始采取利用外资合作开发、租赁土地给外商独资开发、成片委托开发等多种灵活用地政策，率先在中国实行了按年收取土地使用费的有偿使用土地制度。但是由于用地以无偿划拨为主，排斥了市场机制的作用，收费标准也偏低，特别是土地在使用者之间不能横向流动，无法形成土地市场，土地使用价值的商品化未能得到发挥，这就要求特区土地管理体制的改革，需向更深一层突破。

1986—1987年上半年，深圳市政府多次组织考察班子赴香港和国外考察，组织国内外专家学者进行研讨，提出了以两权分离为核心的土地管理制度改革方案，即土地所有权和使用权分离，不准以任何方式转移（集体土地可根据国家建设需要依法征地），土地使用权可以有偿有期出让。1987年3月6日，深圳市政府成立深圳市房地产改革领导小组及办事机构，负责全市房地产改革统一管理与协调工作。1987年7月初，改革领导小组完成《关于土地管理改革试点准备工作的报告》，报告准备推出三块土地进行协议、招标、拍卖三种土地使用权有偿出让试点，并对试点工作进行了充分的准备和部署。

1987年12月1日，深圳市首次公开拍卖出让第一块土地。深圳规划与国土资源局局长主持土地拍卖。拍卖地价为200万元，面积为8588平方米，规划为住宅用地，使用年限50年，结果成交价为525万元，超出地价300多万元。这次拍卖敲响了新中国历史上拍卖土地的"第一槌"，被誉为中国土地使用制度改革的"第一次革命"。

第二次改革：统征统转，农村集体所有土地全面实行国有化。

2003年10月，《中共深圳市委、深圳市人民政府关于加快宝安龙岗两区域城市化进程的意见》出台，为深圳城市化制定时间表。2004年6月26日，深圳市政府印发了此次城市化进程中的第十二个配套文件——《深圳市宝安龙岗两区城市化土地管理办法》。该办法规定：两区农村集体经济组织全部成员转为城镇居民后，原属于其成员集体所有的土地属于国家所有。该管理办法发布的依据是1998年新修订的《中华人民共和国土地管理法实施条例》，该条例在其第二条第五项有如下规定：农村集体经济组织全部成员转为城镇居民的，原属于其成员集体所有的土地属于国家所有。

官方统计资料显示，当时深圳市集体所有土地集中于宝安、龙岗两区，约956平方公里。按照《深圳市宝安龙岗两区城市化土地管理办法》，两区27万农民全部转为城市居民后，其集体所有的956平方公里土地由集体所有转为国家所有，对于转地农民进行适当补偿。到2005年底，深圳已全面完成两区城市化转地工作。

第三次改革：《深圳市土地管理制度改革总体方案》批复，进入存量土地利用时代。

深圳30年的快速发展依托制度改革、劳动力资源解放、廉价土地资源供给以及产业梯度化转移这四个重要因素保障。但是经历了30年快速发展之后，深圳土地资源供给的瓶颈逐渐凸显，深圳经济社会发展对土地资源的诉求与土地资源的实际供给水平出现了较大的差距。深圳土地资源高度紧张，急需挖掘存量土地再开发的价值，对大量已使用土地资源进行重新分配，使土地资源更合理利用。同时，面对全球化的经济危机，深圳亟待通过新的经济增长极走出阴影。长期以来，美国金融机构盲目地向次级信用购房者发放抵押贷款，导致2007年夏季次贷危机的爆发，并且引发了2008年9月开始的波及全球的金融危机。随着虚拟经济的灾难向实体经济扩散，世界各国经济增速放缓，失业率激增，一些国家开始出现严重的经济衰退。以深圳为代表的珠三角区域由于对外依存度高，受到经济危机的影响也较大。在此背景下，深圳市亟待通过产业结构调整和升级来消除经济危机的影响，而土地要素的供给是难以回避的问题。

2008年之后，广东省和深圳市分别出台了《珠江三角洲地区改革发展规划纲要（2008—2020年）》《深圳市综合配套改革总体方案》，深圳市上一轮城市总体规划即将到期，新一版城市总体规划也即将修编完成，新的区域和城市发展设想与规划需要落地实施，土地供应是其中的重要保障要素之一。当前，深圳现状建设用地已约占城市土地资源总量的一半，新增土地资源受生态保护和国家土地管控约束，供需矛盾极为突出。深圳同时还存在着大量存量土地粗放和低效利用现象，原农村集体非法占用了近四百平方公里土地，这些土地的产权关系、违法建设和征转遗留等问题非常复杂，建成的近四十万栋违法建筑约占全市总建筑面积近一半。在现有土地政策约束下，土地再开发举步维艰，为经济社会发展方式转变和现代产业体系建设无法提供高品质土地空间。这就要求深圳城市发展必须从当时单纯依托土地和人口的数量扩张，转变为质量、结构和效益并重的深度城市化。

在这样的背景下，2012年《深圳市土地管理制度改革总体方案》获国土资源部和广东省人民政府的联合批复，也是在这一年深圳存量建设用地供应首次超过新增建设用地供应，真正进入存量土地利用时代。《深圳市土地管理制度改革总体方案》中，以"产权明晰、市场配置、节约集约、科学调控"为基本原则；聚焦完善国有土地产权制度、深化土地资源市场化配置、创新土地资产资本运作机制、加强土地节约集约利用、创新土地二次开发利用机制、严格耕地保护和建立补偿机制、推进区域合作和统筹协调区域土地利用等领域；探索建立高度城市化地区土地利用和管理新模式，推进土地资源配置市场化、土地利用高效化和土地管理法制化，促进科学合理用地和经济社会全面协调可持续发展（见图3—1）。

第三章 "整村统筹"土地整备的提出

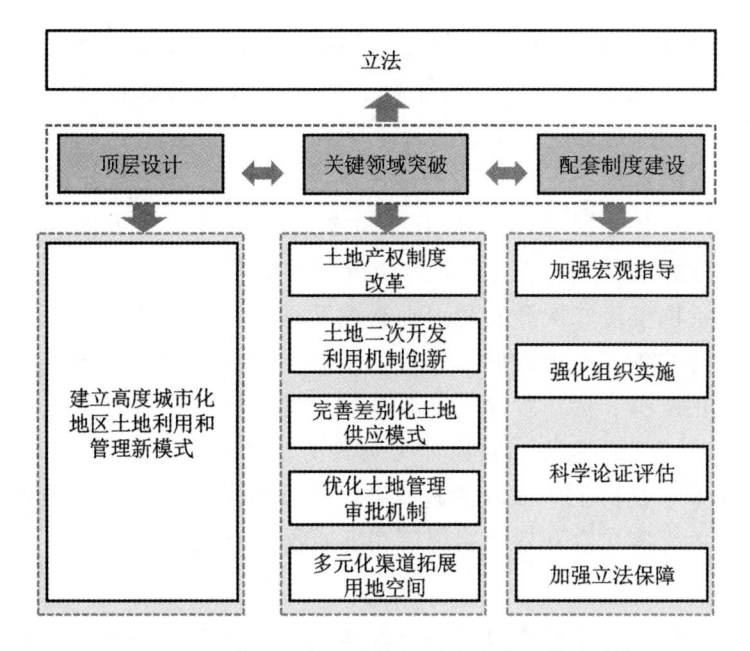

图 3—1 《深圳市土地管理制度改革总体方案》主要思路

资料来源:笔者根据《深圳市土地管理制度改革总体方案》绘制。

其中,《深圳市土地管理制度改革总体方案》明确提出创新土地二次开发机制、构建与存量土地开发相适应的新型的土地管理制度体系。针对深圳土地管理现存的突出问题,首先需要明晰产权,由于大量存在原农村土地产权混乱、权能不清,已经成为存量土地盘活的重要瓶颈。明晰产权不仅是解决深圳多年来土地历史遗留问题,也是符合我国不动产统一登记的宏观改革要求。同时也为开展土地管理制度改革工作,解决深圳实际土地问题奠定了基础。其次,盘活手段多样化,充分利用市场在资源配置中的主导作用,制定多元化的盘活手段来满足不同条件地块、不同实施主体的不同诉求。最后,落实利益共享,这是城市发展进入存量土地利用时代的重要特征,存量土地的盘活实质上就是对于政府、原土地权利主体、新土地权利主体及其他利益相关方的一次利益博弈,因此土地管理制度改革和深度城市化的重要方向便是制定科学完善的政策规则来保障各方利益分配的合理性和均衡性。通过新型土地管理制度对不同路径利益主体的统筹平衡、同步研究、系统设计、协调推进，使不同实施路径形成合力。

依据《深圳市土地管理制度改革总体方案》，市规土委出台了《〈深圳市土地管理制度改革总体方案〉近期实施方案（2012—2015年）》，其中将坪山确定为全市两大综合试点之一，明确要求坪山在近期推进二次开发利用机制统筹试点实践，统筹协调城市更新、土地整备、城市发展单元等二次开发模式，重点明晰各种开发模式适用范围、运作程序、征收补偿原则、安置标准和方式、土地供应方式、开发奖励和政府监督管理方法等，其中要求在2012年重点探索原农村土地依改造确权路径以及城市更新、土地整备、城市发展单元等二次开发机制统筹和土地收益分配调节等。

三 坪山"整村统筹"土地整备成为存量土地再开发的重要改革领域

坪山在全市范围内最先研究出台了具有开拓意义的深圳市第一套区级土地管理制度改革行动方案及其系列文件，得到了市土地管理制度改革领导小组及有关部门的高度肯定，在全市各区中率先全面启动改革工作，推动了市区联动的改革局面初步形成，建立起了"一级抓一级""层层抓落实"的责任机制。同时坪山进一步加强统筹协调机制的建构和完善，不仅在坪山层面成立土地改革综合试点的政策统筹和技术协调机构，还争取在市规土委（市土地改革办公室）成立了指导坪山新区土地改革综合试点工作组；此外，由坪山新区规划国土事务中心为改革主要技术支撑单位，对土地管理制度改革目标、理论框架、改革路径、顶层设计等方面进行系统研究，完善了改革的技术服务保障。建立健全了土地改革联络员制度，采用报纸、网络等新闻媒介，拓展信息交流渠道，建立信息共享机制。

为了衔接与落实深圳新一轮土改对坪山提出的开展土地管理制度改革综合试点的新要求，《坪山新区土地管理制度改革综合试点行动方案（2012—2015 年）》将"整村统筹"土地整备作为坪山土地管理制度改革的重要切入点和改革路线，重点围绕促进存量土地的循环高效利用进行改革创新，突出以土地管理制度改革综合试点来带动经济转型、社会转型和城市转型，探索建立适应坪山发展的土地利用和管理新模式。将全市层面提出的创新土地二次开发机制具体落实到以"整村统筹"土地整备为核心的政策和实践突破上来。同时，《坪山新区土地管理制度改革综合试点行动方案（2012—2015 年）》对 2012—2013 年的改革重点作出了部署，要求在这一时期内，坪山以金沙社区、南布社区、沙湖社区等社区为载体，深入探索推进"整村统筹"的土地整备工作。具体要求在这三个社区土地整备工作的过程中建立健全"整村统筹"土地整备的一整套政策体系，并对"整村统筹"土地整备试点工作开展的流程、实施部门及完成时限作出了具体安排。通过试点，探索社区综合转型发展新路径，创新综合运用规划、土地、产权、产业等相关政策，一揽子解决城市化过程中的土地历史遗留问题和社区居民的安置补偿问题，实现一个平台承接基层党建、城市建设、经济建设、社会建设、社区转型发展等多项内容，将土地资源盘活，城市空间优化，社区社会经济转型有机协调、相互促进的新格局。

因此，《坪山新区土地管理制度改革综合试点行动方案（2012—2015 年）》为"整村统筹"土地整备的实践明确了总体方向和目标，也为金沙社区、南布社区、沙湖社区的"整村统筹"土地整备试点工作提供了指导和支撑。在此基础上，坪山 2013 年到 2016 年出台了各年度相应的《坪山新区土地管理制度管理改革工作方案》，对本年的土地管理制度改革工作进行详细部署，呈现出"试点探索与模式设计→试点方案编制→试点实施→政策完善→理论提升"的工作思路。

第 二 篇

"整村统筹"土地整备的发展脉络

第四章 金沙社区试点的探索与胶着

第一节 金沙社区开启"整村统筹"土地整备试点探索

一 金沙社区主要特征

金沙社区位于坪山东北部,东临惠阳市淡水镇,北接沙田社区,西接秀新社区,南接竹坑社区,是国家生物医药基地所在地(见图4—1)。截至2014年10月,金沙社区总人口约1.8万人,其中,外来人口16535人,户籍人口1484人,其中原村民1319人(见图4—2)。

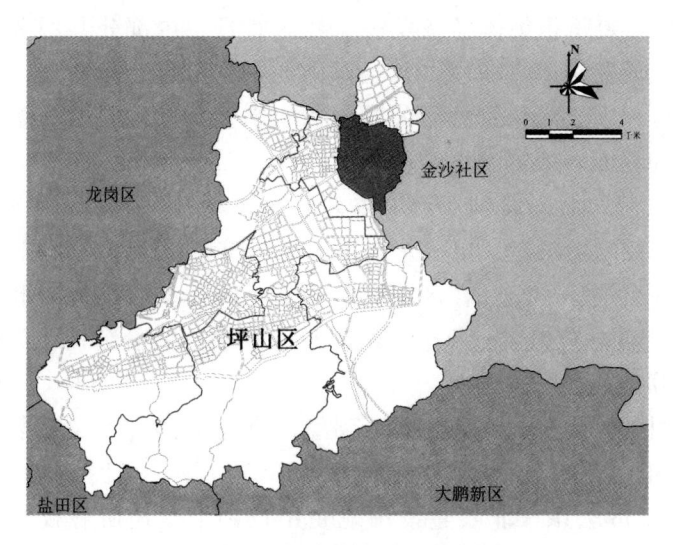

图4—1 金沙社区区位示意图

资料来源:笔者自绘。

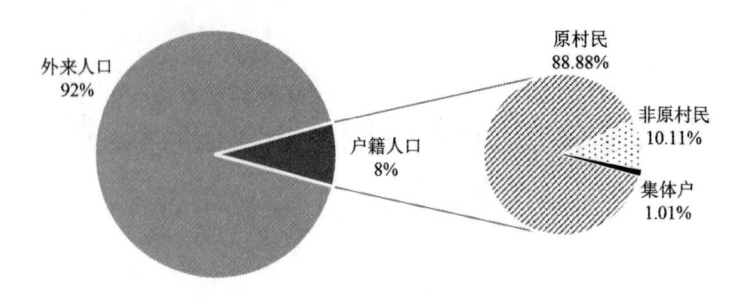

图4—2　金沙社区人口组成比例示意图

资料来源：笔者根据《金沙社区土地整备情况简介》相关资料绘制。

金沙社区的基本情况如下：

（一）社区集体经济基础薄弱，社区管理水平低

金沙社区原村民、集体股份公司收入主要依赖土地租赁经济。金沙社区集体厂房共36万平方米（含配套宿舍），一年总收入约2800万元，人均年分配只有4500元（未扣除社保应缴款）。集体股份公司全年收入加上政府下拨的年度工作经费，才能勉强维持社区的日常管理和运作。

社区需要承担集体经济发展、社区管理、内部公共服务设施建设、居民就业等多重职能，且全部由同一套领导班子管理，由此形成基层管理弱、政企不分、公共服务水平低和社区自治力量差等问题交织的局面。

（二）"大村"与"小村"在用地和经济利益分配方面关系复杂

金沙社区下辖有荣田、龙山、新横、长隆、薛屋、卢屋、东联、青排等8个居民小组，社区结构由一个社区组织（大村）和8个居民小组（小村）组成，每个小组都具有独立的股份公司，集体经济独立核算。

"大村"与"小村"在用地和经济利益分配方面关系复杂。在用地方面，社区（大村）用地面积25.43公顷，居民小组（小村）用地133.38公顷。非农建设用地使用权和宅基地所有权实际分配在小村，大村使用时，需要重新办理征用手续。在经济关系方面，原村民主要分红收入在居民小组（小村），而社区（大村）获得的

费用（土地出租和管理费）主要用于维持社区（大村）的行政管理。此外，原村民由于历史文化以及经济分配关系，更多地依赖居民小组（小村）。因此在土地利益博弈中，"小村"相对"大村"话语权较大，同时不同小村之间也存在攀比现象。

（三）土地和建筑物产权关系复杂，土地盘活困难

与原特区外大多数社区类似，金沙社区原农村地区土地利用现状复杂，主要表现在四个方面：第一，在金沙社区约7.9平方公里的总面积中，历年已征转为国有的土地面积占比为79%，未完善征转地手续用地面积占比为21%，两类用地空间相互交织（见图4—3）。第二，在金沙社区尚未完善征转地手续的用地中，已建地133.86公顷，居住与工业用地占比较大（见图4—4），其中约63%为居住用地，32%为工业用地，5%为办公及其他用地。第三，用地

图4—3 金沙社区土地权属分布图

资料来源：《金沙社区土地整备情况简介》。

非法买卖多,外来利益者介入多。金沙社区建筑物的权属有41%属于原村民,25%属于原村集体,还有较大比例属于其他主体。第四,不同功能用地分布杂乱,奇零地块难以得到有效利用(见图4—5)。

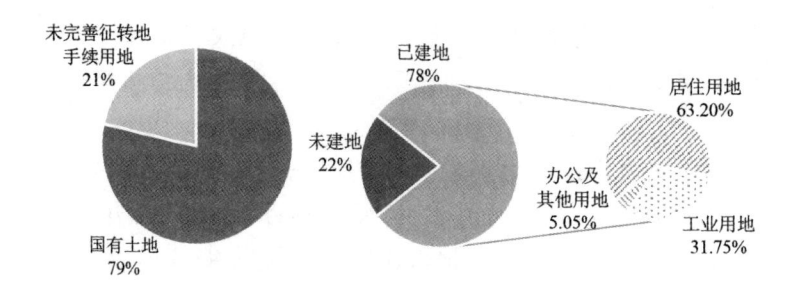

图4—4 金沙社区未完善征转地手续用地利用情况图

资料来源:笔者根据《金沙社区土地整备情况简介》相关资料绘制。

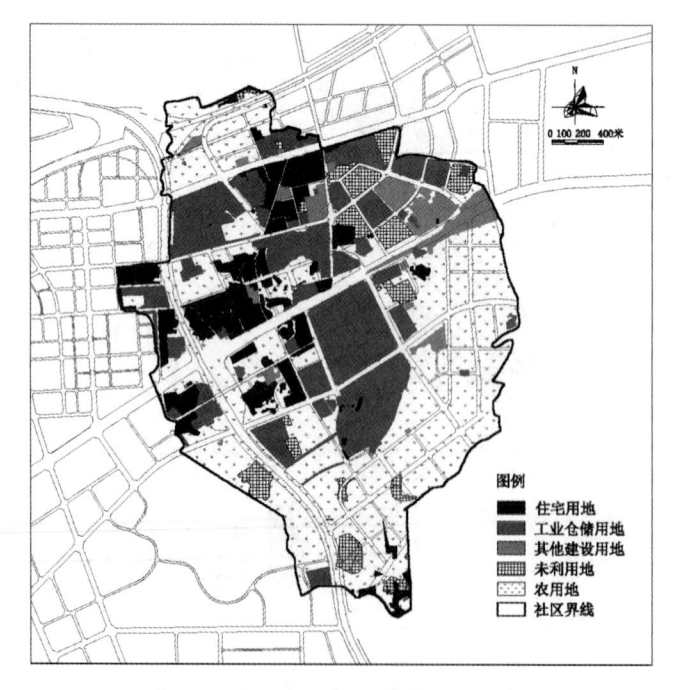

图4—5 金沙社区土地利用分布图

资料来源:《金沙社区土地整备情况简介》。

金沙社区原农村占地上共有 2423 栋建筑物，建筑面积共计 137.52 万平方米，其中居住类建筑 1938 栋，建筑面积为 94.76 万平方米，占比为 69%；工业及其他类建筑 485 栋，建筑面积为 42.76 万平方米，占比为 31%，具体分布详见图 4—6。在金沙社区现状建筑物中，根据产权情况，主要分为已经申报并进行产权处置的建筑物以及未申报办理产权的建筑物。具体细分包括有"两规"已处理、其他类型处理、"两规"申报未处理、违法建筑信息普查申报等多种类型（见图 4—7），产权状况十分复杂。

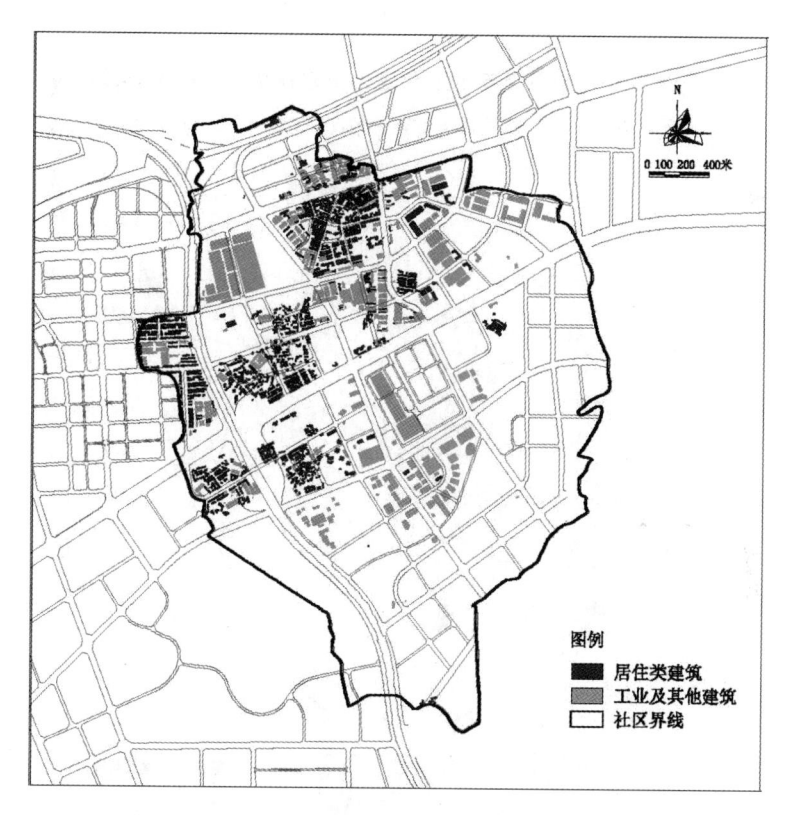

图 4—6　金沙社区原农村占地上建筑物分布图

资料来源：《金沙社区土地整备情况简介》。

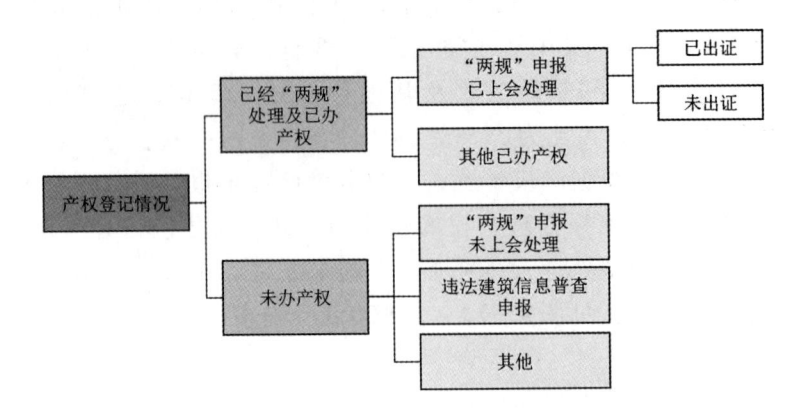

图 4—7　金沙社区原农村占地上建筑物权属构成图

资料来源：笔者根据《金沙社区土地整备情况简介》相关资料绘制。

图 4—8　金沙社区非农建设用地分布图

资料来源：《金沙社区土地整备情况简介》。

此外，金沙社区仍存在一定的土地历史遗留问题，主要表现在以下三个方面：一是关于非农建设用地，金沙社区非农建设用地划定零散，情形多样（见图4—8）。金沙社区非农建设用地共划定50块，用地面积34.02公顷，其中：计入非农用地指标27.76公顷，不计入非农用地指标6.26公顷；社区范围外7.18公顷，国有土地2.41公顷，未完善征转地手续用地24.43公顷。此外非农建设用地指标的核查与落地困难，存在大量非农建设用地指标悬在空中、无法落地的情形。二是在征转地方面，存在征地后未补偿、未落实返还用地、部分征转地未完善补偿手续等程序性问题。三是在"一户一栋"政策落实方面，存在住宅指标核定难、住宅指标是否计入非农建设用地指标不明确等问题。

二 金沙社区试点推进情况

依托传统征地拆迁式土地整备的基础，通过详细研究"整村统筹"土地整备理念和工作思路，坪山选择以金沙社区为突破口，开始探索"整村统筹"土地整备实施涉及的具体问题，例如相关政策适用范围如何界定、理念思路如何实现、五大方案（土地发展方案、迁换补偿方案、发展单元规划、社会建设方案、经济转型方案）如何编制和实施等等。坪山选择金沙社区作为"整村统筹"土地整备首要突破点的主要原因在于，当时"四田一岗"部分原农村集体位于金沙社区，相关部门对于金沙社区的基本情况较为熟悉，更有利于"整村统筹"土地整备政策的探索和实践。2010年7月，金沙社区停止原有按传统征地拆迁方式推进的第三人民医院拆迁工作，开始积极进行"整村统筹"土地整备实践。

2010年11月，金沙社区开展了对社区范围内土地和建筑物摸底调查工作。2011年2月，坪山正式明确金沙社区作为"整村统筹"土地整备的试点社区，建立了政府主导、社区主体、街道办事处保障实施的工作机制，探索让政府、社区及居民能够均衡分享土地整备增量利益的路径。"第一个吃螃蟹"的金沙社区转型发展试点工作迈入实质推进阶段。2011年4月，金沙社区将"整村统筹"土地整备试点工作放入社区一体化转型发展的大平台上予以协调推进。由于金沙社区一体化转型发展的意义重大，因而坪山举全区之力推进试点工作。2011年6月，相关部门组织编制了《金沙社区城市发展单元规划（草案）》，初步拟定了社区规划土地发展方案，其他方案包括经济转型方案、社会建设方案以及集体物业接管方案等进入征求意见阶段，在这些方案制定过程中，初步匡算了社区留用土地的规模和土地整备补偿资金。

在以上工作基础之上，金沙社区试点项目逐步开始谈判工作，由于谈判核心内容即拆迁补偿方案难以实施，2011年底，金沙社区试点项目的谈判工作逐渐陷入僵局。在这一过程中，政府多次加强对金沙社区试点工作的指导，希望尽快破解利益分配的难题。其中，2012年9月，坪山区政府相关领导前往金沙社区进行调研，明确市规土委坪山管理局、发展财政局、经济服务局和坪山土地整备局进一步推进工作的要求；2013年3月，相关领导再次赴金沙社区调研，要求相关单位继续对金沙试点工作给予关注、支持和指导。虽然各方投入了大量心血积极推动金沙试点，但由于核心的利益分配方案一直没能达成共识，因此"整村统筹"土地整备在金沙社区的探索实践未能得以持续。

但可以肯定的是，随着对坪山"整村统筹"土地整备政策的进一步思考，金沙社区试点工作不断深入，坪山探索的"整村统筹"土地整备模式逐步清晰。这一模式与传统政府主导的"自上而下"征转地模式不同的是，主要探索了"自上而下"与"自下而上"相结合的路径，由政府引导方向、把控全局，社区主体推进、促进转型，居民、市场主体积极参与，并且以上各方力量互相合作的新型发展模式。在金沙社区试点工作的推进中，相关部门全面清理社区在土地征用、城市化转地、规划协调等各方面的历史遗留问题，核查理顺土地建筑物权属情况以及非农建设用地和征地返还地指标落实情况和违法建筑处理等情况。从整体性、系统性角度一次性考虑社区可持续发展、历史遗留问题处置、原村民社会福利保障、就业能力和现代化意识培育等多个领域的问题，希望实现"综合运用规划、土地、产权以及相关行政手段，一揽子解决土地历史遗留问题和社区发展问题"的目标。

专栏 4—1　金沙社区"整村统筹"土地整备试点工作定位及意义

  土地整备作为坪山十大战略的头号战略，是新区建立之后的重点工作之一。金沙作为探索"整村统筹"土地整备模式创新的首要试点，在政策框架设计和经济测算方面做出了重要探索，对于促进社区一体化转型发展具有重要作用。而以"整村统筹"土地整备为主要手段的社区转型发展，是坪山科学发展和综合配套改革的重点项目。面对新的转型发展机遇，坪山要以土地利用的管理和创新为核心来统筹发展，要进一步统一思想，明确思路，"转换坐标系"，合力推动，实现各方共赢的转型发展模式，为特区一体化发展做出贡献。各相关部门要精心细化政策及相关方案，动员一切可以动员的力量，必须全力以赴，分秒必争，特事特办，依靠群众，攻坚克难，进入决战状态，务求全胜。

  金沙社区"整村统筹"土地整备模式探索，是对坪山把握大局能力的考验，是对坑梓办事处执行力的考验，是金沙社区转变发展模式、实现可持续发展的一次重大机遇。在推进试点工作中，要正确处理好几个关系，一是理清政府、集体、个人利益的关系，实现共赢。政府要转变传统发展模式、经济形态、城市风貌，社区要改变现有发展模式，带领居民长期致富。个人合法的利益一定要保护，不合法的利益坚决不能保护。二是理好算"大账"和算"细账"，政府、社区、个人要相互理解支持，政府与社区算"大账"，社区和个人算"细账"。三是理顺现有价值和未来价值的关系。试点工作认识上要统一，行动上要一致，工作程序要正确，任何事情要以合法为前提。

  ——肖晓峰：《举新区之力推进社区一体化转型发展试点，金沙社区土地整备试点，进入实质推进阶段》，2011 年 4 月 14 日

三　主要思路：集成创新，坚持多方位统筹

  在金沙社区一体化转型发展背景下，金沙社区"整村统筹"土地整备试点工作被定位为实现坪山"两区一极"发展，解决坪山城市发展诉求与土地资源问题的创新探索。其本质为基于现存政策基础及城市发展现状，系统解决坪山作为"半城市化"地区推进社区

转型的深度城市化问题，综合实现城市建设、社会建设、社区自治、社区经济转型等多个集成目标。

(一) 目标：共享深度城市化发展成果

在坪山"两区一极"和"建设高水平功能新区，打造转型升级平台"的目标指导下，面对土地资源利用管理的重重问题，金沙社区作为"整村统筹"土地整备首个试点，先行在政策理论和实践方面开展探索。政府和社区分别提出了希望通过"整村统筹"实现社区转型发展的目标预期。

对于政府，"整村统筹"土地整备是实现土地资源节约集约利用、成片产业空间腾挪、经济转型起飞以及社会治理完善的新型抓手，迫切需要以金沙社区为切入点进行实践探索。对于社区，通过土地资源盘活、社区经济重塑和社区自治构建融入到坪山城市化建设中，共享深度城市化发展成果，这也是社区可持续发展转型的迫切诉求。

金沙社区试点的高预期和高要求，使其在后面的政策设计和项目推动的过程中，必然会选择系统性强、综合程度高、体系庞大复杂的实施思路。

(二) 思路：基于集成创新的实施路径构建

金沙社区试点首先打造了包括规划、产业、经济、社会、土地等在内的综合实施平台。其中土地整备作为这一综合平台的基础支撑（见图4—9）。在推进"整村统筹"土地整备的过程中，必然涉及上述各平台所包括的工作对象、适用范围、工作流程的集成与协调。因此，社区主体之于社会建设、集体资产处置之于产业发展、利益共享之于城市建设，以及用地处置之于规划实施等等，就天然构成了"整村统筹"工作平台必不可少的集成因素。

集成平台的构建将综合统筹置于"整村统筹"土地整备实施过程中总体布局与策略推进至关重要的地位。其中五个方面的统筹是关键：一是目标统筹，要求将土地整备作为一个平台承接"党建、城市建设、社会建设、社区转型发展"等多个目标；二是力量统筹，即整合市、区、街道、社区和中介组织各方面力量；三是社区统筹，需要建立"政府主导、社区主体、居民参与"的工作机制；

四是政策统筹，不突破现有政策，通过优化组合规划、土地、产权、城市更新、"两规"处理等相关政策，形成政策合力；五是利益统筹，坚持"政府与社区算大账，社区与居民算小账"的工作机制，以社区作为利益接受主体。

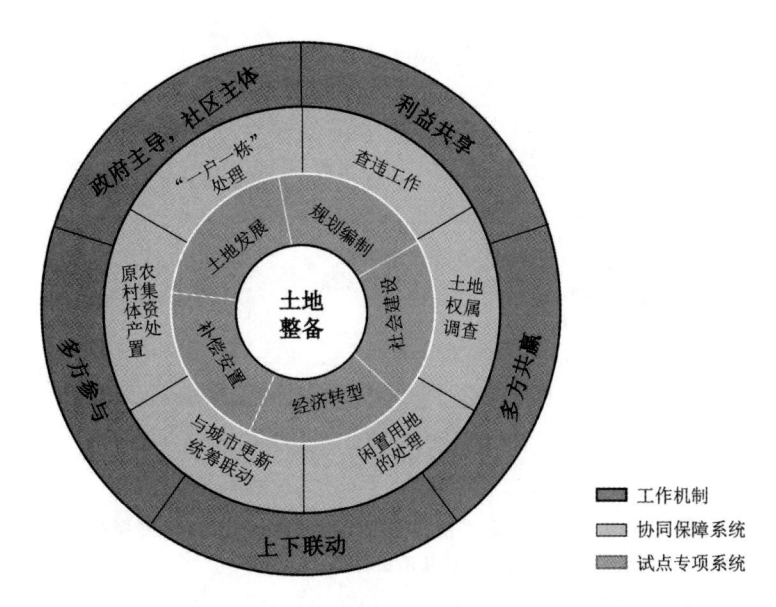

图4—9 金沙社区"整村统筹"土地整备的系统工程搭建
资料来源：《金沙社区试点土地整备汇报材料》。

政策集成创新需要具体实施方案来推进项目落实，金沙社区试点根据"整村统筹"土地整备的综合目标和政策手段，系统构建了完备且翔实的实施系统（见图4—10）。具体来说：一是，从整体利益分配这一核心角度出发，通过社区土地发展方案，确定给社区"留多少""怎么留"等利益分配格局；二是，从居民利益来说，通过社区迁换补偿方案，创新运用"人、户、房、地、股"五大要素落实原村民的利益补偿，平衡各利益主体之间因复杂的产权现状带来的"两规""三规"处理难、违法建筑遏制难、拆迁补偿标准不一致等问题；三是，从集成规划土地政策的角度，通过城市发展单元规划的制定解决规划土地联动不足、规划实施难的问题；四是，从社区发展角度，通过股权重构、公司治理、资产置换、转型发展、智力支持以及保障措施，探索可以推广复制的社区经济转型方案；五是，从社会治理的角度，通过编制社区社会建设方案，重构基层管理制度，建立健全社区公共福利、基础设施、生活配套体系，打通坪山社会治理的"最后一公里"。

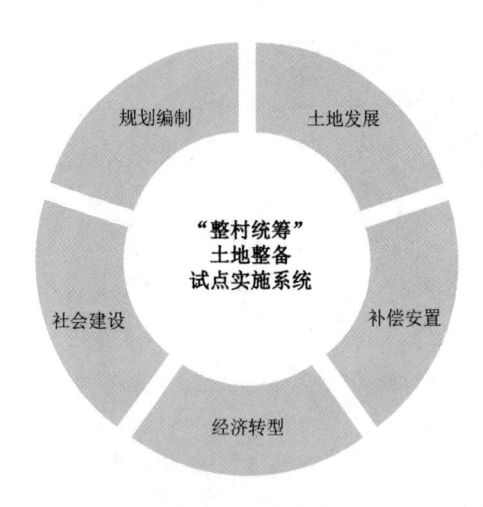

图4—10　金沙社区"整村统筹"土地整备试点实施系统

资料来源：《金沙社区试点土地整备汇报材料》。

总体来说，金沙社区试点在整体政策设计层面，已经跳出了原有单一的、带有一定强制性的征地拆迁政策框架，全新搭建了统筹开放的政策系统。在政策目标层面，"整村统筹"不再仅仅基于公共利益的落实与保障，而是将更多的关注焦点置于社区可持续发展的机制再造，"整村统筹"土地整备不再局限于传统房屋征收的单个项目范围，而是将整个社区纳入城市化发展轨道。在政策理念方面，着力突出统筹概念，将城市更新、产权、规划、土地等多方面的政策融入到政策体系设计之中，这与传统房屋征收单一的基于土地管理的政策思路有着较大的区别。

作为"整村统筹"土地整备的先行先试地区，金沙社区试点初步探索了"整村统筹"土地整备模式的实际操作路径，制定了比较明晰的实施推进路线图，基本建立了"上下联动"的工作体制机制。同时，结合实践的推进过程，进一步厘清了这一模式可能遇到的各类问题和主要困难，尤其是发挥社区主体作用的重要性。针对这些问题，相关主体及时认真研究了解决的方案和办法，从而发挥了试点探索的积极作用，这为后续南布社区、沙湖社区开展"整村统筹"土地整备工作提供了非常重要的经验。

虽然金沙社区试点开展了一系列探索工作，但是由于金沙社区试点处于初次探索阶段，诸多政策的构建过于理想，体系庞大且涉及社会经济发展的方方面面，在实施过程中很难一步到位，无法快速扭转传统征地拆迁式土地整备的惯性思路。这样，作为试点项目实施的核心内容即社区迁换补偿方案虽然核算方式相较之前有了较大创新，但本质上仍然属于政府主导实施的拆迁补偿方案，这使得"整村统筹"土地整备的理念仍然停留在纸面上。

四 如何开展：工作机制构建与外部力量保障

（一）区层面各级机构工作组织初步建立

金沙社区试点开展时，坪山开始组建坪山新区土地整备中心，全面指导并支撑坪山土地整备特别是"整村统筹"土地整备工作。坪山新区土地整备中心成立后，对金沙社区试点工作提供了较强的技术服务与工作支持。具体包括：系统研究国内外存量土地再开发实践经验；学习借鉴城市更新等相关政策；积极开展与社区之间的沟通协调工作；对金沙社区试点项目实施所涉及的迁换补偿方案编制要求、"整村统筹"工作思路和主要模式的方案比选等不断进行研究论证等。后来在坪山土地整备中心基础上发展起来的坪山土地整备局，在试点推进过程中承担了理论层面的政策创新以及实践层面的协调推动两个重要角色，从而及时把握政策与实施之间的矛盾点并提出解决思路。

坑梓街道办事处是金沙社区试点项目推进的主要实施者，其重点完成区层面相关政策的执行落实工作。为全力推动金沙社区试点工作，坑梓办事处构建了主要责任人—工作组—实施人员的工作机制。其中，党工委、街道办事处主要领导作为主要责任人统筹指挥项目实施推动工作；街道办事处各部门成立了方案制订、测绘查丈、政策宣传三个工作组，针对以上三个主要工作内容具体组织项目实施；同时由项目实施人员依据政府安置补偿方案及项目实施要求，具体推动社区谈判工作。

（二）外部协调子系统保障机制构建

基于综合统筹的理念，"整村统筹"土地整备需要集成的政策基础给予一定支持，才能保障政策实施过程中各方协调共进。具体包括查处违法建筑工作、"一户一栋"处理工作、与城市更新统筹联动工作、闲置土地处理工作、集体资产处置工作、土地权属调查工作等等（见图4—11）。这些外部子系统为"整村统筹"土地整备提供了得以实现的基本条件。

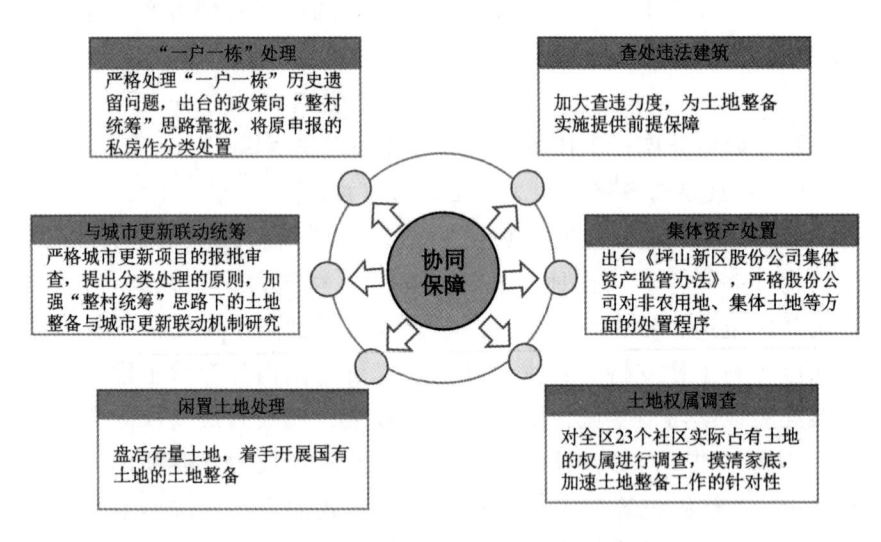

"一户一栋"处理
严格处理"一户一栋"历史遗留问题，出台的政策向"整村统筹"思路靠拢，将原申报的私房作分类处置

查处违法建筑
加大查违力度，为土地整备实施提供前提保障

与城市更新联动统筹
严格城市更新项目的报批审查，提出分类处理的原则，加强"整村统筹"思路下的土地整备与城市更新联动机制研究

集体资产处置
出台《坪山新区股份公司集体资产监管办法》，严格股份公司对非农用地、集体土地等方面的处置程序

闲置土地处理
盘活存量土地，着手开展国有土地的土地整备

土地权属调查
对全区23个社区实际占有土地的权属进行调查，摸清家底，加速土地整备工作的针对性

中心：协同保障

图4—11 金沙社区"整村统筹"土地整备试点外部协调子系统示意图

资料来源：《金沙社区试点土地整备汇报材料》。

第二节 金沙社区"人、户、房、地、股"的改革尝试

一 "人、户、房、地、股"的提出

金沙社区一体化转型的主要支撑为五大方案，包括社区土地发

展方案、社区迁换补偿方案、社区发展单元规划、社区经济转型方案和社区社会建设方案。

社区土地发展方案主要内容涉及土地（政策性留用地指标）与资金（收回用地的补偿）的确定。其中，在社区留用地方面，金沙社区未做适当补偿土地为170公顷，根据有关政策，方案提出划定其中65公顷的土地（与规划指标关联）协议出让给金沙社区（股份公司），作为社区留用地和发展用地，其余土地由金沙社区作为拆迁主体负责拆迁并纳入政府土地储备管理，由政府按规划功能和时序开发，增强该片区的公共设施和服务水平。在补偿资金方面，方案提出政府收回金沙社区土地的补偿资金为22亿元。

社区迁换补偿方案基于"房地分离"原则，以"人、户、房、地、股"五大要素为核心，核算社区"整村统筹"土地整备实施过程中住宅房地产补偿标准，统筹解决原农村土地及建筑物确权和政策利益享受的问题。

社区发展单元规划的编制经历了发展演变、不断探索的过程。早期主要是对法定图则进行评价，同时收集社区调整法定图则的诉求。然后在平衡社区和政府不同利益诉求的基础上，形成社区发展规划。最后形成了城市发展单元规划，并利用城市发展单元规划创新平台，使社区发展规划符合法定规划和土地整备的要求。

社区经济转型方案包括《金沙社区经济转型试点工作实施方案》《金沙社区试点集体厂房及其他集体资产过渡期财政补助方案》等系列文件。方案以清产核资为依据，以股权改造和资产置换为抓手，以社区经济多元化发展为目标，着力解决股权结构封闭、经济结构单一和土地利益边界不清等经济转型问题。金沙社区试点的社区经济转型方案从股权重构、公司治理、资产置换、转型发展、智力支持以及保障措施方面，探索了可推广的特区一体化社区经济和谐发展模式。

社区社会建设方案包括《金沙社区社会事务转型与民生保障方案》《金沙社区公共服务设施建设实施方案》等系列文件，旨在通过社区管理转型建设、公共服务设施建设、就业服务建设、公共服务建设、社会组织发展建设等相关内容解决经济基础决定的基层管理弱化、政企不分、公共服务低水平循环和社区自治力量弱等问题。

以上五大方案共同支撑社区一体化转型，其中社区迁换补偿方案成为重点内容。金沙社区试点在社区拆迁补偿标准的核算方式方面做出了大胆创新，创建了以"房地分离"和"人、户、房、地、股"五大要素实施保障方式为核心的改革探索，为统筹解决整个社区复杂权属纠纷和多个利益主体的利益平衡问题闯出了一条新路。

金沙社区试点"人、户、房、地、股"思路的提出旨在解决以下几个问题：首先，优化传统征地拆迁"房地合一"的补偿模式。由于该模式下，原村民能够通过不断加建扩建获得更多的拆迁补偿费用，致使少部分人通过违建抢建获得超额利益，查违工作难以开展，因此新的补偿思路希望从经济动力机制方面遏制违法建筑，通过"房地分离"的补偿模式，固化土地补偿收益，对建筑物仅通过重置价进行补偿，间接遏制违法抢建获利空间。其次，平衡协调多个利益主体的利益分配关系，实现利益向原村民倾斜，合理解决外来人口与拥有较多房屋的个体之间的利益分配，统筹平衡原农村土地及建筑物涉及的利益共享问题。最后，针对"一户一栋"中"户"的概念界定不明晰，实际操作中存在不规范、不公平的问题，通过"人、户、房、地、股"模式，创新补偿思路，彻底解决"一户一栋"再申报、安置房公平分配、合理补偿等问题。

二 "人、户、房、地、股"的主要内容及核心思路

（一）主要内容

《金沙社区转型发展试点工作住宅房屋迁换补偿与保障方案》将纳入补偿的个人住宅房地产范围设定为：金沙社区转型发展试点范围内以合法方式取得的个人住宅建设用地，在试点工作启动之日（2011年2月11日）以前已建成的住房，以及房屋以外的附着物。将补偿对象设定为：已纳入补偿范围的个人住宅房地产的权利人。将保障对象设定为：已纳入补偿范围的房屋或符合"一户一栋"政策的未建宅基地的权利人。

具体房屋迁换补偿补助的主要构成和住房迁换权益保障的主要

内容详见图4—12和图4—13。

房屋迁换补偿补助

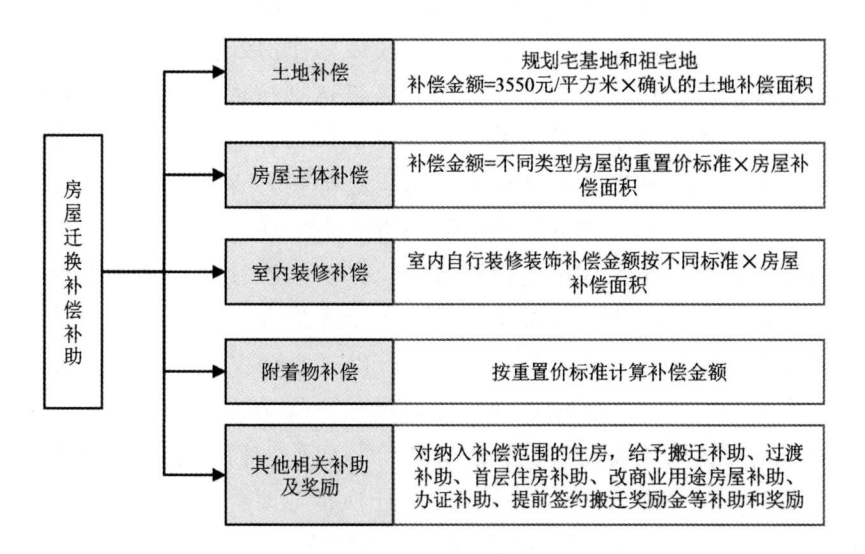

- **土地补偿**：规划宅基地和祖宅地 补偿金额=3550元/平方米×确认的土地补偿面积
- **房屋主体补偿**：补偿金额=不同类型房屋的重置价标准×房屋补偿面积
- **室内装修补偿**：室内自行装修装饰补偿金额按不同标准×房屋补偿面积
- **附着物补偿**：按重置价标准计算补偿金额
- **其他相关补助及奖励**：对纳入补偿范围的住房，给予搬迁补助、过渡补助、首层住房补助、改商业用途房屋补助、办证补助、提前签约搬迁奖励金等补助和奖励

图4—12 金沙社区房屋迁换补偿补助构成图

资料来源：《金沙社区转型发展试点工作住宅房屋迁换补偿与保障方案》。

住房迁换权益保障

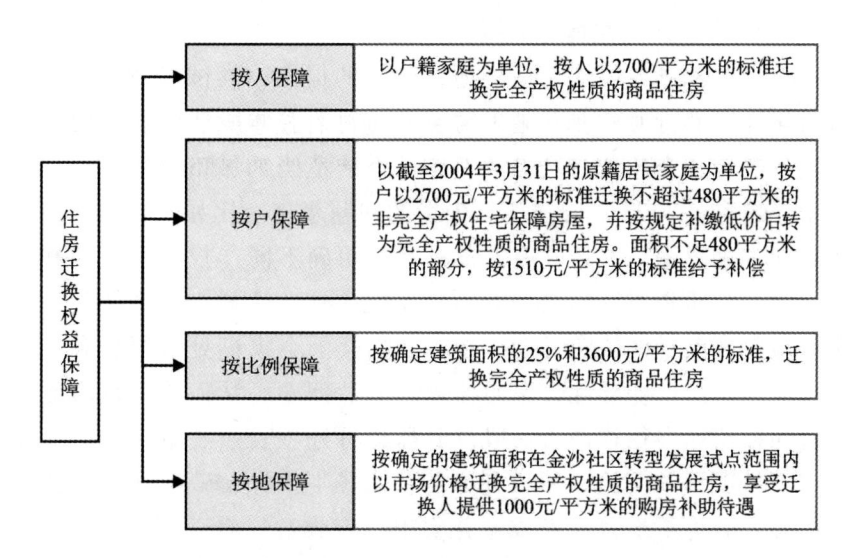

- **按人保障**：以户籍家庭为单位，按人以2700/平方米的标准迁换完全产权性质的商品住房
- **按户保障**：以截至2004年3月31日的原籍居民家庭为单位，按户以2700元/平方米的标准迁换不超过480平方米的非完全产权住宅保障房屋，并按规定补缴低价后转为完全产权性质的商品住房。面积不足480平方米的部分，按1510元/平方米的标准给予补偿
- **按比例保障**：按确定建筑面积的25%和3600元/平方米的标准，迁换完全产权性质的商品住房
- **按地保障**：按确定的建筑面积在金沙社区转型发展试点范围内以市场价格迁换完全产权性质的商品住房，享受迁换人提供1000元/平方米的购房补助待遇

图4—13 金沙社区住房迁换权益保障主要内容示意图

资料来源：《金沙社区转型发展试点工作住宅房屋迁换补偿与保障方案》。

总体来看，"人、户、房、地、股"是金沙社区开展"整村统筹"土地整备试点工作时确定住房迁换权益保障所考虑的五大要素。其中，"人"和"户"是金沙社区计算住房迁换面积时可供选择的两种衡量单位。例如，被迁换人可以选择按人保障方式，按照每人一定面积的标准，结合其所在家庭成员的数量，核算该家庭的住房迁换指标。同时，被迁换人也可以选择按户保障方式，以家庭为单位，迁换不超过 480 平方米的住宅保障房屋。"房"和"地"是被迁换人可以享受住房迁换权益的前提。金沙社区住房迁换权益保障的对象，仅限于纳入补偿范围的房屋或符合"一户一栋"政策的未建宅基地的权利人。另外，"房"和"股"又是住房迁换标准中的重要影响因素，无论选择按人还是按户保障方式，所迁换房屋的总建筑面积均不得超过现有住房建筑总面积。而对于金沙股份合作公司的股民和非股民，在计算住房迁换指标时，也将享受不同的标准。"人、户、房、地、股"这五大要素的提出，对于探索"整村统筹"条件下拆迁补偿标准提供了新的思路。

（二）核心思路

1. 明确各方利益博弈底线

金沙社区"人、户、房、地、股"的提出，尝试将现状权益通过量化计算进行明确，并通过约束不同利益主体所能够获得的利益底线，避免过度的公共利益让渡，从而防范当前城市存量土地再开发中"自利性"与"公共性"失衡的问题恶化。比如，在深圳城市更新探索过程中，开始政府并没有完全明确不同产权状态下的利益分配规则，而是将其明晰交给市场实施主体。这样市场主体为了促进城市更新项目的快速推动，在一定程度上会模糊处理原权利人现状土地房屋产权差异性带来的补偿差异性问题，从而使得城市更新项目的补偿标准往往高于一般政府征地拆迁项目。随着深圳一个个城市更新项目的实施，原权利人的获利预期不断提高。在这种状况下，开发商为了支付高额成本并实现一定收益，对于一些难度较大的项目不得不要求提高规划容积率，从而最终把对原权利人的过高补偿转嫁到城市整体身上，产生了城市基础设施和公共配套的负荷加大，引发交通拥堵、大气污染、环境恶化等一系列不良问题。好在当前城市更新已经意识到这一问题，正在积极推进相关政策完善，对于金沙而言，在试点最初就能直面拆迁补偿这一难题实属不易。

2. 发挥社区这一基层自治组织优势

以"人、户、房、地、股"为核心的迁换方案，初衷在于将补偿标准的制定权和执行权交给社区，让社区通过计算五大要素的安置补偿方案，真正理顺社区内部经济利益关系。

传统的存量土地再开发实施路径中，无论是市场主导的城市更新，还是政府主导下纯公共利益导向的房屋征收，均忽视了社区这一基层组织主体作用的发挥。社区作为政府城市治理的神经末梢，是政府管理城市的重要主体之一，其自我管理、自我治理能力的培育和提升，对于城市精细化管理十分关键。金沙社区的"人、户、房、地、股"改革尝试，在存量土地管理制度探索的过程中，统筹考虑社区这一城市管理细胞的积极作用，切实实现通过"整村统筹"强化社区社会建设、经济建设、党建等多个方面的集成目标。从另一个角度来说，进一步强化社区行政管理职能，而非一味做大集体股份公司，可以真正实现"政企分离"，从而相互制约、相互监督、相互协调。

3. 实施不同主体差异化补偿

金沙社区试点在实施过程中，在原有传统的拆迁安置补偿思路基础上，为进一步区分主体权属类型制定了补偿标准，希望消除市场主导与政府主导不同模式在拆迁补偿标准方面存在的较大差异，在提高合理补偿水平的同时保障不同产权主体获利的公平性。

金沙社区基于"人、户、房、地、股"提出新的补偿思路，在一定程度上为规范存量土地再开发的补偿安置提供了一定基础。虽然该尝试最后未能真正落地，但在后续的"整村统筹"土地整备试点实践过程中，特别是在社区与居民算小账过程中，明晰利益底线和差异化主体补偿理念等得到继承，这为社区内部利益分配平衡提供了重要思路。

第三节　金沙社区土地整备的主要问题及经验借鉴

从 2010 年金沙社区开始探索大账思路，到 2011 年在市级层面正式提出金沙社区作为试点开展"整村统筹"土地整备工作。其后，历经三四年时间，金沙试点项目推进困难重重，工作逐步搁浅。

一　金沙社区试点项目推进的主要问题及原因剖析

（一）项目条件没有进行合理预判下的急于推动

从区位条件来说，金沙社区位于坪山东北部，距离坪山中心区约 8 公里，单程公交通勤时间达 1 小时以上。而坪山位于深圳的东北角，金沙社区距离深圳福田中心区达到 50 公里以上，单程公交通勤时间达到 2.5 小时以上，已经远远超出了市中心辐射范围。从交通条件来说，截止到 2016 年底，金沙社区尚无地铁、城际铁路及高铁等快速交通过境，通勤仅依靠公交和小汽车，交通便捷程度相对较差。从市场环境来说，金沙社区靠近惠州大亚湾片区，周边房地产市场发育不成熟，住宅售价不高，项目盈利空间有限，鲜有开发商对这个片区感兴趣。由此，与南布社区、沙湖社区相比，"统一规划，整体实施"的"整村统筹"在金沙社区得不到市场条件的支撑。

于是，缺乏区位、交通和市场的金沙社区因再开发无法带来可观的土地增值，利益蛋糕无法做大，从而导致利益切分过程中各方利益预期得不到保障，因此带来各方推动力量的相对疲软。在这种情况下，金沙社区试点工作的经济可行性并不充分，政府单方面的强力推进当然无法奏效。

（二）政策体系不完善与过于理想化之下的现实反抗

在"四田一岗"土地整备工作夭折之后，坪山对土地整备究竟如何继续走下去进行了一系列的研究与探索，并且于 2010 年提出

"整村统筹"发展理念,然而这一理念如何落实,当时尚未完全清楚。在金沙社区试点已经开始谋划和初步动作之后,坪山负责土地整备的相关部门前往北京学习城乡一体化经验,试图搭建一整套、成体系的"整村统筹"土地整备的政策框架。

基于传统的工作思维方式,政策研究者倾向于首先进行系统全面的政策制定,然后根据实践过程中的反馈作用进行调整完善。因此金沙社区试点的政策研究者描绘了"整村统筹"土地整备的理想化政策操作路径,但是却忽略了以下两个方面的问题:一是原村集体及原村民的政策理解能力,对于过于复杂的政策体系,原村集体及原村民能否接受预计不足,当时"整村统筹"土地整备思路融合了土地管理、社会组织建设、产权处置、城市更新、征地拆迁等多方面的政策手段集成,并且没有明确形成相对独立的政策规则。在实施过程中,原村集体及原村民在了解"整村统筹"的过程中需要同时了解多个政策的内涵以及政策之间的区别,然后才能认可并选择"整村统筹"实施路径,这对于他们来说十分困难。二是对于触动原村集体特别是原村民核心利益的拆迁补偿方案设计过于复杂,大量的公式化运算不仅加大了原村民理解政策的难度,而且在面对可能出现的复杂情况时显得捉襟见肘。相关迁换方案虽然在一定程度上保障了原村集体的权益,但是从原村民的角度来看使得其自身利益受损,反抗情绪较大。同时这一方案仍然没有突破传统房屋征收补偿的根本原则,是基于现状权益区分的补偿,在深圳这一土地价值飞速增长的地区,仅靠现状产权基础上的利益分配而不对已经产生的增值收益进行利益分配,往往对于原农村集体及原村民来说,缺乏吸引力。由于政策设计追求系统化、全面化,使得政策落地非常困难,加上当时金沙社区试点推动的突出矛盾还没有完全暴露,未能引起政策制定者的关注,现实矛盾对政策制定和框架设计的影响十分微弱,政策设计与政策实施脱节,政策实施难成为必然。

(三)首次探索下各主体难以实现政策的深入了解和权责把握

金沙社区对政策的理解不到位与认可度不高,直接导致了社区积极主动性差,平衡居民利益的组织能力较弱,其主体作用没有有效发挥。从另一个角度来说,最初的工作组织机制中给予社区参与的内容也并不充分。比如从拆迁补偿方案编制来看，当时由于社区缺少编制安置补偿方案的能力，只能求助于坪山土地整备中心，将这一涉及社区核心利益的利益分配规则制定权利交由区土地整备主管部门和相关咨询机构，而相关部门在实施过程中与街道办职责相混淆，使得社区虽然接触了最核心利益分配工作，但"社区主体"这一重要理念创新在实践中没有落实，社区预期存在偏差。而在具体实施过程中，社区的拆迁安置又要接受街道办的指导和制约，办事处强势介入加上社区自身的管理能力较弱，使得社区一直游离于"整村统筹"工作之外，并没有实质性地参与"整村统筹"土地整备的核心工作，也未能实现"社区主体"的初衷。

作为主要实施主体之一，坑梓办事处同样面临政策理解和实施要求把握不到位的情况。这样就直接导致了两个问题：首先，由于"整村统筹"土地整备理念属于新兴事物，且其政策细节在具体实施过程中仍在逐步完善，造成当时政策具体实施要求并不明朗，坑梓办事处对政策的理解和掌握程度有限。由于政策理解不到位导致政策宣传不力，社区在接受街道办的政策宣传之后仍然对"整村统筹"土地整备理念理解不清，难以有力地组织社区积极参与，导致土地整备工作推进困难。其次，由于实施要求把握不到位导致办事处对自身的工作边界理解不清，仍然参考传统的征地拆迁方式进入社区入户谈判，这种直接介入拆迁补偿方案的行为带来被拆迁主体反对的扩大化，从而阻碍项目推动。同时，办事处在一定程度上替代了"社区主体"作用，未能充分调动社区及居民的参与积极性，由此引发了诸多问题。

（四）基层政府领导能力较弱，无法体现"整村统筹"中的桥梁价值

社区作为政府管理的神经末梢，在政策实施过程中应起到十分关键的"承上启下"作用。对上要充分理解和有效执行相关政策，对下要拥有较强的领导力和组织力，保障诉求上传下达，推动项目快速实施。对于金沙社区来说，其基层领导班子的主要问题在于以下几个方面：

一是发展视野不够长远。由于当时金沙社区地处偏远，城市更

新之类的市场主导开发对这一片区的积极性不高。因此金沙社区的基层领导组织并没有接触较多的市场主体，对于土地再开发以及社区转型发展的理解尚未完全成熟，因而缺乏对社区长远利益的主动思考。

二是领导班子组织能力较弱。尽管前后更换了几届领导，金沙社区的基层领导组织能力仍然不强。其突出表现在对上的政策接受能力较弱以及对下的工作宣传组织能力不强，以至于金沙社区试点过程中关于"整村统筹"政策实施存在政策理解不到位和组织宣传不到位两方面问题。在社区领导尚未正确认识的情况下，居民小组和原村民就更难理解政策理念和操作路径。

三是社区自治能力较差。项目实施过程中几届社区基层领导都是由政府直接任命，并不是像一些自然村或者部分社区一样成为社区内部的核心利益代表方，因此并没有形成以社区利益群体为基础的核心领导力量，在遇到具体的工作推进时群众基础薄弱，较难获得多数原村民的支持。

总体来说，社区领导班子的作用主要体现在：传输政策理念、反馈利益诉求；有效组织宣传，逐级化解矛盾；双方利益协调，推动项目执行。如果失去了上述作用，就相当于在政府与原村民之间形成了一个"真空层"，无法有效建立利益博弈顺畅的沟通机制，从而使得项目实施偏离原有轨道。

二　源自金沙社区试点土地整备工作的经验借鉴

金沙社区试点虽然停滞，但作为坪山"整村统筹"土地整备的首次探索，仍然为后续试点工作开展提供了很多有益的经验教训。

（一）开展项目前期可行性研究

在社区转型发展和城市化建设目标面临多元政策路径选择的条件下，开展"整村统筹"土地整备试点项目的前期可行性研究十分必要。首先，需要保证项目方案符合地区发展目标和核心利益诉求，避免"整村统筹"土地整备的实施与政府宏观调控下的发展方向背道而驰。其次，需要保证项目的方案可行性，土地整备实施方案和留用地专项规划项目的发展条件、规划要求以及利益诉求能够通过"整村统筹"予以实现。再次,需要保证项目的经济可行性,通过初步匡算项目实施的各方成本和收益,平衡各方利益分配,以免出现利益失衡而导致项目无法推动的情况。最后,需要保证项目实施可行性,初步预判市场及其他相关部门(土地、规划、国资、财税、住建等等)的支持力度,选择区位较好,周边房地产市场较为成熟,能够对即将开展的土地整备项目起到辐射和带动作用,对开发商具有吸引力的片区开展土地整备,以免因一方力量缺失造成项目实施障碍。

从另一个角度来说,在开展"整村统筹"土地整备之前,也需要根据社区自身条件对多种存量土地再开发方式进行路径比选,从社区整体利益、市场经济利益和政府公共利益等多角度实现多主体发展目标。

(二)形成切实可行的政策体系

在保证"整村统筹"基本原则不变和政策目标实现的基础上,充分考虑适用性、可操作性,合理设计政策体系。首先,根据基本原则,"整村统筹"土地整备的政策框架应该明确项目实施的原则为保障政府公共利益和城市整体利益,为政府落实重大基础设施和重大产业项目腾挪空间,从而进一步提升城市竞争力。根据政策目标,需要实现社区转型发展,统筹考虑原村集体的利益和原村民个人的利益,改善社区生活环境,增加周边就业机会,提升原村民现代化意识和可持续发展能力,从而补齐发展短板,实现区域整体转型提升。"整村统筹"土地整备的政策手段应根据自身需求,融合实现多个发展目标的各类政策设计要点,形成独立的政策体系,而非多种政策手段的继承,也不是单纯依赖或者摒弃某一类政策。基于适用和可操作性,"整村统筹"土地整备的政策表现形式应该充分考虑使用主体的理解能力和执行实效。在利益分配部分,要充分考虑社区接受能力,力求政策重点突出,分配结果明确;在方案编制部分,要充分考虑专业技术团队特点,力求编制思路清晰,成果要求明确;在审批和实施部分,要充分考虑各层级执行部门特点,力求审批流程清晰,实施步骤明确。

(三)打通和构建相关主体参与的通道和路径

打通参与通道,核心就是要使相关主体充分了解和合理把握

"整村统筹"土地整备政策理念内涵和实施方式。一是明确各级政策实施机构的政策把握程度，从宏观统筹、原则把握和执行实施三个不同层次来针对性地解读"整村统筹"土地整备政策体系，形成各级政府主体操作依据。二是坚持"自下而上"和"自上而下"相结合，采用多种形式做好政策宣传工作，使基层领导组织全面理解"整村统筹"土地整备政策，明白"整村统筹"土地整备对于促进社区发展、提升居民福祉的重要意义，并将这些信息有效地传达给社区居民，最大限度地争取居民对于土地整备工作的支持。三是要坚持"政府与社区算大账，社区与居民算小账"的核心理念，扶持社区主体的实施参与能力，同时在工作组织上明确坪山土地整备局、街道办、社区领导班子的工作职责，推动这些组织力量在各自的职责范围内切实做好各项工作，发挥应有的作用。

构建参与路径，明确每一类主体的参与方式特别是利益诉求表达渠道，充分实现"政府主导、社区主体、多方参与"的实施思路。例如在政府层面明确需要把关和放权的实施内容，对于需要把关的内容，应进一步明确各级土地整备机构及相关部门的工作权责。对于需要放权的内容，则应清晰界定放什么权、如何放权以及怎么引导放权。在社区层面明确其必须参与和可以争取的实施内容，对于必须参与的内容，详细规定社区参与机制及要求，并作为社区基层领导组织的考核标准；对于可以争取的内容，预留一定的弹性空间。明确其余参与方的参与路径及权责边界，明确原村民、市场实施主体以及其余利益相关方参与"整村统筹"土地整备的具体渠道。

只有在各方主体充分了解"整村统筹"土地整备这一政策的前提下，才能在实施过程中，面对复杂多元且差别较大的试点情况，保证各方主体良性互动的参与机制健康运转。

（四）注重基层组织领导能力培育

社区领导班子是联动社区基层居民和政府的纽带，因此"整村统筹"土地整备项目对社区领导班子的考验极强。从社区角色来说，对上需要与政府部门算大账，深入理解"整村统筹"土地整备的政策要领，保障原村集体的合理利益，因此需要社区领导组织具有一定的政策制定者思维，能够迅速掌握"整村统筹"土地整备的核心内容；对下需要与社区居民算小账，协调村民（小组）之间的利益，带动社区转型发展，因此需要社区领导组织起到一定的宗族"大家长"作用，能够通过分析不同利益个体的心理和诉求平衡各方矛盾。在"整村统筹"土地整备实施过程中，应选择社区领导班子统筹能力强，对政策有深入认识和全面理解的社区推进。同时通过政策体系完善、政策理念宣传以及培训活动组织，逐步加强对社区基层领导组织的政策宣传与执行能力培育，提升社区自治能力，使其真正形成政府社会治理的强大基础。

第五章　南布社区试点的继承与改革

第一节　南布社区试点的选取

一　南布社区主要特征

南布社区位于坪山城市发展的中轴线上，北临出口加工区，东接大工业区，西靠坪山中心区，南与沙壆、石井社区隔河相望。由于位于坪山几何中心，同时不涉及基本生态控制线等管控因素，区位优势明显（见图5—1）。

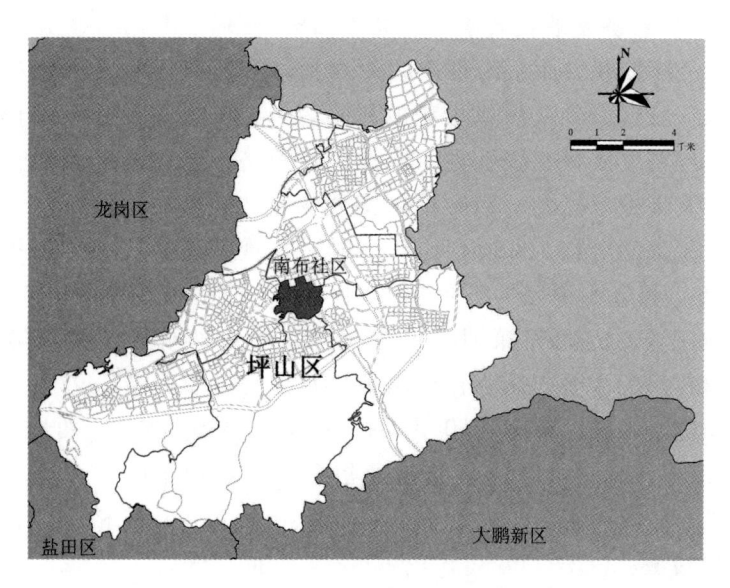

图5—1　南布社区区位示意图

资料来源：笔者自绘。

南布社区人口规模较小，仅有一个居民小组（小村）。截至 2012 年，社区总人口为 1.2 万人，其中户籍人口为 489 人，外来人口 1.15 万人，外来人口与本地居民的比例达到 24∶1，人口倒挂现象突出（见图 5—2）。

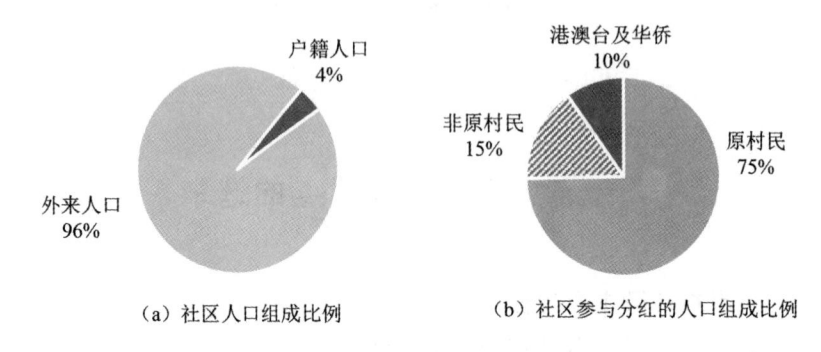

（a）社区人口组成比例

- 外来人口 96%
- 户籍人口 4%

（b）社区参与分红的人口组成比例

- 原村民 75%
- 非原村民 15%
- 港澳台及华侨 10%

图 5—2　南布社区人口组成比例示意图

资料来源：笔者根据《南布社区整村统筹土地整备专项规划》绘制。

南布社区基本情况如下：

（一）经济发展模式单一，转型困难

在经济发展方面，南布社区原村集体和原村民收入来源包括工资收入、社区分红及房屋出租的租金收入。与大多数社区一样，南布社区经济发展模式仍然主要依靠出租经济，经济结构和经营模式单一，发展缺乏后劲。南布社区集体物业的租金收入每年约 600 万元，股民人均分红为 6000 元/年，其中，现状工业厂房的出租率约为 80%，租金水平仅为 7 元/平方米，引入的企业多为"三来一补"小型加工业。因紧邻深圳出口加工区，周边外来务工人员数量较多，原村民的主要收入为住房出租，其住房出租率高达 98%，住房平均租金水平约为单间 210 元/月、一居室 330 元/月、两居室 480 元/月。虽然南布社区的集体物业租金和住房租金收入在坪山范围内尚处于较好状态，但社区的工业区以出租为主，价格低廉，难改造，难转型。

（二）土地遗留问题亟待解决

南布社区用地面积为 244.15 公顷，其中主要为居住用地 35.85

公顷和工业用地 58.01 公顷，分别占建设用地的 27.61% 和 44.67%。

南布社区实际掌握土地面积约为 29.49 公顷，其中现状已建成部分用地面积为 23.38 公顷，主要为工业用地和居住用地，工业用地面积为 9.35 公顷，居住用地为 11.31 公顷，在居住用地中，原村民住宅用地面积为 9.1 公顷；现状水域和其他非城市建设用地面积为 6.11 公顷，主要为水域和耕地，其中水域面积为 1.73 公顷，耕地面积为 3.23 公顷（见图 5—3）。

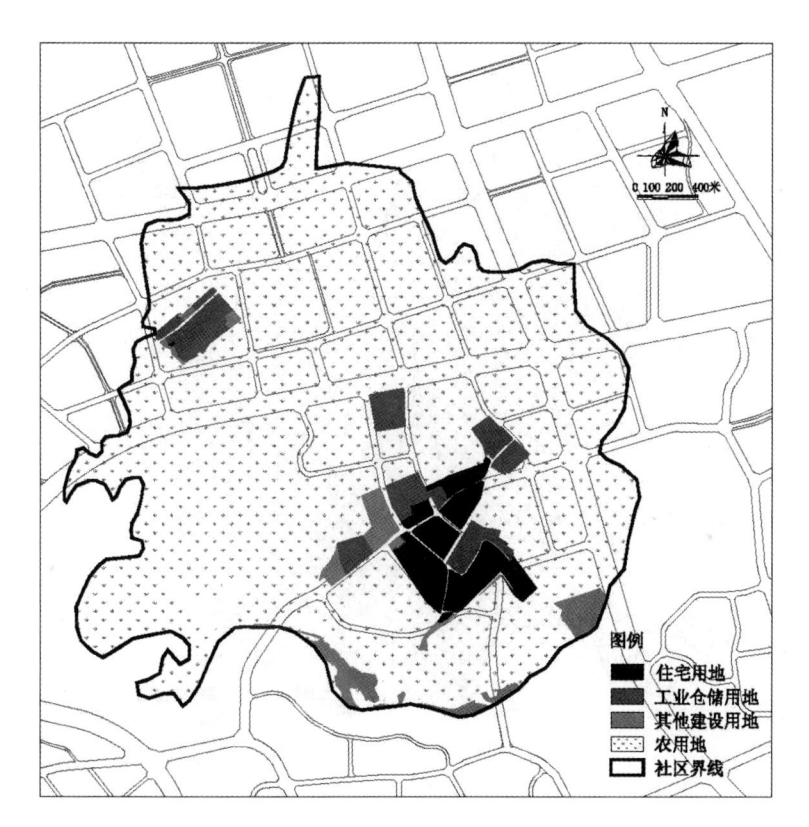

图 5—3　南布社区掌握土地利用图

资料来源：《南布社区整村统筹土地整备专项规划》。

从土地权属方面来看，自大工业区成立以来，南布社区历年征地面积为 209.26 公顷，转地面积为 10.75 公顷，社区大部分土地已征转为国有土地，为支持坪山发展做出了重要的贡献。南布社区244.15公顷土地面积中，国有土地为220.99公顷，约占整个社区土地面积的91%，其中已出让用地112.64公顷，未出让用地108.35公顷；社区实际掌握土地为29.49公顷，约占整个社区土地面积的12%。其中，非农建设用地面积约为10.92公顷，其中已有1.06公顷的土地被社区出让，建成房地产项目"豪方菁园"。合法外社区实际占用土地面积约18.57公顷，主要为居住用地。具体土地权属分布详见图5—4。

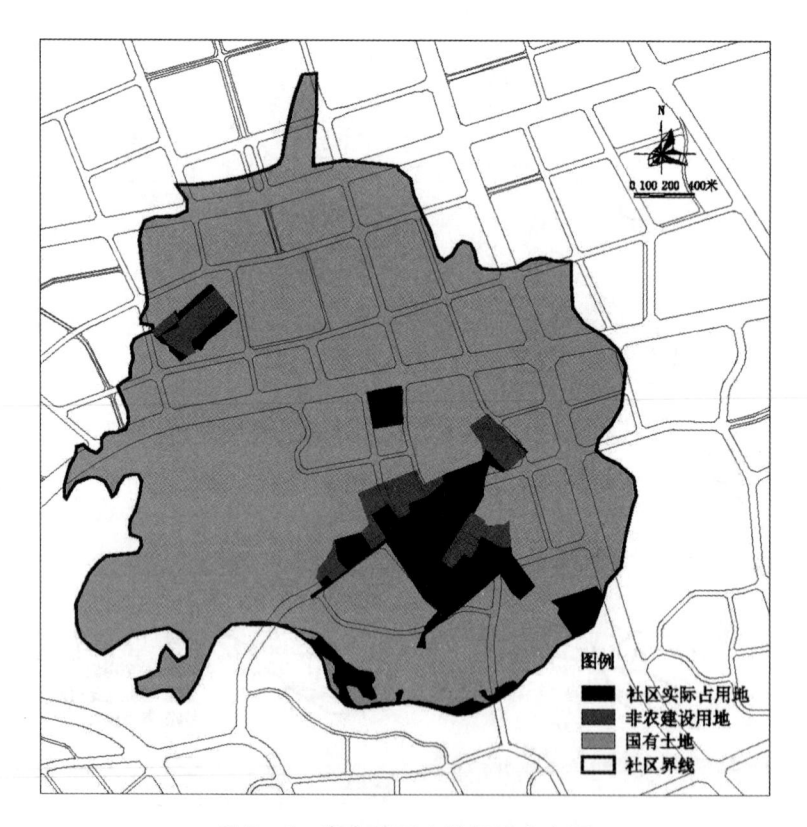

图5—4　南布社区土地权属分布图

资料来源：《南布社区整村统筹土地整备专项规划》。

南布社区现状存在一定的城市化历史遗留问题，包括有：位于荔景南路旁坪山河流域范围内一处总面积约为1.94公顷用地未补偿；一处约0.6公顷的非农建设用地被其他已出让用地占用；部分原村民未落实"一户一栋"指标，没有宅基地建设等。社区实际掌握用地中的12%都涉及不同情况的历史遗留问题，社区土地的盘活必须考虑妥善解决历史遗留问题。

（三）社区用地低效开发，效益低下

南布社区实际掌握的土地范围内，现状建筑主要为多层私宅及社区股份合作公司兴建的工业厂房等，在空间上呈现发展无序、低效开发等特征。南布社区集体经济收益仅约600万元/年。相比之下，湖南长沙的红星村现状实际用地面积仅约54公顷，是南布社区的1.9倍，而该村2012年的收入达到30亿元，是南布社区的500倍，南布社区的现状土地利用效率与长沙红星村相比差距巨大。

（四）公共设施欠账多，急需完善

南布社区内部交通网络不完善，在基础设施方面以道路交通尤甚，且存在南北不平衡的现象［见图5—5（a）］。社区以北的片区由于临近出口加工区，以已征已转的工业用地为主，城市建设相对完善，路网较发达；以南的片区主要为社区掌握土地，以旧村建筑及工业配套宿舍建筑为主，多为支路及村道，道路质量差，且断头路较多。

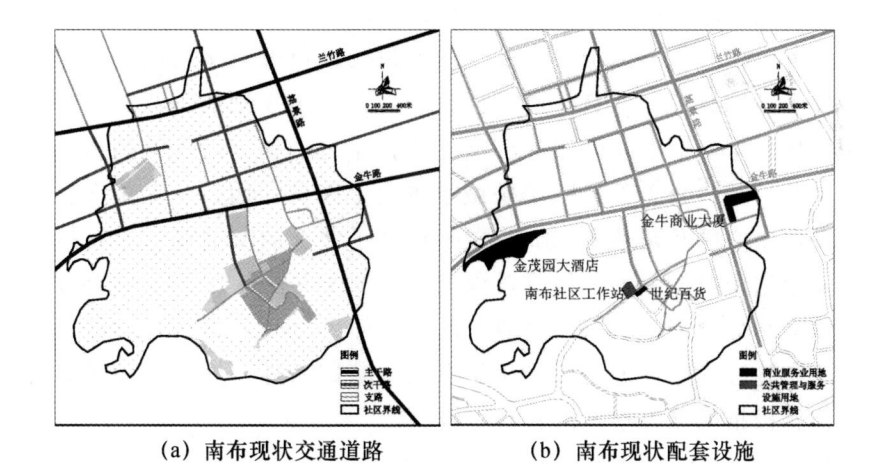

(a) 南布现状交通道路　　(b) 南布现状配套设施

图5—5　南布社区道路交通和配套设施分布图

资料来源：《南布社区整村统筹土地整备专项规划》。

配套设施方面，尤其是生活性配套设施极其缺乏。现存的配套设施存在"种类少、规模小、服务差"等问题。目前社区范围内的配套设施仅有金牛商业大厦、南布社区广场、世纪百货、南布社区居委会、燕子岭幼儿园、大工业区社康中心［见图5—5（b）］。金牛商业大厦虽然为南布社区当前最高水准的商业配套设施，但仍存在业态水平低、服务质量差等问题。

二 纳入试点的几点考量

金沙社区试点经验表明，项目具有切实可行性、土地价值充分显化、社区领导班子对政策理念的准确把握并拥有较强的领导和组织能力、社区内部具有较强的凝聚力是"整村统筹"土地整备试点项目取得成功的基本条件。继金沙社区试点项目推动乏力之后，坪山街道办事处开展了坪山"整村统筹"土地整备试点社区选取的研究工作，对可能具备条件采取"整村统筹"土地整备路径实施存量土地再开发的社区进行了筛选，排除了位于基本生态控制线内、区位条件较差导致市场吸引力较小、社区领导班子领导能力不强或者组织松散的社区。

从南布社区自身条件来看，具有如下几个特点：

（一）区位条件好，未来土地价值易显化

南布社区几乎不涉及基本生态控制线以及历史文物保护等方面的要求，同时社区拥有优越的区位条件，未来规划成为联系整个坪山区域的重要节点。南布社区交通条件十分便捷，对外交通方面有金牛路、兰竹路、荔景路三条城市主次干路贯穿而过，在南布社区与坪山中心区乃至整个深圳市之间建立了便捷的交通联系。社区内部交通组织虽不完善，但靠近深圳出口加工区的片区内向和外向交通联系十分紧密。良好的交通及区位条件为之后"整村统筹"土地整备实施过程中土地价值的显化提供了基础条件，这也是促进各方主体积极推动项目落地的核心关键。

（二）社区结构简单

与坪山内其他社区不同的是，南布社区是从其余社区分化出来的，是坪山唯一只涉及一个居民小组（小村）的社区，整体体量较小，易于协调。其本地居民仅有156户共489人，内部结构简单，基层矛盾易于处理。同时由于不存在社区之下的多个居民小组，涉及的政策宣传对象和执行层级较少，工作组织相对简单。

（三）社区基层领导能力较强

社区领导班子领导能力和战略意识较强，多年以来带领集体股份公司取得了较好的发展，经济效益和人均分红均在坪山排名前列。在此条件下社区居民通过分红获得了较多的收益，因此对于社区领导较为信任。

对于"整村统筹"土地整备这一新的政策路径，社区和居民普遍积极性较高。为了摆脱困境，社区自下而上，深入居民家中，召开大大小小的会议，征求居民意见，得到近90%的支持率。这为之后南布社区积极主动加入"整村统筹"土地整备工作试点奠定了良好基础。此外社区基层领导多次与区土地整备主管部门沟通政策内容，主动要求参与外地农村社区的考察调研，对其成功经验和发展成果进行宣传，促进了居民团结一心、提振"整村统筹"土地整备的信心，为政策实施共识达成创造了先决条件。

经历金沙社区试点难以推进之后，对于具有以上三个特点的南布社区成为坪山土地整备主管部门选择推进的第二个试点。

三　南布社区试点推进情况

早期南布社区基层领导希望通过城市更新的方式盘活社区存量土地资源，然而由于合法用地指标未能达到城市更新准入门槛，不得不思考新的发展模式。随着金沙社区试点工作的逐渐推进，"整村统筹"土地整备作为坪山土地管理制度改革的重要突破口，发展成为以特区一体化社区转型发展为目标，一揽子解决原农村土地历史遗留及相关问题，同步实现深度城市化的新模式，给南布社区转型发展带来希望。

通过多次与坪山区土地整备局进行政策探讨与沟通之后，南布社区基层领导逐步了解到"整村统筹"土地整备是一条有益于社区发展的新路子，于是在2011年8月，南布社区主动申请纳入试点。

自南布社区纳入"整村统筹"土地整备试点项目以后，紧锣密鼓地开展了前期各项基础工作。针对"政府主导、社区主体、多方参与"这一理念如何落实，社区与各级政府、市场之间的协调博弈工作机制如何建立，进行了详细的研究。

2012年，南布社区开始"整村统筹"土地整备规划土地方案的编制工作，具体涉及城市发展单元规划、土地发展留用地指标、出让方式以及地价标准等等。南布社区试点探索过程中，规划土地方案是以金沙社区试点五大方案中的社区发展规划和项目整备实施方案编制的思路为基础，最终明确社区留用地规模、规划建筑指标、资金补偿标准等。

2012年11月，市规土委坪山管理局对《南布社区"整村统筹"土地整备项目实施方案》和《南布社区"整村统筹"土地整备安置用地专项规划》进行初审，社区试点工作率先进入实施方案报批阶段。

2012年底到2013年期间，南布社区试点历经市级部门多次调研审查，在合法、合规框架下，南布试点先期探索形成"整村统筹"土地整备实施方案和规划方案审批的路径。

在相关方案审批通过之后，南布社区试点面对具体的项目实施开展过程中遇到的难题，主要表现为集体资产处置以及社区留用地出让和开发需要在原有的土地和规划管理程序下实施，需要通过新的模式和各方协议进行进一步权益固化，于是四方框架协议和竞争性谈判等招商模式开始纳入"整村统筹"土地整备的项目实施流程中。

2014年12月，坪山土地整备局、坪山办事处、南布社区及市规土委坪山管理局正式签订了四方框架协议，为项目实施奠定了法律基础。2015年9月，南布试点以竞争性谈判的方式引进了益田世达投资管理有限公司作为项目合作方。目前，南布社区股份合作公司已与益田世达公司签订了合作协议，正开展项目开发的前期准备工作。

南布社区试点虽然磕磕绊绊，但经过五年多的不懈努力，南布社区试点迅速打开局面，真正探索出了一条较为完整的"整村统筹"土地整备实施路径，为后续沙湖社区试点的开展打下了良好基础。

四　试点实施思路

南布社区"整村统筹"土地整备试点实践具体的思路包括以下三个大动作：

第一，由政府与南布社区算政策大账，在综合考虑新区、社区与居民三方利益的基础上，通过"土地＋规划＋资金"三位一体的方式统筹解决政策应该留给社区的土地利益，即政府在此过程中给予社区一定规模的留用地及符合其未来发展需求的规划标准，并针对社区留用地以外的房屋建筑给予一定的资金补偿，政府可一揽子解决社区土地历史遗留问题和土地确权问题，也可完成片区内公共基础配套设施用地的征收，既避免了按公共基础设施建设进行房屋征收项目所需面对的因补偿标准年年增高带来的巨额资金压力，又可避免因政府拆迁造成社区居民对抗的矛盾。

第二，南布社区在政策大账的范围内，由社区与居民（相关业主）算小账。即在政策大账的范围内，充分发挥社区（原村集体股份公司）自主决策的能动性，按相关规定对社区范围内的房屋权利人进行补偿安置。自主解决社区土地历史遗留问题，完成社区内部的房地产确权工作；自主开展房屋补偿、拆除与安置工作，在其留用土地开发及拆迁补偿过程中解决政府拟收回土地的清理和移交工作。

第三，政府通过协议方式将一定规模的留用土地出让给南布社区，除部分用于解决社区居民安置外，其余作为社区发展用地，以保障社区未来发展需求，达到社区安置和发展的统一解决。通过社区自主开发建设，最终实现社区土地整备与社区经济转型发展、社会建设的统一，达到政府和社区的"共赢"。

五　工作组织优化

南布社区试点开展过程中，及时吸取了金沙社区试点的经验教训，进一步优化工作组织，明确工作边界，极大地促进了试点项目的推动与实施。

（一）明确各方主体的权责边界

工作组织优化的核心在于明确各主体的权责边界，坚持实施"政府与社区算大账，社区与居民算小账"的理念，区分核心参与主体包括坪山土地整备局、坪山办事处和南布社区股份合作公司的工作职能。其中坪山土地整备局主要负责全区"整村统筹"土地整备工作的协调、指导、服务等相关工作，发挥宏观统筹以及技术支持的作用，将具体试点社区的实施工作交给街道办事处和社区自身。而在街道办事处和社区的角色定位上，吸取金沙社区试点"政府手伸太长"的经验教训，界定街道办事处为指导和协助实施工作角色，南布社区股份合作公司作为项目权属调查、权利人确认、社区留用地开发建设、房屋拆迁补偿安置、土地清理和移交等相关工作的执行者和实施者。

（二）加强弥补政策实施过程中的薄弱之处

进一步思考如何补齐项目实施过程中各项政策的短板。最重要的一点在于如何加强政策宣传工作，务必保证各级执行者对于"整村统筹"土地整备有一个深刻的认识和合理的把握，明确自身需掌握的规则。为凝聚共识，在试点选择初期，坪山办事处与南布社区进行了细致的"整村统筹"土地整备相关政策及工作思路的解读，同时进行多种政策路径实施成效比选以及实地调研工作。在社区内部宣传阶段，坪山办事处深入基层群众，根据原村民特点采用多元化政策宣传手段，重点强调"整村统筹"土地整备在改善社区学校、道路、管网等公共基础设施建设中的重要作用，协调处理群众利益，最大限度地争取原村民对于土地整备工作的支持。街道办和社区共同帮助社区居民加强对"整村统筹"土地整备工作的理解和支持，为后续"整村统筹"土地整备工作的顺利开展夯实基础。在基础数据调查、违法建筑处置等前期专业技术工作方面，坪山土地整备局以及市规土委坪山管理局等相关部门也给予充足的技术支持，从而提高了试点项目推进力度。

第二节 "政府与社区算大账，社区与居民算小账"利益分配思路的实现

在金沙社区试点工作推进过程中，已经出现了"大账小账"的基本理念，但是由于种种原因，这一政策思路并没有完全实现。南布社区"整村统筹"土地整备试点项目在吸取金沙社区试点经验教训的基础上，明确了各级职能部门、街道办事处以及社区的参与路径，将五大方案简化为土地整备专项规划和土地整备实施方案，基于这两大方案的协调博弈确定利益分配格局。

一 "政府与社区算大账"：明晰政府与社区的利益格局

"政府与社区算大账"脱胎于社区土地发展方案，以"土地＋规划＋资金"三个大账的集成明晰原农村整体的土地发展权益。

"土地"是指用于安置补偿和社区发展的留用地，具体来说：是指通过腾挪原农村集体合法用地（包括已取得房地产证、土地使用权出让合同、城市化非农建设用地批复、征地返还用地批复、农村城市化历史遗留违法建筑确认决定书、旧屋村范围认定批复的用地）、落实非农建设用地和征地返还用地指标、核定未完善征（转）地补偿手续规划建设用地的留用土地。

"规划"是指通过土地整备单元专项规划落实的留用地规划控制要求，包括用地功能、配套设施、容积率控制等方面，其中主要分为整个土地整备范围的规划研究以及留用地专项规划两个层次。在深度要求上，土地整备规划研究编制应达到法定图则的深度。为有效指导留用土地开发，留用土地规划编制深度可参照详细蓝图执行，但不作为规划研究的强制性内容。

"资金"则是按照房地分离模式，应该补偿给产权人的土地整备资金，其核算方式主要是：项目范围内原农村集体及其成员实际使用但需要拆除的建筑物和构筑物按照重置价核算；青苗和附着物等按照相关标准确定。

在具体工作中,通过现状数据调查以及多轮多层次协商谈判,最终明确政府与社区的利益分配总格局。需要注意的是,这里的政府,不仅仅是指政府和区相关职能部门,还涉及市级主管部门和市政府的宏观层面协调。以坪山土地整备局为例,对下需要传递市级和区级层面的政策导向和文件精神,使办事处和社区充分了解政府对于项目实施的基本原则,对社区利益获取采取有保有压策略;同时需要为社区开展试点项目乃至权属核查、规划编制、经济测算等技术工作提供服务支持,充分调动办事处和社区实施"整村统筹"土地整备的积极性。对上则需要表达社区和街道办的利益诉求,争取社区的合理利益,并为市、区政府和主管部门进行决策提供现实依据。因此,"算大账"不仅仅涉及政府与社区这两个层级的协调博弈,在政府垂直和横向管理部门之间,也需要进行多次沟通,形成项目实施意见共识,从而确定给予社区的留用土地、规划控制指标以及土地整备金的具体规模。这样的"土地+规划+资金"政策大账,是规划、土地、产权政策的集成,也是原农村地区土地管理制度的重大改革。

二 "社区与居民算小账":平衡集体与个体的利益共享

"社区与居民算小账"是指通过社区内部制定安置补偿方案,以内部协同机制的形成平衡集体与个人的利益分配。同样需要认识到,给予社区的整体利益格局(即"大账"),并不等于给予个体的利益补偿(即"小账")的加和,在两者之间还有一部分给予社区集体的利益,用来保障社区经济的可持续发展,也即,"大账"包括各利益相关居民的"小账"总和加上"集体账"。

"社区与居民算小账"的核心问题在于"小账"如何平衡,这涉及每个居民个体的最直接利益。如果依旧按照城市更新采取市场主导下的利益分配模式,则已经协商确定的"大账"无法满足全部的利益补偿诉求,也不符合"整村统筹"土地整备保障公共利益和城市整体利益的初衷;如果延续传统房屋征收补偿方式,则又会陷入"拆不动"的实施困境,无法被原村民接受。因此南布社区在落实原村民个体安置补偿标准过程中,充分听取了以坪山土地整备局为主的相关职能部门的意见,以房屋征收补偿标准为基础,结合社区自身情况来协调处置原村民之间的利益分配问题。

如何平衡"集体账"也十分关键,这是影响社区持股个体长远利益的重要因素。南布社区由于结构比较简单,只有一个居民小组,因此在"集体账"核算方面,主要把控好"小账"的补偿标准,剩余部分全部用于社区未来转型发展。

"社区与居民算小账"的过程也是社区内部利益重构的过程,必须充分调动社区集体的积极性和主动性,以共同富裕为凝聚力,形成内部协同机制,既要解决好一户一栋、一户多栋、外来利益者建房的补偿细账,也要处理好大村、小村集体的利益均衡。唯有如此,才能做大并分好利益"蛋糕"。

三 "大账小账"利益分配思路的思考

无论是城市更新还是房屋拆迁,在安置补偿过程中多直接面对单个的原权利人(利益个体),并通过物业、青苗补偿费、搬迁补助费测算其利益所得。南布社区"整村统筹"土地整备试点则将存量土地再开发中的原权利人区分成为两个层次,一个是以社区为代表的集体利益,另一个则是集体内部以居民为代表的个体利益。

政府与社区"算大账"的过程,实质上是针对深圳在过去城市化发展过程中积累的土地历史遗留问题,特别是城市化转地过程中的土地问题进行梳理后予以利益补偿。通过"大账",将政府和社区关于项目范围内土地上的利益关系进行彻底厘清,一揽子解决土地历史遗留问题。社区内部"算小账"的过程,则是对利益个体的直接补偿。与城市更新和房屋拆迁不同的是,社区一定程度上承担了市场开发主体的角色,按照一定的规则对居民个体进行直接补偿。另外在补偿过程中,社区还需要考虑居民个体补偿完成的剩余留给集体的补偿,而这个集体补偿部分也与部分持股的利益个体息息相关,这都要求社区必须在补偿个体利益和发展集体经济之间找到一个平衡点。

同时,"大账"和"小账"之间是一个协调互动的过程。社区首先会对"小账"进行估算,并以此为依据在与政府"算大账"过程中进行博弈，以获得最有利于项目实施的"大账"结果。当"大账"确定后，则又会相应地对预估的"小账"进行调整完善，达到个体和集体之间的利益平衡。

总体来看，所有的土地再开发过程均以释放土地价值为基础，而"整村统筹"土地整备则在此基础上进一步统筹推进社区集体经济转型和社会建设，落实和完善区域公共设施配套，以适应土地价值的释放和城市物质形态的转变。"大账小账"的利益分配格局，正是落实公共配套、促进社区发展的重要基础。

这一思路不单只完善利益分配规则，还系统思考了如何实现社区再造和深度城市化。在这个过程中需要统筹考虑基层自治和基层民主如何发挥作用，股份合作公司股权结构如何调整，如何丰富多种经营方式、解决居民就业等多个层面的问题。农村土地制度改革只有与股份合作公司改造、经济转型、社区建设一起联动，才能在改变土地、空间二元结构的同时，同步转变社会经济的二元化问题；反过来，也只有同步的转变，打破"可以同穷不能同富"的怪圈，土地的整体开发才能顺利开展，从而使规划得以落实。

同样重要的问题是，通过这一利益分配思路，可以补充和破解现有深圳土地管理制度的"真空区"和"乏力点"。其中"真空区"主要是指，对于城市更新、"两规"和"三规"产权处置等土地政策无法有效实施的情形，通过"依改造确权"和"一揽子解决历史遗留问题"，将这类土地纳入合法的土地管理渠道。而"乏力点"则主要针对违法建筑查处工作，通过对不正当利益诉求和分配矛盾的内部化处理，降低违建的外部性影响，有效地遏制违法建筑再蔓延。

第三节　土地整备专项规划和实施方案的互动推进

"土地＋规划＋资金"三本大账与"个体＋集体"小账作为"整村统筹"土地整备项目推进的利益基础和实施前提，各自内部和两者之间既相辅相成又相互制约。而政府与社区所确定的政策大账，则是前者的根本前提和基础。如何集成这样一个三位一体的政策大账，确保社区接受、政府认可、项目可行，是"整村统筹"土地整备工作的核心要点和最大难点。

当初金沙社区试点希望通过五大方案编制来落实上述预期，然而由于政策框架设计过于复杂，导致政策接受度较低，虽然开展了方案编制，但是未能落实。在南布社区"整村统筹"土地整备试点项目推进过程中，一方面提炼总结社区土地发展方案以明确政策大账，另一方面优化完善社区迁换补偿方案以清算社区小账。同时参考借鉴传统土地整备、城市更新等实施路径中相关方案编制形式，确定以土地整备专项规划和土地整备实施方案两个重要方案为核心抓手，实现土地、规划、资金之间的协调互动，并将社区社会建设方案和经济发展方案融入其中。

规划方案和实施方案是对社区政策大账的具体落实与法定化，其编制过程体现出政策大账沟通协调的具体内容以及相关细节的处理思路。两个方案相辅相成，同步开展编制，内容相互协调，最后同步提交审查报批。

一 专项规划与实施方案的编制思路

（一）南布社区试点专项规划方案编制思路

南布社区规划方案由社区委托专业机构进行编制，从社区角度出发，以推动土地整备及实现经济社会转型为核心，以实现社区经济加速发展及可持续发展为重心，采取"统筹规划、分步运作"的总体工作思路。该方案主要研究包括社区整体及社区用地两个层面（详见图5—6）。

在社区整体层面的规划研究，主要是对社区发展形势及社区发展诉求进行详细的分析，从而对社区用地功能及开发强度进行调整研究，为现行法定图则的修编提供依据。社区整体层面以法定图则的修编为载体，通过社区用地层面的规划研究，进行社区土地的重新分配，从而推动社区土地整备工作的开展。

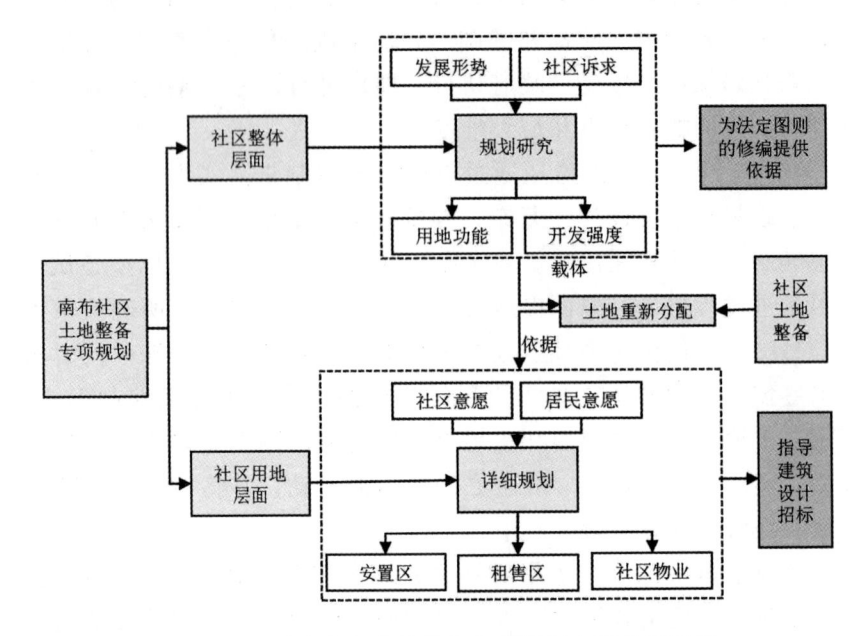

图 5—6　南布社区土地整备专项规划方案编制思路

资料来源：《南布社区整村统筹土地整备专项规划》。

在社区用地层面的规划研究，主要是依据社区的发展意愿及居民的意愿，在社区土地重新分配的基础上，进行安置区、租售区及社区物业的详细规划，从而用来指导项目开发的建筑设计招标。

基于上述两个层面，南布社区试点的"整村统筹"土地整备专项规划将土地整备涉及的土地利益重新分配作为"自上而下"发展战略落实以及"自下而上"社区诉求满足的衔接点，并通过功能布局、配套建设、开发强度等方面内容在规划上予以落实。

根据《深圳市土地整备规划研究编制技术指引》和南布社区试点专项规划编制情况，土地整备专项规划研究的深度要求为参照法定图则进行编制，其中社区留用地专项规划需要参考详细蓝图要求指导社区留用地开发建设，但是不作为强制性内容。梳理当前深圳市城市规划和土地利用规划的主要类型和层次（见表5—1），可以发现"整村统筹"土地整备单元专项规划本质是对法定图则的细化和补充，尚未达到目前深圳在城市更新单元专项规划编制方面的深度要求。

表 5—1　深圳市城市规划和土地利用规划的主要类型和层次

规划范围	法定规划		其他规划（经审批后可确定为法定规划）
全市	土地利用总体规划		城市总体规划
各类区域	功能片区土地利用总体规划（宝安、龙岗、光明、坪山）	次区域规划（宝安和龙岗）、分区规划（福田、罗湖、南山、盐田）	组团规划、分区综合发展规划
		法定图则	"整村统筹"土地整备安置用地专项规划
		详细蓝图	城市更新单元规划

资料来源：岳隽、戴小平、赖伟胜、罗超英、仝兆远：《整村统筹土地整备中规划土地政策互动——基于深圳的研究》，《城市规划》2015年第8期，第70—74、79页。

（二）南布社区试点实施方案编制思路

南布社区试点实施方案在编制主体和编制思路方面依照全市土地整备工作要求的实施方案编制规定，其主要政策依据为2012年出台的《土地整备项目实施方案编制指引（暂行）》。该指引要求实施方案包括：整备目的、整备项目概况、项目规划情况、工作安排、权属调查、整备方式、土地置换方案、货币补偿方案、土地整备项目安置用地规划、房屋安置方案、资金预算方案、效益分析与风险评估、土地验收与移交方案以及其他相关内容。

在此编制指引基础上，南布社区试点实施方案编制又结合自身特点加入了一些新的内容，在传统的土地整备实施方案基础上优化了一套适用于"整村统筹"土地整备的编制思路。将"土地—规划—资金"三个政策大账的理念融入实施工作，弱化和简化原有按利益个体补偿的货币和土地补偿核算方式，其重点内容在于明确工作组织分工，落实社区政策大账，分析效益和评估风险，制定分期开发和土地移交方案等。具体来看，南布社区试点将土地置换方案调整为社区留用地方案，用于落实政府与社区协商确定的土地规模，并且作为政策大账的核心基础置于货币补偿方案之前；在货币补偿方案中，考虑落实"整村统筹"土地整备资金，以社区为整体产权人，采用传统征收拆迁以及按包干方式补偿两种方式进行测算，并对货币补偿的成本和效益进行经济测算；对于安置用地规划方案，"整村统筹"土地整备在原有的编制要求基础上增加了社区留用地这一层级的规划落实安排。

二 专项规划与实施方案的报批思路

南布社区试点之前的相关探索并没有走到土地整备专项规划与实施方案的编制阶段，因此在南布试点推进过程中面对新生长出来的土地整备专项规划和实施方案，出现了审批部门和审批路径难以确定的情况。因此，南布社区试点的专项规划与实施方案审批，当时均采取个案的形式请示市政府进行决策。后来随着南布社区试点推进过程中相关方案审批路径的逐步明晰，"整村统筹"土地整备审批机制逐步建立起来。

从大的阶段来看，可以将南布社区试点两个方案的审批流程划分为三个主要阶段：第一个阶段是由坪山土地整备局牵头编制专项规划及实施方案。该阶段的重要时间节点发生在2013年1月，根据市层面相关会议精神以及市规土委批复意见，实施方案原则上获得通过，但是需要对专项规划进行进一步的研究优化。第二个阶段是根据上一阶段提出的具体要求，修订完善专项规划方案，该阶段内政府、社区、技术单位等对南布社区试点专项规划进行了多次讨论与沟通，最终形成的方案成果于2013年9月报市政府会议审批，继而开展规划公示后，2014年1月，专项规划获得市政府审批通过。第三个阶段根据审批通过的两项方案，编制总体框架协议，上报区政府和市规土委进行审批，同时社区开展项目可行性研究、竞争性谈判和集体资产评估等相关工作，进行框架协议签订以及社区宣传册制定等具体实施工作。

从层级上来看，两个方案审批主要涉及了区层面、市规土委层面和市政府层面三个层级，其中区层面主要涉及组织编制、上报审批，以及批后修改调整和实施工作；市规土委层面主要涉及实施方案和专项规划的审批和征求意见；而市政府层面则涉及最终专项规划的审批决策。

三 专项规划与实施方案的协调互动

南布社区试点专项规划方案和实施方案是政府与社区经过多方多轮沟通后，协调达成共识的结果，是不断调整优化形成的。在这一过程中体现出协商式规划的主要特征，这不仅积累了丰富的过程资料，而且为后续试点开展奠定了良好的基础。

（一）专项规划和实施方案的联系

两大方案的核心结果主要体现在三大类用地的整合优化、高效利用和集约开发方面，包括：社区（即原农村集体）留用土地（或为拆迁安置用地）、政府收回的满足公共利益需要的用地以及支持产业升级和城市转型的市场需求用地。这三类用地都需要在规划中确定下来，其中社区留用土地的确定是"整村统筹"土地整备中最核心的内容之一，也是规划方案与实施方案产生联系的关键点。

在社区土地留用方面，不仅关系到具体的留用面积，同时还关系到未来规划的建筑面积，也就是开发强度，这是对社区发展过程中涉及的主要利益分配的体现。其中社区留用土地数量的确定主要受到土地政策特别是历史上原农村土地利用管理政策的约束，社区留用土地的开发强度主要通过规划指标予以落实。因而不论是在规划方案中还是实施方案中，都会涉及规模、结构、布局等用地指标的调整和优化问题，而社区留用土地方面，同时受到规划和土地政策的影响，成为主要联系点，也需要同时考虑相关政策要求。

（二）专项规划与实施方案的协调互动

从方案编制来看，南布社区试点推进过程中，协调博弈的焦点在于社区留用土地的面积、用途及开发强度三个指标的确定。作为存量土地再开发路径中的重要调控手段，规划和土地政策均最直接地给予上述三个方面较为明显的双重影响和制约。上述三个方面作为专项规划与实施方案编制的核心内容，使得两者需要在编制过程中不断沟通和互动，将实施方案中三个政策大账特别是"土地"和"规划"在规划方案中予以细化,将规划方案中确定的社区留用地规模、位置和功能在实施方案中予以落实(见图5—7)。

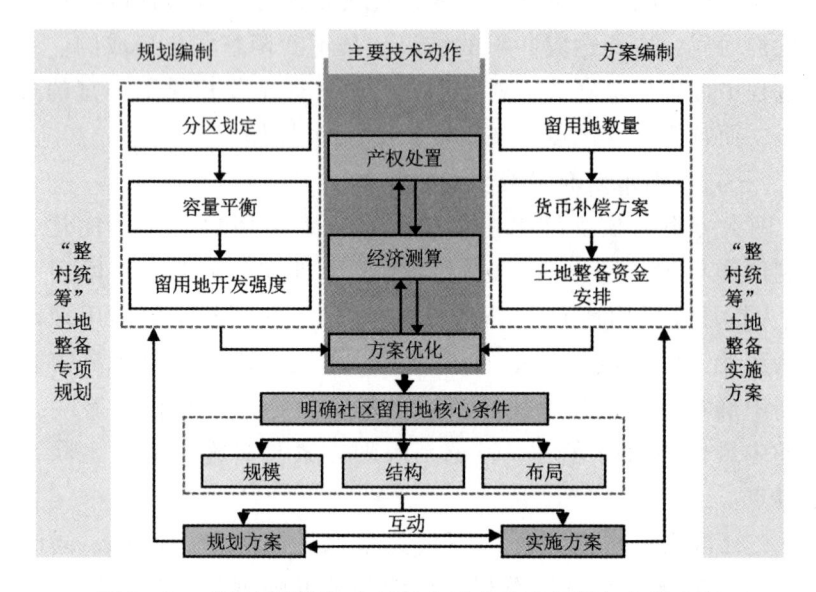

图5—7 "整村统筹"土地整备试点专项规划与实施方案协调互动示意图

资料来源:笔者自绘。

从审批机制来看,南布社区试点最初是由坪山土地整备局编制实施方案之后报市规土委审批。由于实施方案的编制和审批已经在当时土地整备政策中有所规定,有类似的流程参考,审批过程较为顺利。但是专项规划由于没有审批路径可供参考,同时涉及编制内容方面的调整优化,在各方主体进一步深化协调后需要请示市政府会议决策。如何保障原有的实施方案与新的专项规划在联系点上保持一致,是南布社区在审批过程中两个方案互动的必然要求。从实践来看,在实施方案中三个大账已经被原则上确定,专项规划只是针对具体内容(如社区留用地位置、功能等等)进行调整,这些细节调整内容也会同步反映到实施方案中。

第四节 "整村统筹"土地整备工作流程再造

南布社区试点工作完成了从研究到规划再到实施的主要过程，这基本奠定了之后的"整村统筹"土地整备试点工作流程的总体思路。从工作流程来说，以几个重要文件的落实为划分节点，主要包括以下几个方面：

一 前期研究：明确社区意愿，列入试点计划

2010年坪山提出"整村统筹"之前，南布社区已经开始研究以城市更新为主的存量土地再开发模式。随着"整村统筹"土地整备政策思路的明晰，与之密切相关的政策文件起草及试点实践工作陆续开展，南布社区主动要求加入试点计划。通过多次会议研究讨论，2011年11月坪山将南布社区列为"整村统筹"土地整备项目试点社区之一，并且列入2012年全市的土地整备计划。

这一阶段的重要节点性事件为南布社区试点列入年度土地整备计划。当时并没有列入"整村统筹"土地整备试点计划的说法，南布社区试点严格遵循了传统征地拆迁式土地整备的工作要求。随着南布试点工作的日益成熟，其流程对之后形成"整村统筹"土地整备单独计划，以及明确其与全市土地整备计划之间的关系提供了重要参考依据。

这里存在的一个重要转变，即南布社区如何实现从城市更新到"整村统筹"土地整备的选择路径改变，也就是说社区意愿为何改变。原因之一在于社区充分意识到了各类政策的不同要求和门槛限制，虽然城市更新政策体系基本稳定，但是较难达到或者只能部分达到其门槛要求，这样社区获得利益并不显著，同时还会遗留难啃的"骨头"。而"整村统筹"政策理念刚刚提出，可以根据社区自身特点来优化政策体系，同时又能系统解决未来发展问题。因此社区对"整村统筹"土地整备的路径逐渐产生兴趣。同时，另一个重

要的促成力量在于坪山土地整备局的技术支持，通过初步的政策大账匡算，明确两种路径差异，方便社区进行政策比选。

因而，在前期研究阶段，社区和坪山土地整备局的共同促进作用十分关键。通过社区选择适合自身的发展路径，政府研究适合作为试点的社区，两者通力合作才能为之后的"整村统筹"土地整备工作进一步推进打下坚实的基础。

二 大账确定：初步明确利益格局

南布社区试点的政策大账协调过程总共耗时约三个月左右（从2012年7月到10月）。经过多轮协商，初步确定了社区留用地规模（17.68公顷，不含"豪方菁园"1.06公顷）和规划建筑总量（按70万平方米左右控制）的政策大账（或称之为利益底线）。这个协商时间比之前预想的要短一些（沙湖社区列入计划到实施方案编制大约历经一年左右）。原因之一在于南布社区结构相对比较简单，加上专业技术团队支持有力，社区的利益底线比较容易确定。另一原因在于社区留用地指标基本上是按照城市更新中五类合法用地方式计算的，规划确定的优惠力度也比较大，社区易于接受。

不可否认的是，大账确定是利益格局明确的核心内容，也是"整村统筹"土地整备中不可缺少的关键节点，对于专项规划和实施方案的编制审批具有决定性作用。从另一个角度来说，正是因为政策大账已经确定，才能避免原村民个体对安置补偿方案的反弹，将利益分配的外部性矛盾转移到内部消化。

在这一阶段，除少数原村民以外，几乎所有涉及的利益相关方都参与其中。南布社区根据专业团队提供的技术方案争取社区利益，并且组织社区"四会"来审议最终的大账结果；坪山办事处组织协调相关谈判博弈和数据核算工作；坪山土地整备局会同市规土委坪山管理局进行技术支持，与社区开展协商谈判并征求相关政府部门的意见，同时向上汇报大账的确定思路和测算要求；市级层面政府主管部门则从宏观层面进行统筹把握。

三 方案编制及审批：政策大账的落实与细化

南布社区试点从2012年11月开始编制专项规划和实施方案，

大约经过一年的时间完成了两个方案的协调、编制及审批工作。由于上一阶段协商基础较好，第一轮专项规划与实施方案仅用了一个月不到的时间就完成了编制工作。其中专项规划的编制和审批由于政策支撑较少，需要不断征求意见再修改完善，最后于2014年1月通过市政府会议审批。因此，这一阶段的关键节点是上述两个方案的审批通过，也即对于政策大账具体如何落实进一步细化方案的结果确认。

这一阶段的参与主体及角色定位与上一阶段类似，只是相较来说增加了向上请示和审批的工作量。

四 实施启动：框架协议签订与竞争性谈判

南布社区试点方案审批通过之后紧接着开展了具体实施措施的细化完善工作。该阶段的标志性文件为实施启动前的四方协议签订以及启动后的竞争性谈判结果公示。南布社区试点于2014年12月完成四方框架协议签订，2015年9月完成竞争性谈判工作，选定合作开发商。通过上述两个重要节点的落实，对后期社区留用地开发建设和社区集体资产处置分别提出要求，从不同角度保障社区留用地的合理开发和社区未来经济发展。

该阶段的参与主体，除了前期涉及协商谈判的利益相关人及政策执行者以外，还包括国资、市场等相关主体。具体来说：在四方框架协议签订过程中，主要参与方为坪山土地整备局、市规土委坪山管理局、社区股份公司以及坪山办事处，主要就社区留用地规模、位置以及分期移交等具体土地管理事项进行协商确认，为土地出让合同签订之前的社区留用地相关权益落实提供保障；在竞争性谈判过程中，则是依据集体资产处置规则，由国资部门指导社区和市场主体进行公平自主的合作开发方式选择。

五 实施开展：安置补偿方案签订及土地腾挪

目前，南布社区试点已经完成了部分社区集体物业和启动地块的建筑物清理工作。该阶段的工作重点则是借助市场力量进一步落实"社区与居民算小账"的安置补偿方案签约工作。由于南布社区当时并未召开全体股东大会（没有现场股东大会记录和全体股东签名），签约过程较为曲折。2016年3月25日，南布社区股份合作公司董事长张国文在董事会的授权下，签署了第一份集体物业搬迁补偿安置协议，这标志着南布社区"整村统筹"土地整备工作迈开了实施的第一步，也标志着谈判工作正式破题开局。2017年1月2日，启动地块建筑物清理工作。

这一阶段主要涉及社区、开发商以及原村民个体的工作协同开展，政府相关部门给予技术指导以及开展日常管理工作。

第五节 集体资产处置与竞争性谈判的关系处理

"整村统筹"土地整备的政策思路为"政府主导、社区主体"，因此前期工作较少会涉及市场实施主体，然而考虑到社区自身开发建设和运营管理能力和经验的不足，需要在适当的时机引入开发商对社区留用地进行合作开发。南布社区试点的经验表明，这一过程的核心内容在于市场主体的介入方式以及集体资产处置。

一 "整村统筹"土地整备中集体资产归口问题

在南布社区试点实施过程中，特别是社区留用地和集体物业的处置方面，就究竟实施"国资口径"还是"集资口径"，进行了较长时间的争论。最后明确"整村统筹"土地整备最终给予社区的留用地，属于保障原农村集体生产生活需要，促进其可持续发展，根据有关法律法规和政策的规定，由规划国土部门核准的原农村集体保留使用的土地，在性质上与征地返还地十分类似，因而同属于集体资产。目前深圳涉及集体资产规范管理的主要文件包括：2011年深圳市人民政府出台的《深圳市原农村集体经济组织非农建设用地和征地返还用地土地使用权交易若干规定》，以及2013年市委、市政府及纪委等职能部门印发的《关于加强股份合作公司资金资产资源管理的意见》。

(一) 社区留用地性质及处置方式

根据《深圳市原农村集体经济组织非农建设用地和征地返还用地土地使用权交易若干规定》，社区留用地属于政策适用对象中的第二类，也即政府征收原农村集体所有的土地后，返还给原农村集体的建设用地。该类用地以转让、自主开发、合作开发、作价入股等方式进入市场交易的，首先必须符合规划，也即符合城市规划、土地利用总体规划、近期建设和土地利用年度实施计划，并签订土地使用权出让合同书。对于涉及占用农用地和未利用地的，应当纳入近期建设和土地利用规划年度实施计划、农用地和未利用地转用计划后方可实施。

对于社区留用地中自用部分免缴地价，因此为非商品性质，按照相关规定缴清地价之后，可以转为商品性质，进入市场交易。

从上述规定来看，社区留用地在符合规划的前提下，完成地价补缴手续之后，以协议的方式出让给社区，成为完全商品化的国有已出让建设用地。因此需要按照国有土地管理程序，依据框架协议书及历史用地处置意见取得留用土地的使用权，与市规划国土部门签订土地使用权出让合同并补缴地价，其土地使用权期限按照法律规定的最高年期确定。

(二) 社区集体物业处置

在南布社区试点"小账"谈判过程中，原村民个体利益已经通过安置补偿标准确定下来，而集体利益则是通过留用土地开发建设之后社区与开发商物业分成来体现。集体资产需要经过相关部门批准，并完成社区意见征询、民主决议、公示公开之后进行处置。

在竞争性谈判之前，需要申请国资部门进行集体资产处置批准。在竞争性谈判之后，社区与开发商一起进行合作开发，约定分成比例，重新纳入到集体资产，完善相关管理台账。除了既定程序之外，这一过程的核心在于社区和开发商之间的物业分成比例如何确定。利益向社区倾斜，市场不愿意介入，利益留得过少，社区也不会答应，因此需要在两者之间获取平衡点。从南布社区试点的经验来看，这一比例一般按照房地产市场开发的基本规律约定，同时会根据具体项目情况进行调整。

二 开发商介入节点及具体参与路径

与城市更新不同的是,"整村统筹"土地整备早期在政策设计方面不涉及市场实施主体(也即开发商)的介入,而是将社区作为主要的实施主体。但是在现实情况下特别是目前社区组织的开发建设能力尚未完全培育成熟的情况下,开发商作为必不可少的项目实施推动力量,其介入的时间和路径需要进一步明晰。具体来说,主要表现在以下几个方面:

(一)介入时间与风险预判

一般对于存量土地再开发项目来说,开发商在前期介入能够更加清楚地了解项目需求和产权人利益诉求,给产权人提供专业的咨询服务,为项目审批顺利通过提供支撑。由于涉及集体资产处置问题,需要通过竞争性谈判等公开招投标方式引入市场主体。对于开发商来说,这种模式无疑存在较大风险,需要对项目经济可行性和风险控制有一个清晰的把握。

介入节点则是在四方合作框架协议签订和竞争性谈判之后,试点社区需要开展项目土地平整、房屋拆迁、土地移交等工作,因土地整备资金是根据方案实施进度分期拨付给社区的,而其独立完成前期的拆迁安置工作较为困难,故此时引入开发企业来承担此部分工作,既能给社区提供经济和技术支撑,又能最大限度地规避社区自身风险。

(二)竞争性谈判方式推广

"整村统筹"土地整备最终给予社区的留用地属于集体资产,对于这类集体资产开发方式,在《深圳市原农村集体经济组织非农建设用地和征地返还用地土地使用权交易若干规定》和《关于加强股份合作公司资金资产资源管理的意见》中明确了公开招投标、竞争性谈判、单一来源谈判,以及按照规定进行股权转让这几种交易方式,并由区集体资产管理部门进行资格确认。这决定了2011年之后的"整村统筹"土地整备政策路径中,涉及社区集体用地处置的,必须采用公开选择市场主体的方式。在南布社区试点中,为了充分发挥社区主观能动性和保证引进开发商能够满足要求,最终选择竞争性谈判作为"整村统筹"土地整备试点中市场引入和社区留用地开发的最终方式，具体流程图见图5—8。

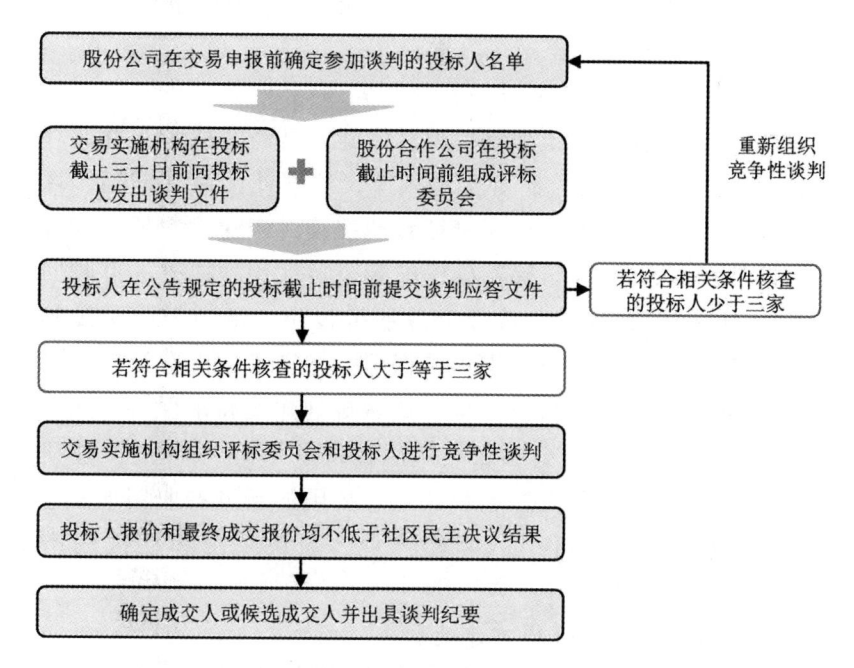

图5—8　"整村统筹"土地整备试点竞争性谈判操作流程图
资料来源：《坪山区土地整备利益统筹试点项目开发合作方引入规程》。

第六节　南布社区"整村统筹"土地整备的综合效益

一　社会效益综合提升

南布社区"整村统筹"土地整备项目的推进实施，达到了探索之初的设定目的。通过"整村统筹"土地整备项目实施，政府收回的土地实现了产业发展的用地保障及公共基础设施的建设落地，为区域的长远发展腾挪了空间；通过社区留用地方式解决了社区的安置问题，更实现了社区的长远发展。在南布社区试点过程中没有出现以往征地拆迁中的违法抢建风潮，也没有因拆迁安置带来社会矛盾，这不仅给政府减轻了以往拆迁工作带来的资金及社会维稳压力，而且将更多的利益返还给社区及居民，使社区和居民获得了更大的发展。总体来说，南布社区"整村统筹"土地整备试点产生的社会效益主要体现在以下三个方面：

（一）为政府落实基础设施和产业提供空间

通过"整村统筹"土地整备项目实施，已经完成南布社区坪山河周边首期4.42公顷的储备土地入库，沙湖社区南坪三期、坪盐通道、坪山河综合整治、未完善征转地手续的未建设空地清理等政府项目用地56.56公顷。除基础设施等公益性用地以外，可收回约1.43公顷的经营性用地，涉及商业服务设施、新型工业研发等用地，为坪山提升城市竞争力提供了保障。特别是在南布社区自身用地非常紧张的情况下，为与坪山河流域规划建设要求保持一致，此次"整村统筹"土地整备项目实施后提供了0.37公顷的工业研发用地，结合国有土地可以一起释放近一公顷的新型产业用地。这些用地经招商引资后，可引入新型产业，加快坪山和社区的产业转型。

（二）提升社区内部城市建设水平

在社区土地利用方面，南布社区"整村统筹"土地整备项目实施整体拆除重建后，将实现土地空间的优化腾挪。将原有零星破碎、混乱搭建的住宅建设成为集中成片的现代化居住小区，不仅一揽子解决了社区土地历史遗留问题，而且促进了土地节约集约利用，提高了土地利用效益，实现了存量土地资源盘活的初衷。

在社区公共配套方面，整备出来的土地优先保障城市规划功能的落实，社区为政府提供约4.90公顷的公共配套设施用地。社区按照规范化的城市建设标准进行开发建设，不仅可以完善城市基础设施和公共服务配套，而且可以提升居民的生活水平和生活质量。

（三）推动政府和社区长远发展

与原特区内不同的是，原特区外面临的更多是城市配套和产业发展不足的问题。城市景观仍然处于半城市化状态，普遍呈现"农村包围城市"的态势，居民意识也尚未完全融入现代城市文化。促使其接受并积极参与存量土地资源盘活较为困难。原农村社区的土地要具有更高价值,必须完善相邻功能的配套和积极推进产业培育,为社区提供更好的居住环境和就业机会,不仅可促进城市建设提升,也可通过吸引优秀企业和人才进驻,促进社区居民生存能力和文化素质的提升,于社区和政府均是一种合作共赢的结果。"整村统筹"正是运用了这种思维,社区让渡土地使用权(所有权)是为了城市的发展,同时更是为了自身的长远发展;政府在收回社区实际掌握土地资源的同时也要充分考虑社区自身的发展。只有在资源共享、优势互补、充分培育成熟的市场环境下,社区留用地的价值和区域的发展才能共同提升。真正做到"以土地改革促进土地整备,以土地整备促进社区转型"。

具体在社区留用地开发方面,根据2012年7月24日市政府对坪山"整村统筹"土地整备调研会议的相关精神,政府出让给社区的部分留用地可按照《深圳市城市更新办法》收取相应的地价;此外,根据《中华人民共和国土地增值税暂行条例实施细则》《中华人民共和国营业税暂行条例实施细则》《中华人民共和国企业所得税年度纳税申报表》等法规,政府在社区留用地开发过程及以后社区物业经营中可获得相应税收(含营业税及营业税附加、土地增值税、所得税等),从而社区留用地纳入城市统一的管理路径,支撑财政长远发展。此外,经过"整村统筹"土地整备后,社区不再依赖传统的出租经济,而是通过现代化企业运营管理经验,获得可持续股份收入,同时在社区与市场主体的互动过程中,股份合作公司也能够通过学习市场经验,加强自身管理,提升社区经济发展能力。

二 经济效益快速增长

(一)社区实际掌握土地纳入合法化开发渠道

同时,通过"整村统筹"土地整备试点项目的实施,南布社区实现了项目范围内土地全部合法化,赋予这类土地通过再开发实现土地价值提升的正当权利。具体来说,南布社区实际掌握的28.48公顷土地实现二次开发,上述土地中既包含了所有未完善征转地手续用地,还包括被社区实际占用的国有土地,非农建设用地、"两规"处理用地、国有出让给社区的建设用地以及自愿纳入整备范围的零星土地。"整村统筹"土地整备实施之后，南布社区将获得权属清晰的社区留用地18.74公顷（除"豪方菁园"后社区留用地规模为17.68公顷）。通过土地合法化，南布社区土地能够在市场上有效流转，土地价值和增值收益进一步体现。

（二）社区集体物业增值

与其他存量土地再开发模式相同，"整村统筹"土地整备在土地使用强度和用途使用方面极大地提升节约集约土地利用程度，充分释放土地价值。

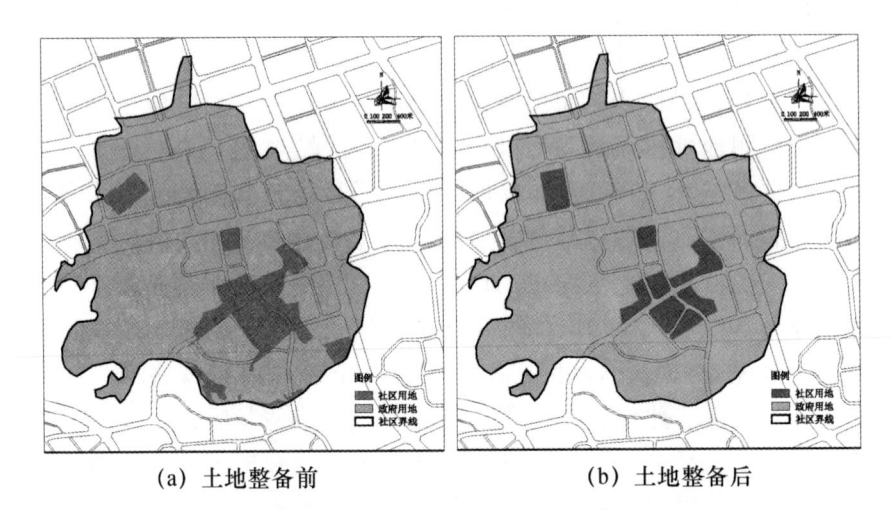

(a) 土地整备前　　　　(b) 土地整备后

图 5—9　南布社区试点土地整备前后的土地利用变化图

资料来源：笔者根据《南布社区整村统筹土地整备专项规划》绘制。

在空间布局方面，通过"整村统筹"土地整备，南布社区用地和政府收回土地实现了集中化、规模化布局，更有利于土地开发和价值提升（见图5—9）。在使用强度方面，南布社区实现了现有建筑量3倍的大幅提升，并且将原来分散破碎的各类建筑集中在社区留用地范围之内，实现了土地利用的集约化和完整性。在使用用途方面，南布社区在整备之前近50%为工业建筑，且容积率分别在0.14左右，属于粗放利用的出租型厂房。建筑面积占比第二的为住宅建筑，约占总建筑量的27%，大多为原村民6—7层私宅，建筑密度较高。在整备前这两个试点社区的工业：居住：配套大致结构为5：3：2。通过"整村统筹"土地整备，低效工业厂房将被土地价值较高的商服和居住功能建筑替代，实现原农村集体物业建筑面积和物业价值显著提升（见图5—10）。

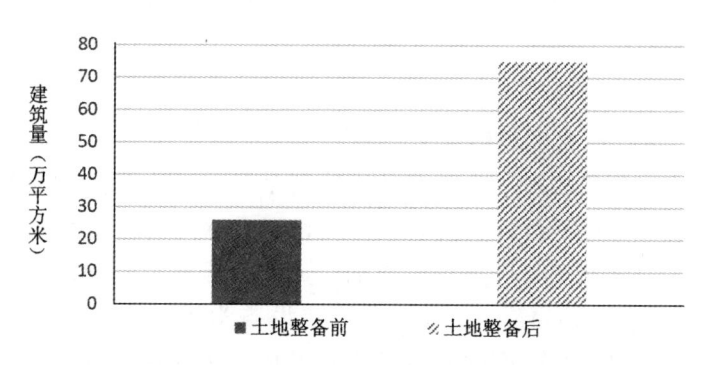

图5—10　南布社区试点土地整备前后建筑量变化图
资料来源：笔者根据坪山土地整备局相关材料绘制。

（三）社区集体经济和产业结构转变

南布社区集体股份有限公司从单一的租赁经济模式向产业经济、服务经济模式转变。经济收入主要包括物业开发与经营、实业投资两个方面。物业开发与经营是房地产项目开发所得利润；实业投资是社区后期经营商业物业的收入，以及在经营过程中享受资产增值价值和物业管理的增值收入。据初步测算，南布社区原农村集体土地在整备前总资产价值约6000余万元，"整村统筹"土地整备项目实施后，社区在开发过程中可获得不少于5万平方米的商业、办公物业用于经营。每年约可获得2880万元的经营性收入，是现在年经营性收入600万的4.8倍。在长期的持续经营管理理念下，社区还可提供项目的物业管理增值服务，社区总资产价值将达到近7亿元。此外，对于开发获得的利润及每年的经营收入可用于异地进行实业、房地产开发等项目投资，从而进一步增加集体公司的资产。

此外，政府开展"整村统筹"土地整备的目的之一，在于寻找成片产业空间，落实重大产业项目。南布社区经整备后将移交给政府一定的新型工业研发用地（0.37公顷）。这些汇集创意、文化、研发、设计、中试等多种功能的创新型产业将会给社区带来极大的溢出效应。与此同时，与传统的制造加工业不同，创新型人才对于办公环境、便捷服务、娱乐设施和居住品质有着较高的需求，对于项目周边的经济活力具有强烈的辐射带动效益，将会给社区未来的经济发展注入一剂催化剂，使社区真正纳入城市化发展轨道，共享深圳城市发展的成果。

三 推动社会管理转型

通过"整村统筹"土地整备，实现社区管理的现代化转型，为辖区内的基础设施改善、良好风气建设以及服务管理优化提供了现实条件。一是在基础设施建设方面，南布社区基层领导班子将改善社区投资环境、完善城市基础设施建设与为民办实事有机结合起来，积极争取上级政府的扶持，为辖区内排洪排涝工程改善、断头路改造以及老年人活动中心、残疾人康复中心建设以及路灯等市政设施改善创造条件。二是在社区文明新风气建设方面，通过现代化居住小区的建立，为社区居民提供多样化的文化娱乐设施，开展多种节日活动，让原村民在原有的乡村文化基础上形成新的现代化城市主人翁意识，丰富其精神文化生活，提升文化意识和个人素养。三是在社区服务优化方面，通过按照国家标准要求进一步规划完善社区配套服务，完善小区物业、保安、综合服务市场、垃圾收集或转运站以及幼儿园、体育活动场所等生活设施，并且通过信息化、智慧化的运营管理，为南布社区居民提供更加优质的社区服务，使其真正享受城市化发展成果。

专栏5—1 探索土地整备"整村统筹"的全国样板

2012年5月，《深圳市土地管理制度改革总体方案》经国土资源部批准实施，坪山成为深圳市土地管理制度改革的唯一综合试验区。在土改的契机下，坪山探索出了"整村统筹"土地整备试点的方式。

在南布试点中，相关主体对"整村统筹"土地整备做出如下评价：

坪山土地整备局：实施"整村统筹"土地整备试点将一揽子解

决试点社区的土地历史遗留问题，进一步优化城市空间格局，释放土地发展潜力，有效确保公共基础设施、产业项目落地，完善城市功能，推动产城融合，为城市有质量可持续的发展提供空间保障；形成空间利用集聚、土地价值量化、利益分配优化的共赢格局，以充分调动各方积极性，确保项目实施，更好地推进人的城市化，加快新型城市化和特区一体化进程。

南布社区：算明白了"经济账"，通过土地整备"整村统筹"实现了集约用地、大幅提升土地价值，为社区带来了很大的经济效益，将使社区整体环境得到全面改善。"整村统筹"给南布社区的"社会效益账"增添了成色。首先，村民拿到了房产证。其次，土地整备后新兴的商业将层出不穷，为村民提供了更多的工作机会，解决了村里的就业问题。同时，一般村民除了能拿到比之前高出几倍的租金外，还有社区股份公司的分红，工作的村民还能拿到属于自己的那份工资，生活十分富足。

益田集团：将南布社区整村统筹项目命名为益田·共和城邦，定位为中国首座国际化全生态人文城邦，未来项目建成后理想工作与完美生活的无缝对接，将会成为代表未来城市规划发展方向和未来人居方式的标杆力作。益田集团将再次用"创新无限"的经营理念，将"城邦"系列产品从1.0时代升级至3.0时代，益田共和城邦项目除了自身包含精品住宅、全系学校、购物中心、健康系统外，项目区域三公里范围内已基本涵盖了商业、医院、银行、学校、图书馆、高铁站、文化广场等日常工作、生活所需的所有设施，彻底实现工作与生活的全覆盖，实现足不出社区，解决品质生活全部需求的目标。

作为深圳城市副中心之一及新一轮土地管理制度改革的综合试点区，坪山勇于担当，敢于作为，以改革的智慧、勇气和韧劲率先通过土地管理制度改革来破解城市存量建设用地二次开发困境和难题，探索走出了一条有助于统筹解决城市和基层社区整体长远发展的"坪山样本"，为全国新型城镇化地区提供了可复制可推广的"坪山经验"。

日前，该项改革已入选深圳"金鹏改革创新奖"，项目的实施

> 有助于坪山抢抓深圳正在谋划实施"东进战略"重要机遇，助推坪山"十三五"期间打造成深圳"东北门户"，实现更高质量可持续发展，加快建设现代化国际化创新型城区的发展目标。
> ——常亮：《坪山新区破解土地二次开发难题，探索土地整备"整村统筹"的全国样板》，2015年12月24日，坪山新闻网。

第六章 沙湖社区试点的创新与完善

第一节 沙湖社区"整村统筹"土地整备的缘起

一 沙湖社区主要特征

沙湖社区位于坪山西南部,毗邻坪山中心区、龙岗中心区和宝龙高新区,是碧岭门户区的重要组成部分,境内有横坪公路、中山大道、锦龙大道、金碧路等城市主干路通过,是坪山连接市中心区、盐田、龙岗的重要门户节点(见图6—1)。

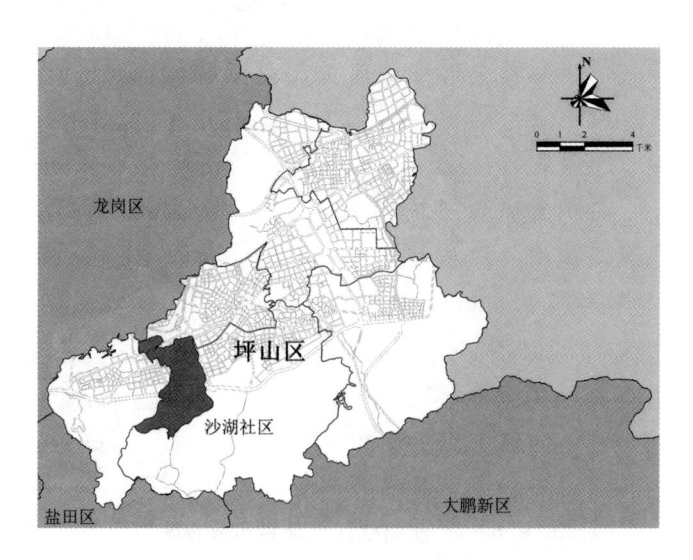

图6—1 沙湖社区区位示意图

资料来源:笔者自绘。

截至 2013 年 1 月 1 日，沙湖户籍登记户数为 529 户，户籍人员 1528 人，外来人员约 1.72 万人。户籍人口与外来人口比例约为 1∶11，人口倒挂现象严重。

沙湖社区主要情况如下：

（一）土地利用情况复杂

1. 涉及空间管制政策约束

一是沙湖社区部分土地位于深圳市基本生态控制线内，其相关管理要求对社区产生较大影响。从土地利用现状来看，沙湖社区内现状建设用地面积为 225.70 公顷，其中，基本生态控制线外的现状建设用地 191.98 公顷，基本生态控制线内的现状建设用地 33.72 公顷；社区内农用地为 395.76 公顷，其中，基本生态控制线外的

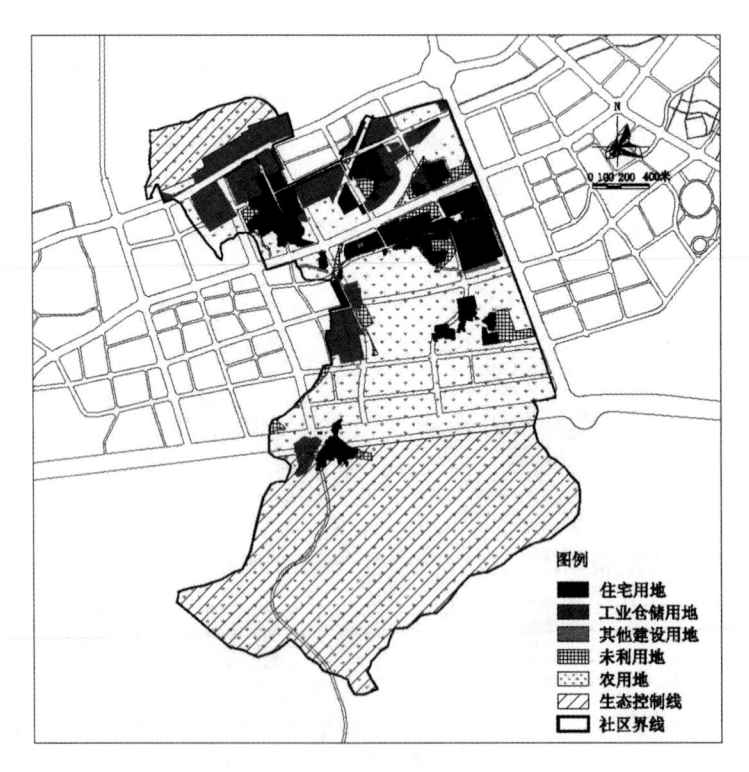

图 6—2 沙湖社区土地利用分布图

资料来源：《沙湖社区"整村统筹"土地整备改革方案》。

农用地 127.41 公顷，基本生态控制线内的农用地 268.35 公顷；社区内未利用地面积为 53.12 公顷，其中，基本生态控制线外的未利用地为 48.16 公顷，基本生态控制线内的未利用地为 4.96 公顷（见图 6—2 和图 6—3）。二是社区内两个居民小组（小村）由于生态保护原因，可开发建设用地较少，无法通过存量土地再开发实现转型发展，必须纳入整个社区中予以统筹协调。三是部分建设用地需实施生态清退。社区位于基本生态控制线内在历史上形成的建设用地有 33.72 公顷，占辖区面积的 5%，主要是原农村居住区以及采石场，这些用地根据管制要求需要进行清理腾挪，确保生态环境安全。

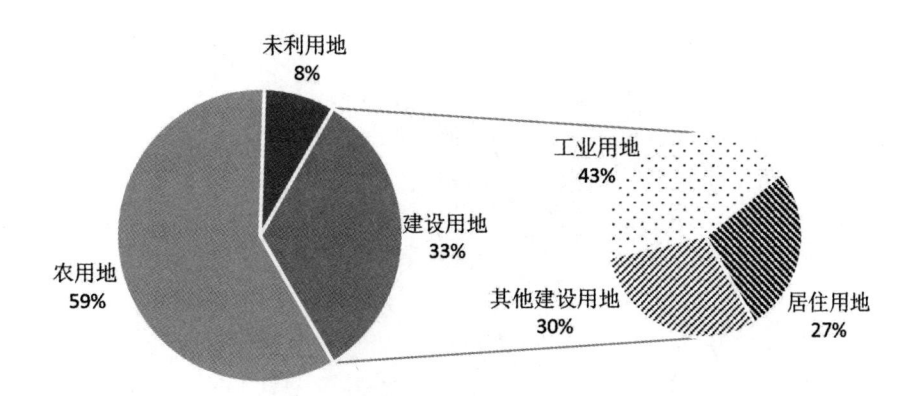

图 6—3　沙湖社区土地利用类型组成比例示意图

资料来源：笔者根据《沙湖社区"整村统筹"土地整备改革方案》相关资料绘制。

2. 存在较多未征转土地

从土地征转情况来看，沙湖社区辖区内土地总面积为 674.58 公顷，其中已征转土地 326.38 公顷，未完善征转地手续用地 348.20 公顷（详见表 6—1 和图 6—4）。在未征转土地中，有近 64% 位于基本生态控制线内，以园地为主。

表 6—1　　　　　　　沙湖社区土地征转情况汇总表

用地类型			面积（公顷）	小计（公顷）
已征转土地	国有已出让		24.99	326.38
	国有未出让	生态线内	81.54	
		生态线外	219.85	
未征转土地	生态线内		222.81	348.20
	生态线外		125.39	
合计			674.58	

资料来源：《沙湖社区"整村统筹"土地整备改革方案》。

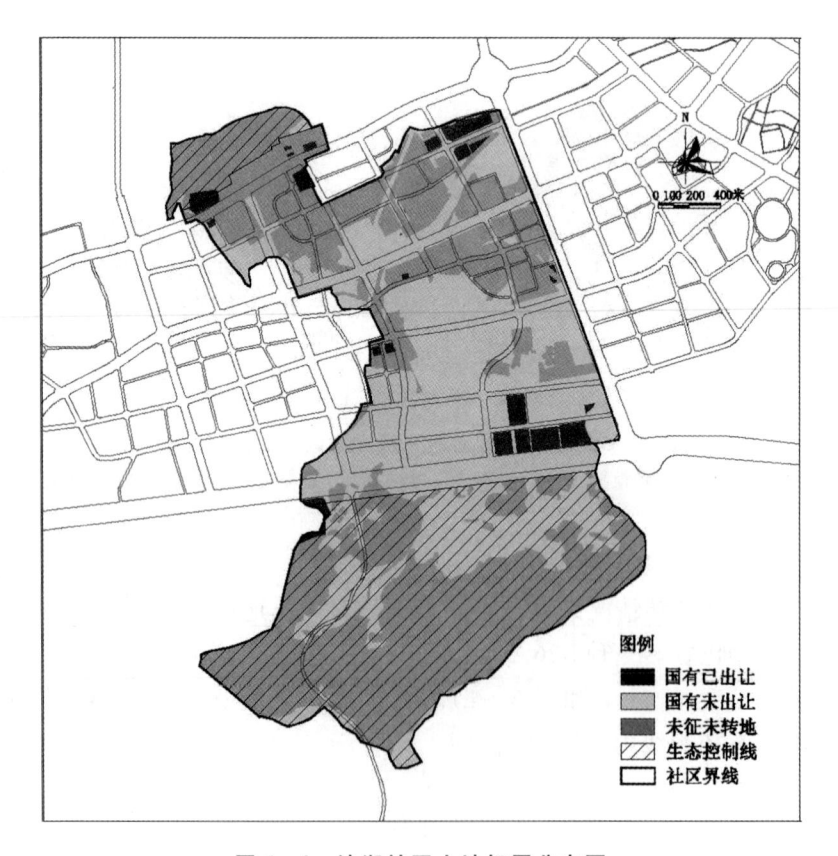

图 6—4　沙湖社区土地权属分布图

资料来源：《沙湖社区"整村统筹"土地整备改革方案》。

3. 土地成片开发困难

社区位于基本生态控制线外的农用地有 127.41 公顷，占辖区面积的 18.89%（占基本生态控制线外土地面积的 34.66%），其中部分土地与目前城市发展的规划方向不相符，未来的开发建设涉及规划调整以及农用地转用问题。此外，社区位于基本生态控制线外的未利用地 48.16 公顷，占辖区面积的 7.14%，分布较为零散。不论是基本生态控制线内还是线外，均存在大量建设用地和农用地交错分布的情形，使得土地成片开发难度较大。

（二）社区内部组织关系多元

沙湖社区下辖 10 个居民小组（小村），从人口信息来看，情况较为复杂（详见表 6—2 和图 6—5），而且各自内部组织关系和十个小组彼此之间的利益关系较为多元，给社区内部的利益分配带来了一定的困难。

表 6—2　　　　　沙湖社区人口信息统计表　　　　（单位：人）

序号	居民小组	户籍人员信息			港澳台同胞及华侨	参与分红人数
		总户数（户）	总人数	享受低保人数		
1	文新	41	109	4	10	121
2	上榨	73	200	17	58	300
3	黄一	35	94	2	12	174
4	黄二	33	100	11	12	145
5	复兴	49	143	1	12	185
6	谢屋	40	126	1	15	109
7	吓榨	36	101	9	12	67
8	沙湖社区（禾寮）	57	177	4	74	148
9	卢屋	54	148	0	9	161
10	新屋	111	330	4	7	402
	合计	529	1528	53	221	1812

资料来源：《沙湖社区"整村统筹"土地整备改革方案》。

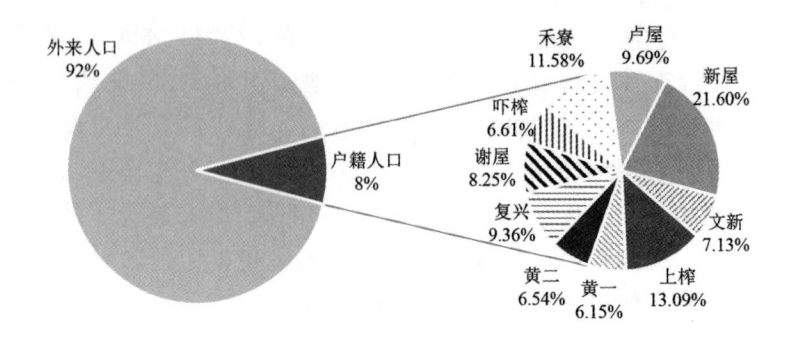

图6—5 沙湖社区人口组成比例示意图

资料来源：笔者根据《沙湖社区"整村统筹"土地整备改革方案》相关资料绘制。

（三）经济发展水平低下

从集体经济发展来看，沙湖社区集体物业以厂房租赁经济为主，平均租金约8元/月·平方米，引进的企业多为"三来一补"的小型加工厂。社区物业每年租金收入约3168万元。从社区居民收入情况来看，居民收入主要来源于房屋租赁、工资和社区股份分红。其中，房屋租赁方面，住宅平均租金仅7元/月·平方米，在坪山属于中下水平；工资方面，社区就业人员月均收入5000元以下的人群占了近70%，平均收入较低。社区股份分红方面，近几年人年均分红约5300元，在坪山属于中等水平。从沙湖社区就业情况来看，社区有390人失业或内部解决就业，占就业年龄段人口的41.76%，还有大量就业人员无长期固定职业，社区总体就业压力较大。整体来看，沙湖社区的社会经济基础条件不如南布社区。

二 早期谋划：沙湖社区选择"整村统筹"的内在原因

在深圳快速发展的浪潮中，沙湖社区的基层领导一直在思考探索适合自身发展的道路。早在2005年，沙湖社区就开始进行旧村改造和统建楼建设。2009年在深圳大力推进城市更新的背景下，沙湖社区希望进入更新改造的快速通道，以实现社区的转型发展。但是由于沙湖社区辖区面积较大（674.58公顷），存在诸多有历史遗留问题的地块（力高、东城国际等），同时存在大量未完善征转地手续的山林地（位于马峦山上逾200公顷），这些使得社区范围内合法用地指标不能满足城市更新的准入门槛要求，无法实施城市更新。对于沙湖社区各个居民小组（小村）来说，虽然有很多居民小组（小村）可以通过落实非农建设用地指标达到城市更新的准入条件，但是位于马峦山脚下的两个居民小组（小村）由于受到规划管控限制而失去发展机会，这样将导致社区内部发展不均衡的矛盾更加突出。因此，社区基层领导班子从整体利益出发，决定将社区的十个居民小组打包，一起申请"整村统筹"土地整备，从而一并解决历史遗留问题和社区城市化转型问题。

2011年7月，沙湖社区十个居民小组组长及部分社区干部赴湖南长沙红星村进行实地考察和调研。通过考察，社区领导充分认识到，在土地资源极为有限的情况下，通过土地整备实现土地集约利用和经济转型，才能谋求社区长远、可持续和跨越式的发展。考察结束后，社区编写了《沙湖社区发展策略报告》，制定了社区未来转型发展的"十六字"方针（拓宽思路、准确定位、集约利用、科学发展）。伴随着南布社区"整村统筹"土地整备项目的顺利实施，沙湖社区认真分析了社区发展的困局，认识到"整村统筹"土地整备的有利之处。于是，沙湖社区坚定决心践行"整村统筹、利村利民、转型发展、共同富裕"的理念，将十个居民小组拧成一股绳，一起共享城市化发展。

三 项目预期："整村统筹"是政府与社区的共同选择

从政府角度来说，虽然当时"整村统筹"土地整备工作在南布社区试点已经顺利开展，但是由于仅有一个居民小组，体量较小，缺乏在各居民小组之间进行协调博弈和利益分配的工作经验，可复制性并不强。在这种情况下，政府需要再推动一个实践案例来进一步验证和探索政策的可行性。之所以选择沙湖社区，一方面是因为坪山的大发展使得南坪三期和坪盐通道从沙湖社区通过，沙湖社区处在坪山的门户位置，交通区位条件优势显著；同时华谊兄弟、生命健康等诸多产业项目、服务片区的众多民生项目落在沙湖社区，因此成片土地的清理腾挪工作变得十分重要。另一方面是因为沙湖社区与南布社区一样，对"整村统筹"土地整备政策持积极主动的参与态度，为试点探索的成功打下了较好的基础。此外，沙湖社区具有原特区外大多数社区共同的问题，其试点探索的经验更具有普适意义和推广价值。

从社区的角度来说，沙湖社区于2012年3月18日上午召开了"整村统筹"土地整备试点全民动员大会，随后召开了"整村统筹"土地整备启动大会，主动对接政府相关部门，希望以"整村统筹"为契机，推动社区的转型发展、改善居民的居住环境，建立与坪山及深圳市发展阶段相适应的经济繁荣、社会和谐、环境优美、民生幸福的新型社区。具体包括：通过提升社区物业产业，改变集体物业收入较低、居民分红不高的现状，从而增强集体资产的盈利能力，为社区的持续发展提供经济基础；通过改造产权不明晰建筑和推行合理的补偿制度，改善邻里关系，实现社区和谐；对位于基本生态控制线内的居民小组进行腾挪置换和异地安置，平衡区域发展差异；通过改造"接吻楼"和"握手楼"遍地暴露的管线和外溢的污水，以及引进和建设一流的学校、医院和酒店，逐步完善各项公共配套设施，这样社区的居住环境也将逐步得到改善；伴随社区均衡发展，居民收入提高，物质生活和精神文化生活的改善，社区居民的生活质量得到切实提升，从而实现民生幸福；解决未落实的合法用地指标和补偿问题等。

四 沙湖社区试点推进情况

在南布社区准备加入"整村统筹"土地整备试点时，沙湖社区就开始密切关注相关政策实施的动向。2011年8月，沙湖社区主动要求加入"整村统筹"土地整备试点项目，坪山相关部门讨论研究后决定同意。分析沙湖试点开展的原因，可以发现，沙湖社区在早期就对社区发展有了长远的谋划，迫切需要通过"整村统筹"这一新的政策路径，实现自身转型发展，这与政府寻求新的试点社区探索一拍即合。

2012年至2013年期间，坪山区土地整备局（当时为土地整备中心）与市土地整备局、市规土委坪山管理局赴沙湖社区沟通近三十余次，为沙湖社区试点谋划解决方案。在这一过程中，社区土地发展方案基本达成共识，社区专项规划方案逐步完善，资金补偿方案也在多轮协商后基本确定。

2014年11月，《沙湖社区"整村统筹"土地整备单元规划及实施方案》获得坪山区政府审议通过，后续开始推进以上两个方案的上报审批工作。

2015年6月，沙湖社区"整村统筹"土地整备项目启动动员会举行。2015年11月，沙湖社区"整村统筹"土地整备项目框架协议及沙湖社区股份合作公司与坪山农商行战略合作伙伴协议签订仪式在坪山举行。在此活动中，坪山土地整备局、坪山沙湖社区股份合作公司、市规土委坪山管理局和坪山办事处现场签订了《沙湖社区"整村统筹"土地整备项目框架协议》。此外，坪山农商行为沙湖试点项目提供7亿元人民币的专项贷款及全流程的综合金融服务方案。目前沙湖社区项目首期地块已开工建设。

五 沙湖社区试点土地整备思路

与南布社区试点类似，沙湖社区"整村统筹"土地整备的具体实施思路主要包括：算大账、算小账和项目实施三个关键环节。具体来说三个环节的主要内容如下：

首先，由政府与沙湖社区算政策大账，在综合考虑政府、社区与居民三方利益的基础上，通过"土地+规划+资金"三位一体的方式，统筹解决应该留给社区的土地利益。其次，由社区与居民算迁换补偿细账，即在政策大账的范围内，充分发挥社区（集体股份公司）自主决策的能动性。最后，政府通过协议方式将一定规模的留用地出让给沙湖社区，部分用于解决社区居民补偿安置，部分作为社区发展用地，以保障社区未来发展需求。

沙湖社区试点是继南布社区后第二个获批"整村统筹"项目试点，试点充分吸收了南布社区试点开展过程中的经验教训。从谈判机制、政策共识达成，到实施方案和专项规划编制审批，再到框架协议签订，沙湖社区践行了南布社区试点探索出来的一套完整的"整村统筹"土地整备工作开展机制。这充分验证了当前"整村统筹"土地整备工作思路的可行性和可复制性。此外沙湖社区也在南布社区试点的基础上，结合自身实际情况，对一些政策进一步细化完善，例如在社区留用地规模计算方面，南布社区试点主要是参考了城市更新政策中五类合法用地的核算方式，这样计算出来的留用地规模比较大，而沙湖社区则是在政策参照、规模核算和经济测算的基础上，通过政府与社区协调平衡，最后确定社区留用地规模。这种留用地规模确定方式，为今后"整村统筹"土地整备项目开展过程中留用地规模的确定，提供了更为科学合理的路径。

当然，由于沙湖社区的社区基层组织结构远比南布社区复杂，涉及范围和面积较大，在实施过程中也遇到了一些新的问题。如谈判过程中不仅仅涉及政府与社区之间复杂的博弈过程，还涉及大村与小村、小村内原村民之间复杂的股权关系；同时存在城市更新、原农村土地入市、土地整备等多种土地再开发利用路径，而其范围中的重大公共设施项目，也需要通过房屋征收等项目整备方式快速清理和落实。因此沙湖社区试点过程中，不可避免地涉及上述多个项目多种方式之间的统筹协调。然而，作为一个具有典型特征的原特区外社区，沙湖社区试点的经验摸索对于全市后续"整村统筹"土地整备的实施开展具有重要意义。

第二节　社区内部算小账完整框架的构建

一　基层组织特点：多级结构完善与经济利益交织并存

与南布社区不同的是，沙湖社区拥有十个居民小组，是一个真正具有普适意义的"社区"概念，拥有社区—居民小组—居民的多级组织结构和行政村与自然村之间复杂的经济关系。因此在社区与居民算小账的过程中，需要经历社区与居民小组、社区与居民、居民小组与居民、居民小组之间等多层次协调博弈。

（一）多层次的基层组织结构

对应社区—居民小组两级行政关系，沙湖社区共拥有两级十一套基层领导班子，除整个社区以外，每个居民小组也拥有一套基层领导班子,从而形成了与深圳大多数社区类似的两级基层组织结构。从政策实施的角度来看,这样的组织结构优势在于将居民小组这一基层组织作为政策组织实施的中间力量,能够有效分解执行压力、逐级减小政策矛盾。比较而言,同样实施一项政策,南布社区基层领导班子在接到政策实施要求之后需要直接面对原村民个体,政策消化理解和语言转换程度有限,同样在向上表达原村民个体利益诉求时思考总结程度也有限,无法合理把握诉求背后原村民坚持的理由。对于沙湖社区基层领导班子来说,无论是上传还是下达,沟通更加顺畅高效。当然从另一个角度来看,这种组织方式也存在利益诉求多级传递过程中由于政策掌握不充分而出现信息遗漏的问题。由于沙湖社区试点涉及的居民利益个体和居民小组较多,同时还涉及各个居民小组之间的利益平衡,这一矛盾问题较为突出。

（二）大村和小村的行政和经济关系错综复杂

通俗来讲,整个沙湖社区是一个"行政村"（大村）,而十个居民小组则是组成该行政村的"自然村"（小村）,两者之间既存在上下级管理的行政关系,又存在错综复杂的经济关系。具体来说:在行政层面上,沙湖社区对十个居民小组具有行政管理职能,十个居民小组是其组成细胞,两者不可分离。在经济层面上,沙湖社区掌握着整体的集体物业,每个居民小组在社区集体物业中均有分红,但是各个居民小组所有的集体物业又不尽相同,有的居民小组甚至没有集体物业。因此在涉及到算小账的时候,可能有的居民小组的利益个体能够参与二次分红,而有的只能获得一次分红。加上居民小组在社区集体物业中的分红比例没有清晰合理的分配标准,社区内部利益分配难以协调,容易引发一次分红的利益群体的不满和反弹情绪。

二 矛盾处理经验:外部负效应的内部化消解

沙湖社区试点"整村统筹"土地整备"社区与居民算小账"的关键之处在于将利益分配矛盾的外部效应予以内部化消解。即在政策大账框定的整体利益格局一定的前提下,通过个体利益与集体利益彼此包含又此消彼长的关系,来实现社区内部利益分配格局优化。由于南布社区仅涉及一个居民小组，"算小账"做法的优势体现得并不明显；而沙湖社区涉及社区与居民小组、居民小组与居民、社区与居民之间不同层级涉及的利益分配关系，尤其需要一个完整的利益分配框架支撑。

比较分析城市更新和房屋征收两种途径，可以发现，在城市更新过程中，由于市场主体希望快速推动项目实施，缩短资金周期，通常会采取模糊现有产权的处置方式，形成在项目范围内针对不同产权状况无差异或差异不大的补偿标准。这种方式容易导致违法抢建、钉子户等问题出现，进而出现补偿成本转嫁（增加容积率、提高房价等），补偿过程中出现的"千万富翁"现象不仅会给社会造成较大的负面影响，还会进一步拉高被拆迁人对安置补偿的利益预期。而房屋征收（传统项目式土地整备）则是依据征收的理念来制定较为刚性的安置补偿标准，必要时采用强制性措施予以实施。对于需要落实保障城市发展的成片产业空间的非纯公益性项目无法完全适用，也不能实现社区的转型再造和历史遗留问题一揽子的解决目标。如果直接运用于"整村统筹"土地整备，由于涉及范围大，整体补偿水平难以达到市场条件，导致产权人对实施的反对甚至阻碍。金沙社区试点就是一个典型的例子。

沙湖社区试点"小账"顺利被原村民接受，除了社区领导组织协调能力和积极主动推动之外，核心探索之一是在城市更新与房屋征收的补偿模式两者结合的基础上，建立了一套既可控，又具有一定弹性的"小账"分配标准及措施。具体来看，参考房屋征收补偿标准，区分现状不同主体特征（比如原村民合法内与合法外用地面积，外来人口与投机人口等），同时结合社区情况，在补偿基准上适当上浮或下调，从而对每一类主体补偿安置标准适度弹性化；此外，在调节手段上，根据原村民自身诉求和实际情况，采取产权置换、货币补偿、地价优惠以及罚款补交等多元化的实现形式，充分满足各方利益实现的保障要求。依托于"大账小账"这种利益分配模式，在利益总盘子已确定的情况下，如果部分利益个体想要获得更高的增值收益，必然会给整个集体利益造成损失，引起其余部分主体的反对，这样在内部消减因安置补偿诉求差异所带来的问题与矛盾，最后通过平衡个体与集体之间的关系，压制部分个体的"超额利润诉求"，促进项目的顺利实施。

第三节 多种再开发路径的协调推进

"整村统筹"土地整备试点一般涉及的范围较大，项目进度和改造意愿等因素使得整个社区完全采用一种存量土地再开发模式较难实现。从沙湖社区来看，根据沙湖社区试点单元专项规划及上位规划要求，"十二五"期间，沙湖社区"整村统筹"项目范围内共涉及重大项目13项（见表6—3和图6—6）。其中既包含急需落实的区域级公益设施，也包含已经完成招商引资的重大产业类项目。因而对上述项目的落地和实施需要在"整村统筹"土地整备、房屋征收和城市更新等再开发模式之间进行进一步协调。

表6—3　　沙湖社区内市区级重大项目情况一览表　　（单位：公顷）

序号	项目名称	用地面积	项目级别
1	坪盐通道	77.70	市投区建
2	南坪快速路（三期）	109.27	市投区建
3	旧横坪公路改造工程	29.40	市投区建
4	坪山河流域水环境综合整治工程——坪山河干流综合治理工程	——	市投区建
5	汤坑水水环境综合整治工程	——	市投区建
6	沙湖社区再生水厂	0.63	区投区建
7	儿童公园	5.70	区投区建
8	富园路	2.33	区投区建
9	达园二路	0.31	区投区建
10	龙勤路	5.19	区投区建
11	复兴路	4.46	区投区建
12	科环路	10.12	区投区建
13	华谊兄弟文化影视城（一期）	17.90	区投区建

资料来源：《坪山新区"十二五"后三年重大项目计划》项目库、坪山新区2013年政府投资计划。

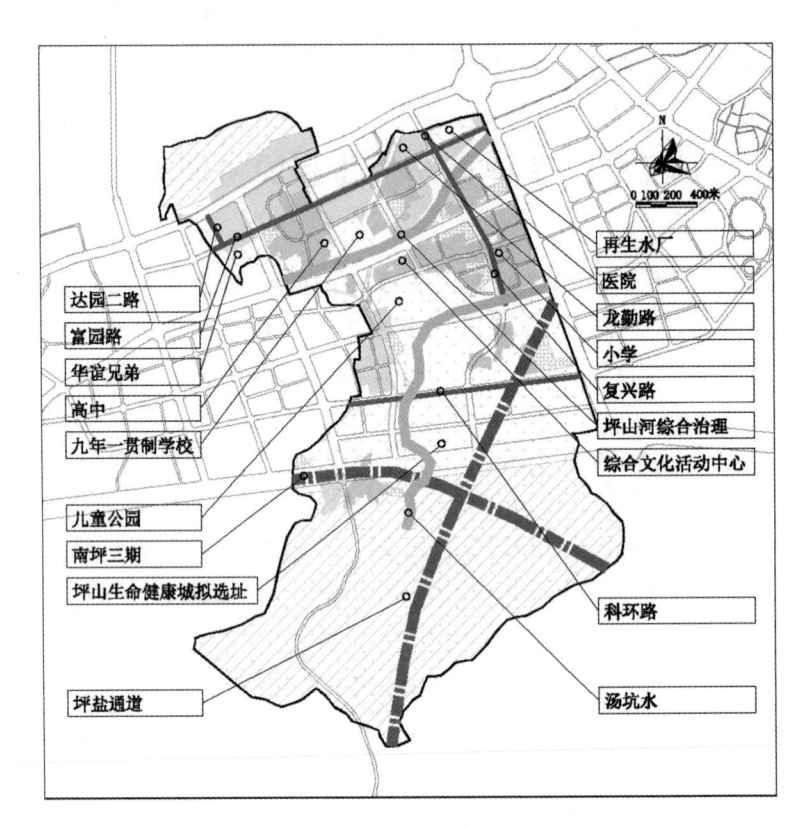

图 6—6　沙湖社区试点范围内重大项目分布图

资料来源：《沙湖社区"整村统筹"土地整备改革方案》。

一　针对公共基础设施项目

沙湖社区试点范围内涉及的南坪三期、坪盐通道等项目均需要在较快的时间内完成房屋征收和土地清理，保障区域性基础设施的顺利落地。根据南布社区试点经验来看，"整村统筹"土地整备从前期研究到合作开发一般需要3—4年时间，沙湖社区试点的复杂程度导致其实施周期更长，无法满足这类快速落地的公共基础设施项目实施进度要求。

为解决这一问题，除了在土地分期移交计划中将上述项目用地纳入一期开发建设以外，沙湖社区试点还创新探索了"权益固化、先行征收"的实践模式。具体来说，就是在需要快速拆除的项目范围内，政府首先从政策大账中提取一笔垫付资金，由社区以当时的市场房价为标准作为房屋征收安置资金补偿给原村民，实现项目用地的快速清理腾挪。等到"整村统筹"土地整备方案审批完毕，项目开始实施建设，原村民可以选择货币补偿或房屋建筑面积置换两种方式落实利益。其中货币补偿是指在之前补偿金的基础上补齐两个时期的市场差价；面积置换则需根据之前补偿金折算的建筑面积，按当时每平方米的补偿价格购回。这一方式的成功实施，实现了南坪三期道路的快速拆除与落实，并为之后类似问题提供了经验借鉴。

二 针对重大产业项目

沙湖社区试点范围内当时的城市更新项目主要是深业集团三宗产业用地的更新，总面积42.36公顷，由于涉及与坪盐通道规划落实的协调互动问题，情况较为复杂。政府希望上述重大产业项目尽快落地，但是从南布社区经验来看，拆迁安置过程中不可避免地遇到种种阻碍。而市场主体希望快速开展城市更新，但又会面临合法指标不足，难以达到城市更新政策门槛的问题。

综合双方诉求，坪山土地整备局提出以土地整备为框架、以城市更新为抓手，在城市更新范围内解决更新范围以外其他土地建筑物清理工作，同时用土地整备贡献的社区留用地等合法用地指标填补城市更新指标空缺。需要注意的是，产业类项目不仅可能在政府收回的经营性用地上予以落实，也有可能与社区留用地共同合作开发，这就需要在规划编制阶段，与社区协商谈判、达成共识，将安置地块与开发地块搭配实施，滚动开发，争取社区在持有部分计提物业的前提下提早进行产业用地的清理和腾挪。

第四节 各方主体协调机制完善，社区主体作用更加凸显

每一环节涉及的工作内容不同，因此各参与主体的工作事项以

及侧重点也不同。总体来看，社区作为"整村统筹"土地整备的主体，主要侧重于协调谈判和具体实施工作，街道办主要侧重于谈判和实施工作的组织协调与操作指导，坪山土地整备局和相关部门负责提供技术支持和项目监管以及向上申报审批工作，市级主管部门和相关部门负责方案审批工作，区政府和市政府主要负责项目重大决策的确认工作，技术单位和市场主体分别在项目推动的前期和后期提供技术、资金、经验等相关方面的支持。通过试点项目的推进，对不同阶段不同主体的角色定位进行不断优化和完善，逐步建立起了分工明确、各有侧重的工作机制。

沙湖社区试点在南布社区试点的基础上真正建立起了完整的政府、社区、居民等多方主体协调谈判的工作机制。从参与主体角度，主要涉及社区与区土地整备主管部门之间的协调，区主管部门内部及与相关部门之间的协调，区主管部门与市主管部门之间的协调，市主管部门与相关部门之间的协调，实施过程中社区与开发商之间的协调，社区与居民小组、居民小组与居民之间的协调等等。在项目实施过程中，几乎平均每周都需要开展项目实施的工作会议。可以说，在项目推动过程中，凝聚各方共识，整合市、区、街道、社区、市场和专业技术团队各方面力量，形成了以政府为主导、以社区为主体、各部门和各方力量共同参与的协调联动机制。

梳理"整村统筹"土地整备试点工作中参与主体的协调过程，可以看出不同阶段各主体之间的利益协调关系。具体来说：在前期可行性研究阶段，主要的利益协调发生在社区与坪山土地整备局之间。试点社区基层领导通过初步的利益匡算，了解项目实施是否能够完成社区的现状安置和转型发展；坪山土地整备局则从城市公共利益的角度出发，判断项目实施的可行性和对片区的整体提升力度。两者通过自身对项目预期的诉求表达，经过协商沟通，对"整村统筹"土地整备的实施路径达成一致。在规划方案与实施方案编制审批阶段，主要的利益协调发生在社区与区政府层面，以及市、区两级政府之间。坪山区政府及以坪山土地整备局为核心的区级相关部门作为协调沟通桥梁，向下根据市级相关政策精神，指导社区进行大账的测算和规划方案中社区利益诉求表达；向上则将社区合理的利益诉求汇报给市级主管部门，由市级主管部门统筹平衡社区利益和城市整体利益。这一阶段的核心成果是确定社区与政府代表公共利益之间的"土地—规划—资金"大账。在项目实施的前期阶段，社区需要通过竞争性谈判引入合作开发商，因此协调主要发生在竞争性谈判过程中。这一阶段在区政府相关职能部门的指导下，社区与意向开发商对确定留用给社区的利益进行协调分配。

从上述分析可以看出，沙湖社区试点开展时，政策体系和工作组织都已在南布社区的基础上逐步成熟，各方主体特别是街道办和社区的工作边界明确，加上沙湖社区主观能动性较强，社区在协商谈判之中作用十分凸显，真正实现了"政府主导、社区主体、多方参与"的政策理念（见图6—7）。

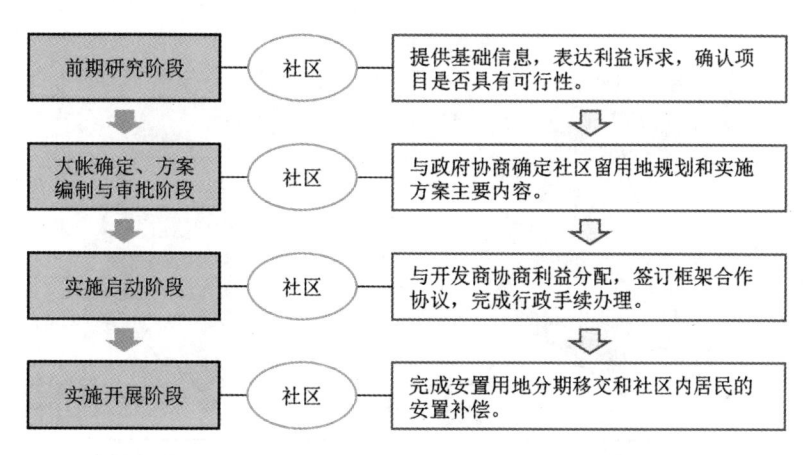

```
前期研究阶段 → 社区 → 提供基础信息，表达利益诉求，确认项目是否具有可行性。
    ↓
大帐确定、方案编制与审批阶段 → 社区 → 与政府协商确定社区留用地规划和实施方案主要内容。
    ↓
实施启动阶段 → 社区 → 与开发商协商利益分配，签订框架合作协议，完成行政手续办理。
    ↓
实施开展阶段 → 社区 → 完成安置用地分期移交和社区内居民的安置补偿。
```

图6—7 "整村统筹"土地整备中社区主体作用示意图

资料来源：笔者自绘。

第五节 沙湖社区"整村统筹"土地整备的综合效益

一 经济效益凸显，集体物业增值

通过"整村统筹"土地整备的实施，沙湖社区试点实现了362.95公顷社区实际掌握土地的二次开发。将原有的国有已出让、非农建设用地、征地返还地、旧屋村认定用地以及通过未完善征转地手续用地留用的土地一并纳入城市化发展管理的轨道。实施之后，沙湖社区将获得权属清晰的社区留用地 57.11 公顷，政府可收回剩余约 305.84 公顷用地，其中建设用地 81.79 公顷，包括一部分经营性用地 23.62 公顷（包括住宅用地 3.79 公顷和新型产业用地 19.83 公顷）。社区留用地和政府收回用地在空间分布上更加规则和集中，便于双方的土地利用和开发建设（见图 6—8）。经过测算，若按招拍挂方式出让，政府可获得收益约 20 亿元左右，加上相关税收及补缴地价，土地整备后政府总收益可达到 30 亿元，扣除主要成本之后，政府净收益约为 15 亿元。此外，还包括了尚未完善征转地手续的山林地，提升了区域整体效益。

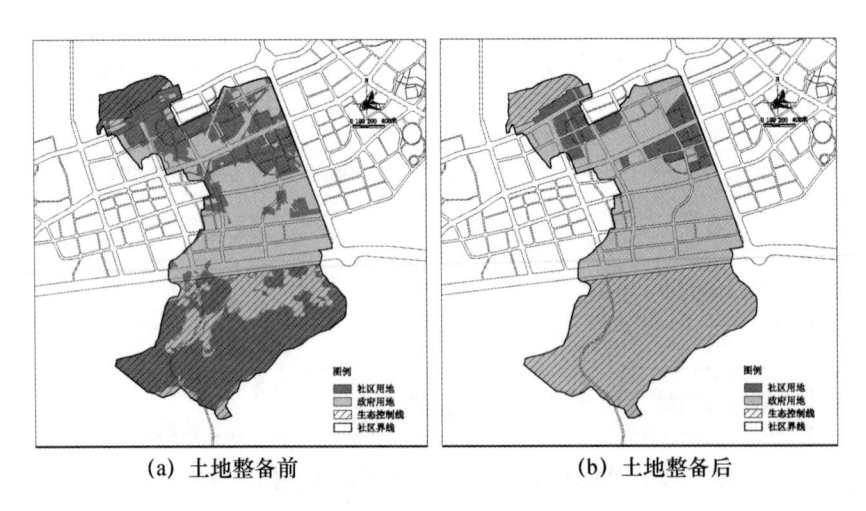

(a) 土地整备前　　　　　　(b) 土地整备后

图 6—8　沙湖社区试点土地整备前后土地利用变化图

资料来源：坪山土地整备局相关资料。

从土地使用强度方面看，沙湖社区实现了现有建筑量 2 倍的大幅提升，并且将原来分散零碎的各类建筑集中在社区留用地范围之内，实现了土地利用的集约化和完整性。在使用用途方面，沙湖社区在整备之前多为容积率在 0.48 左右的粗放利用的出租型厂房。住宅建筑大多为原村民私宅，呈现出高密度低强度的普遍特征。通过"整村统筹"土地整备，沙湖社区将提供出华谊兄弟、生命健康城等产业用地。社区原有低效工业厂房将被替换为为这类创新性产业服务的土地价值较高的商服和居住功能建筑，实现原农村集体物业大幅度增值（见图6—9）。

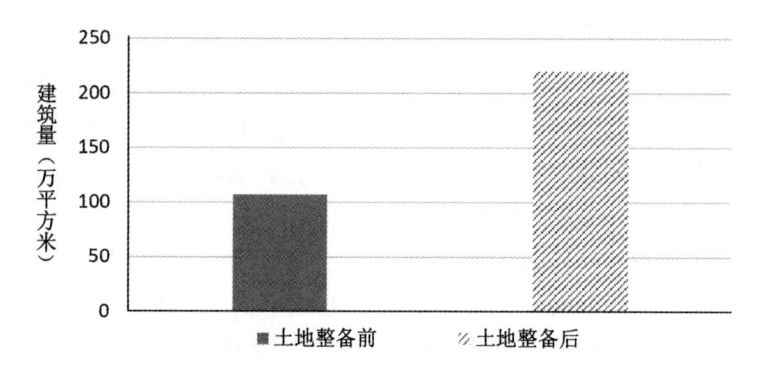

图6—9 沙湖社区试点土地整备前后建筑量变化图
资料来源：笔者根据坪山土地整备局相关材料绘制。

通过改造，沙湖社区股份合作公司从原来单一的租赁经济模式向产业经济、服务经济模式转变。社区在土地整备后的经济收入来源主要有两个方面：物业开发与经营以及实业投资。物业开发与经营可以获得房地产项目开发所得利润，实业投资可以获得社区后期经营商业物业的收入，以及在经营过程中享受资产增值价值和物业管理的增值收入，以上都可以增加社区经济转型发展的后劲。在此条件下，居民个体的单位面积物业租金也将获得显著提升，同时集体物业摆脱了传统的出租经济，通过现代化的企业运营，获得长久的分红收入。经过初步测算，沙湖社区的集体物业在土地整备前价值约为12亿元，经土地整备后将达到近28亿元，增值近16亿元。

二　实现了生态保护与存量挖潜双重目标

沙湖社区"整村统筹"土地整备试点项目范围内，近一半的用地列为生态清退复绿用地。因此在实施过程中，不仅激活了社区集体经济，实现其长远发展，为城市公共利益和整体利益的落实提供了土地、空间资源保障，同时积极推进了涉及占用基本生态控制线的用地清退，实现了生态用地的统一管理。这为提升区域生态环境质量、保障生态安全提供了重要路径。

（一）整合空间资源，实现存量挖潜

在深圳土地资源供需日益紧张的情况下，"整村统筹"土地整备成为破解土地资源困境、拓展城市发展空间、推进土地资源节约集约利用的重要手段。沙湖在土地整备试点实施后，政府将收回社区实际占用的305.84公顷用地，其中包括82公顷左右的建设用地以及80公顷左右位于坡度25以下的可开发潜力地块，为政府未来发展提供空间保障。在空间布局上，改变了以往国有用地与社区实际占用土地犬牙交错的状况，政府收回国有用地在空间上相对完整，有利于重大项目的实施落地。社区获得的经营性用地通过空间腾挪与整合，集中成片，便于管理和运营。整备后的社区留用地和国有土地都可以统一规划、统一实施，有效释放社区未利用土地，拓展城市发展空间，改变原有土地利用低效的情况，提升土地节约集约利用水平。通过以上措施，沙湖社区从以往政府和社区在土地利用方面均存在较大困难的局面走向双方协调、合作共赢。

（二）清退生态保护范围内的建设用地，形成示范效应

在社区实际利用的生态用地中，有黄一、黄二等居民小组的建设用地指标约4.14公顷，通过此次土地整备除了可以收回社区全部占用的生态用地，还可以将基本生态控制线内清退的建设用地指标用于坪山其他地区使用。通过此次土地整备，政府一方面可解决基本生态控制线内黄一、黄二等居民小组的整体搬迁问题；另一方面可以收回整备范围内被占用的生态控制线内用地，使这部分生态用地与沙湖社区范围内已转为国有的生态用地和马峦社区已全部转为国有的生态用地连成一片，方便政府统一管理。同时对于位于基本生态控制线内的居民小组改造，可以结合生态线外更大范围的社区进行统筹考虑，共同发展。不仅为政府实现建设用地清退、实施基本生态控制线管控提供了可操作路径，而且为位于生态管控范围内的原农村集体如何实现自身转型发展，提供了样本参考。

三　促进城市发展，社会效益良好

（一）为坪山产业转型升级提供有利条件

从项目本身来说，沙湖社区试点所处片区未来发展目标是借助

坪山河的治理和坪山河流域上游总部经济带定位，打造集人文、生态、滨水生活、产城融合于一身的高端示范区。这一发展目标的落实，尤其是针对原有产业结构的调整和新兴业态的引进，需要通过"整村统筹"土地整备来实现和保障。在深圳土地资源供应严重不足的情况下，通过沙湖社区试点的实施推进，政府收回的新型产业用地与周边国有土地整合后，可释放新型产业用地约12.85公顷，总计盘活产业用地资源约30.51公顷，为加快坪山的产业转型升级，提升坪山城市品质，实现"产城融合"的目标提供了良好基础。

（二）改善社区内部及周边居民的人居生活环境

从政府公共利益保障的角度出发，政府通过本项目收回的公共配套设施用地约51公顷，可以解决社区再生水厂、儿童公园、市区级以及沙湖社区内道路、医院、学校等公共设施建设用地的需求，完善片区公共配套与道路交通，改善居民生活环境，提升城市发展质量。

从社区的角度出发，通过"整村统筹"土地整备，沙湖社区实现了居住物业的现代化管理和运营，按照城市规划管理要求进行小区配套设施建设，有效地提升了社区内部居住小区环境，提升了片区城市景观和城市形象，有利于周边居民居住环境的改善和高端人才的有序引进。

第七章 坪山"整村统筹"试点探索的政策演进与制度贡献

第一节 坪山"整村统筹"土地整备的政策演进

一 试点规则的不断优化

(一) 金沙社区试点：初期政策的积极尝试

金沙社区试点开展之时，进行了详细的政策研究，其完备和体系庞大的政策思考，为后续的试点探索奠定了良好的政策基础。其中最核心的三个内容如下。

1. 社区留用地指标

社区留用地指标作为社区与政府博弈的核心问题，如何为其划定制定科学合理的政策依据是金沙社区试点过程中重点探讨的问题。当时主要的思路有两种。一是完全参考深圳城市更新做法，按照城市更新五类合法用地的思路进行核算，并将可以明确的合法用地指标全部留用。二是根据总体合法指标扣减，社区留用地规模等于按照一定标准匡算的留用地规模减去已出让或已处置但不纳入整备范围的用地。对于前一种思路来说，主要存在非农指标不足，"两规"申报和处理较少、"三规"申报认定严格条件下指标有限、旧屋村认定尚未完全规范等状况，同时上述指标在空间上分布零散，将指标集中不仅存在政策障碍，同时面临权益认定和重构中的利益调整困难等问题。后一种思路关键在于社区留用地用什么标准做总体匡算。在当时的探索过程中，曾尝试按照辖区面积的10%匡算，也尝试按照坪山原农村人均合法土地面积予以匡算。在以上匡算的基础上,若社区实际占用土地中可用于直接开发的用地规模小于上述匡算的结果,可调整规划指标来平衡予以补偿,从而保障社区发展。这种思路主要是考虑到五类合法用地政策较为复杂并且每一类用地认定存在一定缺陷的情况下,希望对社区留用地规模确定提出创新思路。

2. 收回用地的补偿标准

关于收回用地的补偿标准,金沙社区试点在科学确定社区留用地指标的基础上,按照城市更新的思路,明确社区除留用地外还需贡献15%公共利益用地。政府对这两部分用地均不予以补偿。其余政府收回用地则按地上房屋重置价进行补偿。

3. 拆迁补偿标准

分析当时深圳市原农村地区房屋拆迁补偿的市场环境,一般存在三种情形:一是根据私下房屋交易买卖的成交价格,当时金沙社区原村民住宅的交易价格约为2200元/平方米。二是根据《深圳市公共基础设施建设项目房屋拆迁管理办法》,按照"房地合一"的模式,当时金沙社区的住宅房屋征收补偿标准约在4000元/平方米。三是根据城市更新项目的市场定价,当时金沙社区的补偿标准约在7000元/平方米。

通过比较可以发现,这其中城市更新的补偿标准最高,因此原村集体和原村民更加倾向于以城市更新的模式进行拆迁补偿。然而不论是传统拆迁模式还是城市更新模式,都存在着未能统筹解决社区面临的所有问题的后患,因此金沙社区试点在此基础上充分认识到现状拆迁补偿市场标准不统一的现实,创新构建了基于"房地分离"的"人、户、房、地、股"补偿模式。

(二)南布社区试点:完整实施的路径探索

相较金沙社区来说,南布社区试点的最大贡献在于真正蹚出了"整村统筹"土地整备的完整实施路径。具体来说:

1. 三个政策大账的核心思路形成

在"土地"方面,当时南布社区试点在社区留用地指标计算方面主要参照了城市更新的计算方式,后来深圳出台土地整备利益统筹政策中也采取了城市更新中合法用地指标核算的方法。

在"规划"方面，南布社区试点延续了金沙社区试点的重要原则，也即是采用经济平衡的基本思路，保证社区采用"整村统筹"土地整备路径进行土地盘活的可实施性。南布社区留用地开发的规模容量测算主要采取四种方法：盈亏平衡分析、拟开发分析、投入产出分析及与周边项目对比分析。通过一系列测算分析，得出项目开发的强度指引，并以此测算规模容量。经过一系列项目开发规模容量测算，可得出项目开发容积率宜在 4.0—4.5 之间，且最优时为 4.5。这样结合社区发展诉求、政府开发控制要求、相关规划政策指引及支撑规划的经济测算结果，初步确定了项目开发的平均容积率。

在"资金"方面，南布社区试点初步明确了社区留用地地价参照城市更新中城中村改造的标准进行核算，并以协议出让的方式出让给社区。同时对政府收回土地上的建筑进行补偿，补偿标准不低于房屋重置价，不高于《深圳市公共基础设施建设项目房屋拆迁管理办法》中的片区拆迁评估均价。

2. 审批机制的逐步完善

在"整村统筹"土地整备试点探索之初，并没有建立合法合规的审批途径，专项规划面临无处可批的局面。经过南布社区试点的不断探索，南布社区试点的土地整备安置用地专项规划参考城市更新单元专项规划的审批途径，由市规土委坪山管理局初审后报市土地整备局审批。

从目前"整村统筹"土地整备专项规划的审批流程在南布试点基础上不断完善，特别对于专项规划突破法定图则的情形进行了明确规定。如果专项规划涉及对所在片区法定图则强制性内容的修改，如用地功能和容积率调整等，则需要将规划方案由区政府上报图则委进行审批。审批通过后与实施方案合并，上报市政府审批。

3. 集体资产处置思路创新

由于"整村统筹"土地整备不仅涉及原农村存量土地资源的盘活，还需要统筹考虑原农村集体资产处置，并不能像城市更新一样完全交给市场来主导实施。南布社区试点构建了一系列集体资产处置程序,包括四方合作框架协议签订、竞争性谈判、土地收回以及协议出让等等,为社区集体资产盘活闯出了一条可实施的道路。

(三) 沙湖社区试点:普适经验的完善与应用

沙湖社区与南布社区相比面临了一些新的问题。因此针对这些新出现的状况,各方思考并完善了"整村统筹"土地整备实施中还需要把握的关键要素,为后期推动全市土地整备利益统筹政策的出台奠定了重要基础。具体来说,主要包括以下内容:

1. 40%的社区留用地上限确定

虽然南布社区采用的是按照城市更新中五类合法用地核算的方法来确定社区留用地规模,但这种方法对于深圳大多数社区无法完全适用,因此沙湖社区在金沙社区对社区留用地指标探索尝试的基础上,综合了按照辖区面积百分比匡算和按照经济利益平衡计算这两种模式。最后形成了在土地整备范围内最多保留40%左右的社区留用地规模,这一比例的明确为之后开展土地整备利益统筹项目提供了直接依据,为全市"整村统筹"土地整备项目的利益格局给予了明确指引,这对于确定政府和社区的利益分配关系起到了至关重要的作用。

2. 土地整备资金测算模式

沙湖社区试点仍然采用了政府对收回土地予以补偿的模式。因已经对社区留用地明确了上限规模,所以不再要求除社区留用地以外贡献15%公共利益用地,这样对政府收回土地的补偿简化为仅对社区留用地不予补偿,其余政府收回用地按照地上房屋重置价予以补偿的方式。

3. 社区安置补偿的工作组织

南布社区试点在社区与居民算小账的过程中,并没有要求全体利益主体签字确认,导致后续在实施过程中,出现了较多的反对声音。沙湖社区试点在吸取南布社区经验教训的基础上,将这一确认过程进行完善,明确需要通过社区"四会"同意等相关要求,这些要求也逐步纳入随后其他试点项目的实施管理之中。

4. 重大项目协调

在沙湖社区试点中，同时涉及城市更新、房屋拆迁、"整村统筹"土地整备等多种土地再开发路径的联合使用，为了提高不同路径协同支持力度，保障重大项目的用地需求，沙湖采用政府、社区、业主签订三方协议的方式，由政府在大账中核销支付的房屋征收补偿款，社区在小账中认可业主原建筑物的权益指标，通过这种利益调剂方式，实现了重大项目的提前供地，较好解决了华谊兄弟文化影视城、南坪三期、坪盐通道等项目供应，也为不同路径的协调联动探索出一条新的路径，为涉及复杂情形且开发面积较大的存量土地再开发项目提供了可供借鉴的具体思路。

5. 实施路径不断完善

沙湖社区整村统筹土地整备试点实施相较于南布来说，更加成熟和完善，其主要原因在于：一是沙湖社区相对于南布社区组织结构更加完整，且经过了金沙、南布社区试点探索过程中的大量宣传，社区各级基层领导和居民对"整村统筹"土地整备政策及理念了解更加深入，参与度和支持力度也更好。二是南布社区试点在实施过程中的探索给沙湖社区试点提供了大量的经验借鉴，避免了过多不必要的尝试，同时市、区两级政府各部门对"整村统筹"土地整备的申报审批的体制机制构建逐渐成熟，各环节的对应职责部门也逐步清晰，这些对实施路径的完善都具有重要推动作用。

沙湖社区在探索过程中主要做出了如下的尝试和努力：

首先，在社区基层领导决定实施"整村统筹"并向社区居民开展宣传阶段，沙湖社区召开了"整村统筹"土地整备动员会，为了让全体社区居民看到"整村统筹"土地整备的优势，了解通过改造实现的个人和集体物业增值、生活环境改善，以及社区集体经济的长远发展，沙湖社区基层领导邀请区相关部门技术工作人员，开展了大量的政策宣传工作，例如沙湖股份合作公司给居民印发了《至沙湖居民的一封信》，以13个关键问题解答的方式回答居民关于"整村统筹"的系列疑问。由于社区的宣传工作到位，社区、自然村及居民达成了一致共识，沙湖社区试点在实施过程中指定的《拆迁安置利益补偿方案》争取了每一位权利人的签字同意，为后续的土地清理和实施奠定了基础。

其次，在专项规划和实施方案编制过程中，沙湖社区试点充分考虑了专项规划对法定图则的调整和与对应规划体系的衔接。专项规划和实施方案在区层面获得同意与支持之后，首先将专项规划上报图则委进行审批，完成一个类似于法定图则修编的审批流程，然后将通过的专项规划内容合并到实施方案，上报市政府会议审批。避免了"整村统筹"土地整备留用地专项规划编制与深圳市法定规划编制和管理体系的冲突。

再次，在土地整备资金核算过程中，沙湖社区在南布社区试点核算经验的基础上，在保证项目能够实施的前提下，对核算金额进行了合理评估。在后期实施方案申报过程中更加具有科学性和可操作性，促进了实施方案的顺利审批。

最后，在实施过程中土地清理和移交阶段，沙湖社区试点由于前期宣传到位，社区上下对方案一致认可，在涉及社区征地拆迁的重大基础设施方面尤其是南坪三期给予政府全力支持。

因此，在沙湖社区"整村统筹"土地整备实施过程中，建立了保障政府公益性用地和居民安置用地的良好实施机制，建立了政府与社区相互信任的基础，有力促进了项目的实施。

（四）多重并举：坪山"整村统筹"再出发

在金沙社区、南布社区、沙湖社区三个社区试点基础上，坪山不断探索，总结更加具有可行性的"整村统筹"土地整备模式。为形成2015年出台的《土地整备利益统筹试点项目管理办法（试行）》提供了最直接的政策思路。在此基础上，坪山继续在沙田、高新南等新一批试点项目中不断探索实践，进一步完善"整村统筹"土地整备模式。

1. 切实保障产业用地落实

为了保障政府收回的用地可用于支撑成片规模化产业开发建设，在相关试点摸索过程中，坪山逐步明晰试点项目规模需在2—5平方公里之间。不小于2平方公里是为了保证政府能够通过土地整备，获得1—2平方公里的收回土地，满足大型基础设施、公共配套设施以及重大产业项目的落地需求，而非通过多个项目收回零星、破碎的土地而无法整合利用；不大于5平方公里是为了保障项目的高效快速实施，避免因面积过大导致协调要素过多，项目战线过长。

根据这一思路，对于坪山最近推动的高新南片区"整村统筹"土地整备项目对试点项目规模进行了协调优化。这样预计通过土地整备，政府能够收回集中成片的土地面积约为216.38公顷，其中净发展空间约为199.02公顷；通过土地挖潜，预计基本生态控制线内可用作未来发展空间约214.08公顷，这样未来总的发展空间将达到413.1公顷。

2. 从区域角度统筹考虑公共配套落地

在划定"整村统筹"土地整备范围时，需要系统考虑周边的基础设施建设，确保区域级公共设施配建与社区内部配套连贯通畅，而不是仅仅为了收回土地而实施"整村统筹"土地整备。这样不仅可以实现存量土地资源盘活，也可以实现社区可持续发展和整体提升。

无论是已经实施的沙湖社区"整村统筹"土地整备，还是正在大力推进的坪山的田头、沙田等新的"整村统筹"土地整备试点，在整备范围划定时均统筹考虑了与周边基础设施建设的关系，落实了南坪三期、坪山大道等一系列重大区域基础设施。

3. 从"大整备"的角度系统思考统筹方式

面对深圳当前土地利用中的各种复杂状况，需要破除"整村统筹"土地整备的政策局限，在更大的层面上进行统筹。这样在同一个试点项目中，既能够统筹解决历史遗留用地问题和社区发展问题，又能推动不同开发模式、不同项目类型的协调并进。这需要在"整村统筹"的框架下，为每一类土地类型和每一块现状土地，都找到合法合规、合理可行的发展路径，因地制宜，有效盘活土地。特别地，在利益平衡方面，基于社区现状条件，在匡算好社区既定利益的情况下，结合城市更新、"整村统筹"土地整备、房屋征收等不同政策路径，在重点开发地区和发展受限地区之间进行利益捆绑，创新探索合法指标腾挪、各类政策联动的存量土地再开发系统模式,将统筹的优势得以更大层面的利用。

在这一思路引导下,坪山高新南片区"整村统筹"土地整备尝试综合运用各种手段和现有政策以实现大统筹。具体来说,高新南片区"整村统筹"土地整备将项目范围共划分为四个主要片区:校城共建区、房屋征收区、城市更新区(或土地整备)及"整村统筹"土地整备区(见图7—1),每个分区将根据自身的特点采取不同的策略,并最终采用"统一规划、分步实施"的方式来开展土地整备工作。

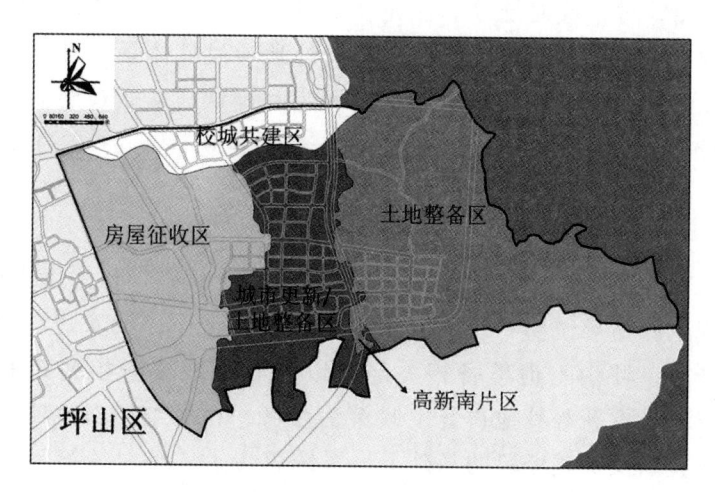

图7—1 高新南片区及各分区范围示意图
资料来源:笔者根据坪山土地整备局相关资料绘制。

此外,坪山沙田社区"整村统筹"土地整备项目的推进,也充分运用了"房屋征收—整村统筹"联动的大统筹思路。为加快推进房屋征收工作,保障南京金龙这一坪山重大产业项目快速落地,沙田社区"整村统筹"土地整备借鉴了沙湖社区试点中南坪三期房屋征收工作的思路:由社区配合政府先行启动重大项目的房屋征收补偿工作,相关指标和补偿可在社区"整村统筹"土地整备中统筹解决。通过这一"征收—统筹"联动的工作方式,实现了南京金龙项目快速平稳的征收和实施建设。

坪山作为最早实施"整村统筹"土地整备模式的地区，现有试点项目进展顺利。目前，南布社区和沙湖社区项目已进入实施阶段，累计已完成近50公顷的土地整备工作。同时，不断培育新的"整村统筹"试点，目前已有沙田社区申报"整村统筹"土地整备试点，秀新社区将于近期启动试点的相关申报工作，龙田社区、金沙社区卢屋、田心树山背、新和新村等正进一步沟通协调，积极开展可行性研究，"整村统筹"试点模式在坪山全面开花。

二 相关政策的积极思考

坪山针对"整村统筹"土地整备工作开展了大量的政策探索，政策制定者希望从宏观层面形成政策的顶层设计体系，将"整村统筹"土地整备工作的核心思路予以固定和确认，从微观层面针对试点自身特点，不断进行政策配套，逐步实现满足需求的差异化管理。

（一）"整村统筹"土地整备政策的思考与拟定

随着金沙社区、南布社区、沙湖社区三个试点项目的逐步推进，为了规范和指导"整村统筹"土地整备试点工作，保障试点工作的顺利开展，坪山土地整备相关部门以现有土地整备相关政策为依据，以城市更新等其他再开发政策为参考，在总结坪山各项试点的政策研究以及实践经验的基础上，系统思考了"整村统筹"土地整备的政策体系，尝试建立"整村统筹"土地整备全过程管理的一整套规则，在顶层设计层面对坪山开展"整村统筹"土地整备工作进行了全面规范。同时，针对两个最重要的政策瓶颈，即社区留用地核算与原农村集中居住区认定，在现有政策框架内，寻求适用于"整村统筹"土地整备特点的具体操作路径。从而形成了《坪山新区"整村统筹"土地整备办法》（制定中）《坪山新区"整村统筹"土地整备原农村集体经济组织留用建设用地核定办法》（制定中）和《坪山新区"整村统筹"土地整备原农村集中居住区认定办法》（制定中）等一系列政策研究成果。

1. 关于坪山"整村统筹"土地整备管理的整体思考

从顶层设计的角度出发，以明晰"整村统筹"土地整备的工作路径为脉络，全面涵盖了计划管理、单元规划编制、社区留用建设用地核定、资金补偿确定、实施方案编制与审批、社区留用建设用地出让与地价计收、项目实施管理、后续监管等多个方面，对"整村统筹"土地整备的全过程管理进行了规范。

首先，基于"整村统筹"尽可能一揽子解决原农村土地问题的政策理念和目标，明确了"整村统筹"土地整备项目开展的范围，也即可以纳入"整村统筹"土地整备试点项目范围内的土地类型。其中合法用地主要包括非农建设用地、征地返还地、原农村集中居住区、农村城市化历史遗留问题违法建筑已处理用地，以及自愿纳入整备范围的国有已出让土地，基本与城市更新五类合法用地的界定范围类似；合法外用地主要包括未完善征转地手续用地以及其他存在历史遗留问题的土地。

其次，从土地、规划、资金三个大账确定的角度，积极衔接现有相关政策体系。从社区留用地核算来说，为了确保今后与市级土地整备政策的衔接，根据坪山三个试点项目经验，提出在后续配套政策中再予以完善。从规划编制来说，"整村统筹"土地整备主要涉及土地整备单元规划特别是社区留用地专项规划编制，这两类规划在市级层面分别对应全市土地整备单元规划编制以及安置用地专项规划编制的技术要求。针对坪山"整村统筹"土地整备的特殊性，在相关管理办法中对编制与报审、编制单位资质以及编制主要任务这三个方面了提出原则性规定。从货币补偿来说，"整村统筹"土地整备中政府对社区的补偿主要采取包干方式来实现，即给予原农村集体一定留用建设用地及规划指标和土地整备资金，而原农村集体具体承担整备范围内所有的拆迁补偿，相关管理办法对于采用房地分离补偿模式、建筑物补偿采用重置价标准、土地补偿采用专门文件规定的标准，以及历史遗留问题补偿尊重社区这四个方面进行了原则性规定。以上三个政策大账的主要内容，均需要在"整村统筹"土地整备实施方案中具体体现，并且相互联动。

最后，从项目实施与管理的角度，探索完善了审批流程和实施机制，并将其尽可能纳入全市的土地整备管理工作中。一是在项目审批方面，坪山总结三个试点项目的实践经验，从计划申报和项目审批两个层面作出了详细的规定。在计划申报上,"整村统筹"土地整备项目需要纳入到全市的土地整备年度计划中,接受统一管理。具体流程中规定社区自愿申请立项后,纳入下年度全市土地整备计划,并按其要求组织实施。在项目审批上,实施方案的审批流程主要参考《土地整备项目实施方案审核程序》执行,对于市级层面当时尚未对土地整备单元规划的审批提出规范指引条件下,可参照城市更新单元规划的审批流程执行。二是在社区留用地出让与地价计收方面,采用协议方式将留用地出让给社区,在地价计收方面,主要依据城市更新,提出了"混合地类、平均地价"的创新思路。三是在项目实施与监管方面,相关管理办法规定了在项目实施方案审批通过后,对项目的实施过程进行规范,主要包括项目监管资金协议、安置房建设、房地产开发企业引进等方面。

整体来看,坪山"整村统筹"土地整备相关管理办法的拟定,以坪山试点探索经验为基础,对现有政策进行了集成,从而对坪山"整村统筹"土地整备活动进行了全面的技术性总结,这是坪山"整村统筹"土地整备规则探索的要点汇总,也是相关配套政策制定的重要依据之一。

2. 关于坪山社区留用地核定的政策思考

作为"整村统筹"土地整备工作中的核心内容,社区留用建设用地如何核定当时在市级层面并没有明确政策予以支撑。由于这不仅是社区最为关切的问题,也是当时"整村统筹"土地整备工作中最大的政策瓶颈,对于坪山全区层面的"整村统筹"土地整备工作能否顺利推进至关重要。因此,坪山以社区留用地核定方法为突破口,开展了坪山"整村统筹"土地整备原农村留用建设用地核定办法的研究和草拟工作,对项目实施过程中社区留用建设用地的认定范畴和程序、留用建设用地总指标的核算方法、留用建设用地出让方式和地价计收标准、留用建设用地审批要求等重要内容进行了明确。

对于社区留用建设用地的认定,在可纳入社区留用建设用地的土地类型方面,秉持"分类确权"的原则,明确了在"整村统筹"土地整备范围内,可认定为原农村集体经济组织的历史已批准用地,包括已出让给原农村集体经济组织且自愿纳入土地整备范围的用地、非农建设用地(含征地返还用地)、原农村集中居住区和农村城市化历史遗留违法建筑已处理用地。在核算标准上,主要考虑上述几类用地重复叠加的情况,因此在核算留用建设用地总指标时,主要遵循以下原则,即其他地类与非农建设用地重叠的,优先计算非农建设用地;原农村集中居住区与农村城市化历史遗留违法建筑已处理用地重叠的,优先计算原农村集中居住区用地,此外已转让土地使用权或者已用于合作建房的部分需扣减。

对于社区留用建设用地的出让明确了采用协议出让方式。而在地价计收方面,提出参考当时城市更新相关地价政策进行计收。具体来说:非农建设用地部分,建筑容积率在2.5及以下部分,不再补缴地价;建筑容积率在2.5至4.5之间的部分,按公告基准地价标准的20%补缴地价;建筑容积率超过4.5的部分,按照公告基准地价标准补缴地价。原农村集中居住区部分,建筑容积率在1.5及以下部分,不再补缴地价;建筑容积率超过1.5的部分,按公告基准地价标准补缴地价。其余用地(含国有已出让、农村城市化历史遗留违法建筑已处理用地和政府额外返还原农村集体的用地等)依据城市更新中历史用地处置相关规定,按公告基准地价标准的110%计收。

在审批工作组织及流程方面,明确上述社区留用建设用地认定地类的审批不同于传统的现状确权(即先进行产权确认然后二次开发),而是在社区申报并纳入试点后,各相关部门开展需认定地类的核查和审批工作,推动实现"依改造确权"。

3. 关于坪山原农村集中居住区认定的政策思考

在社区留用建设用地的认定地类中,原农村集中居住区是一个重要内容。坪山提出的原农村集中居住区是一个创新概念,在深圳现有的土地管理政策体系中并不存在这一概念。为了避免各方主体的认识差异,坪山对原农村坪山集中居住区的认定开展了针对性研究,以规范和统一原农村集中居住区的认定标准和认定流程等,保障"整村统筹"土地整备工作的顺利推进。

从概念内涵来看,原农村集中居住区来源于深圳市政府《关于发布〈深圳市宝安、龙岗区规划、国土管理暂行办法〉的通知》实施前已经形成的原农村集中居住区域，即通常所说的旧村、老屋村等。为了适应坪山辖区范围内"整村统筹"土地整备原农村集中居住区的认定，坪山提出了"原农村集中居住区"这一概念，同时规定如果原农村集中居住区所属的"整村统筹"土地整备项目不再实施，其不作为土地及建筑物权属的认定依据，不影响城市规划的实施。

在认定标准方面，坪山对原农村集中居住区的认定主要是基于建设时间和建筑用途两个维度来确定是否将现有旧村纳入原农村集中居住区。其中，建设时间分为《深圳市宝安、龙岗区规划、国土管理暂行办法》（深府〔1993〕283号）实施前已经建成、在建以及在该暂行办法实施后建设；建筑用途分为私房（居住）、公共配套设施、厂房及其他生产经营性用房。同时规定以自然或者人工修筑的线状地物、以配套用地边线、以建筑物滴水线外扩3米（最高值）等三方面来确定原农村集中居住区边界。

在认定对象方面，对于《关于发布〈深圳市宝安、龙岗区规划、国土管理暂行办法〉的通知》实施前已建、在建的私房和公共配套设施，纳入原农村集中居住区范围。在实施之后建设的，不予纳入。对于厂房及其他生产经营性用房，均不纳入原农村集中居住区范围。其中对于单处面积不超过500（含500）平方米，且四周划入原农村集中居住区范围的果园、菜地及闲散地等，均纳入原农村集中居住区范围。

在认定程序方面，坪山原农村集中居住区的认定划分了书面申请、审查、征求意见、组织公示、修改确认、核发范围图等阶段。其中，书面申请是由社区向市规土委坪山管理局提出原农村集中居住区范围的认定申请，并提交书面申请书和原农村集中居住区范围报审图以及街道办事处对原农村集中居住区范围报审图的书面意见和市规土委坪山管理局要求提交的其他材料。而其他阶段的认定程序则皆由市规土委坪山管理局负责组织实施。

需要说明的是，与原农村集中居住区概念较为类似的为城市更新五类合法用地中的旧屋村概念。对比可以发现，两者存在一定区别。一是两者适用政策路径不同，旧屋村主要针对城市更新项目，而原农村集中居住区则主要针对"整村统筹"土地整备项目；二是原农村集中居住区相较于旧屋村划定范围更大，对于在原有旧屋村基础上加建、改建、重建三类情形，以及《深圳市宝安、龙岗区规划、国土管理暂行办法》实施前在建的私房和公共配套设施用地，均可纳入原农村集中居住区范围，同时对纳入的果园、闲散地面积也从旧屋村认定中规定的不超过300平方米，变为不超过500平方米。

目前，虽然上述政策没有正式出台，但是却为全市土地整备政策体系完善提供了鲜活的、基于试点经验的政策思路，产生了较大的积极意义。

(二) 试点过程中政策研究的持续深化

2012年，继三个社区被列为"整村统筹"土地整备试点项目封闭运行之后，坪山逐步在规划土地、经济转型、社会转型、资金管理等方面探索出了一些较为清晰的实施思路，开展了相关基础政策的草拟工作。针对试点推进过程中拆迁补偿这一关键问题，坪山土地整备局牵头开展"整村统筹"土地整备项目补偿方案编制指引的草拟工作，以期弥补相关政策空白，从而加强坪山"整村统筹"土地整备项目的管理，引导"整村统筹"土地整备项目所在社区的股份合作公司做好房屋迁换补偿工作，切实维护好原农村集体经济和被迁换补偿人的合法权益。此外由于"整村统筹"土地整备涉及社会经济等多个方面的不同政策体系，为了进一步保证试点项目的顺利实施，避免因各项政策衔接不足和相互矛盾导致项目实施过程中各个版块相互打架的情况出现，坪山土地整备局积极研究土地整备、房屋拆迁和城市更新三者的相互联动，在"整村统筹"的前提下，探索城市更新与土地整备的内在联系。继而于2013年完成了《坪山新区"整村统筹"土地整备相关工作协同推进机制研究》报告成果，为建立统一的拆迁补偿平台和政策平台打下基础，在总结现状试点实施情况的基础上，坪山土地整备局编制了《坪山新区"整村统筹"土地整备策略分析及综合评价研究——暨新区重点社区土地整备实施可行性观察报告》，对试点实践经验进行总结。随着南布社区、沙湖社区两个试点案例稳步推进,坪山以此为样本,重点研究了"整村统筹"土地整备实施策略。一方面根据试点选取经验,探索建立"整村统筹"土地整备行动计划;另一方面开展了"整村统筹"土地整备与新型城市化道路关系研究,进一步明确"整村统筹"框架下社区转型发展思路,相关研究成果持续深化完善。

(三) 土地整备利益统筹政策的补充完善

试点探索与政策创新是相辅相成和互相关联的,在理论研究中提出政策思路,然后将其在试点实践过程中予以运用和验证,最后将实践反馈总结提炼为成熟的政策成果,从而形成可供使用的共同规则。这在坪山"整村统筹"土地整备工作中成为基本的工作路径,金沙社区、南布社区、沙湖社区等试点的探索实践与坪山"整村统筹"土地整备政策体系的思考完善,两者形成互动演进、不断完善的格局。

在坪山"整村统筹"土地整备试点探索和政策思考的基础上,深圳于2015年出台了《土地整备利益统筹试点项目管理办法(试行)》,切实将"整村统筹"作为利益统筹实现的主要形式之一予以政策规范。坪山为了更好地推进这类项目,开展了大量的政策配套研究工作(详见表7—1)。

表7—1　　　　坪山土地整备利益统筹相关政策列表

序号	年份	文件名
1	2018	《坪山区关于土地整备利益统筹试点项目操作和管理的指导意见》
2	2018	《坪山区土地整备利益统筹试点项目名单申报规程》
3	2018	《坪山区土地整备利益统筹试点项目实施方案编制规程》
4	2018	《坪山区土地整备利益统筹试点项目规划方案编制规程》
5	2018	《坪山区土地整备利益统筹试点项目开发合作方引入规程》
6	2018	《坪山区土地整备利益统筹试点项目开发审批规程》
7	2018	《坪山区土地整备利益统筹试点项目留用地审批规程》

总体来看，自 2015 年以来，南布社区、沙湖社区试点开始步入真正意义上的实施阶段，"整村统筹"土地整备的初衷——三方合作共赢的效果逐步呈现，资产评估、合作招商和社区留用地开发等工作机制也不断完善，"整村统筹"土地整备模式在实践和政策的探索发展过程中不断优化。

第二节　深圳土地整备利益统筹政策的生成

坪山自 2010 年提出"整村统筹"土地整备以来，就一直将其作为坪山土地整备工作的重点探索内容，为全市的土地整备利益统筹政策体系的丰富和完善提供了实践基础，全市土地整备工作进一步扩展了应用领域。

一　土地整备利益统筹思路创新

（一）主要内容

在坪山"整村统筹"土地整备探索实践基础上，2015 年深圳出台了《土地整备利益统筹试点项目管理办法（试行）》（深规土〔2015〕721 号），详细规定了土地整备利益统筹项目的实施方式、组织方式以及具体要求等；2016 年出台了《土地整备留用地规划研究审查技术指引（试行）》（深规土〔2016〕65 号），作为土地整备利益统筹的主干政策与配套政策予以实施，其中留用地规划研究审查技术指引重点针对社区留用地专项规划提供技术方面的编制指引。以上政策构成了土地整备利益统筹项目实施的重要依据。

区分土地整备利益统筹的不同类型来看，土地整备利益统筹项目分为"整村统筹"整备项目和片区统筹整备项目两种类型。依据政策设计，两种项目的区别主要体现在三个方面（详见表 7—2）：第一，适用对象不同。两类项目的整备对象都是原农村社区实际掌握的土地，但"整村统筹"主要针对同一社区范围内的成片区域，对象既包括原农村合法用地，又包括原农村合法外用地，旨在推动片区规划实施，促进社区转型发展以及产业优化升级。片区统筹的对象则可以是多个空间分散的未完善征（转）地手续地块，项目范围内全部为原农村合法外用地，重点在于落实公共基础设施，盘活零散存量土地。第二，利益统筹方式不同。"整村统筹"主要通过留用土地、规划安排和整备资金三种手段来实现多方利益统筹。而在片区统筹中，原农村社区在获得土地整备资金补偿的基础上，可以在留用土地、收益分成、物业返还三种方式之中选择任意一种参与利益分享。第三，留用土地核算方式不同。"整村统筹"的社区留用土地由需腾挪的合法用地、需落实的非农建设用地和征地返还地，以及未完善征（转）地手续用地的一定比例（不超过20%）构成。而片区统筹由于项目范围内全部为未完善征（转）地手续地块，其留用土地则是根据规划功能的类型，按照项目范围内规划建设用地面积的不同比例予以确定。在具体实践中，"整村统筹"土地整备项目的试点工作于2011年开始在坪山先行探索，而片区统筹项目在2015利益统筹政策出台后直到2017年才出现首个落地的试点项目。

表7—2　　　　深圳土地整备利益统筹政策要点梳理

主要内容	整村统筹	片区统筹
基本内涵	以原农村集体经济组织继受单位及其成员实际使用的成片区域为实施对象的土地整备项目	以原农村集体经济组织继受单位及其成员实际使用、未完善征（转）地补偿手续的地块为实施对象的土地整备项目
主要条件	①位于同一社区范围内； ②空间集中成片的未完善征（转）地补偿手续； ③规划建设用地面积不小于50000平方米	①由两个以上地块组成，且单个地块面积不小于3000平方米； ②规划城市基础设施和公共服务设施用地纳入政府储备且不低于规划建设用地面积的50%

续表

主要内容		整村统筹	片区统筹
利益分享方式	社区留用土地 规模核算	①需腾挪的合法用地按等面积在试点项目范围内留用，跨社区按等价值原则换置确定；②需在项目范围内落实的非农建设用地和征地返还用地指标按相关规定确定；③未完善征（转）地补偿手续的规划建设用地按不超过20%的比例确定	①规划功能为居住用地、商业服务业用地均按不超过试点项目范围内规划建设用地面积15%确定；②规划功能为工业用地按不超过试点项目范围内规划建设用地面积30%确定；③规划功能包含居住、商业服务业和工业等多用途按上述比例换算确定
	取得方式	原农村集体经济组织继受单位与市规划国土主管部门签订留用土地土地使用权出让合同	
	用地性质	自用免缴地价，为非商品性质；按规定缴交地价后，为商品性质	
	使用年期	法律规定土地用途的最高年期	
	规划要求	按经批准的法定规划实施，并按《深圳市城市规划标准与准则》配建社区级公共设施 如涉及未制定法定图则的地区，或需对法定图则强制性内容进行调整的，必须开展规划研究，规划研究成果纳入土地整备项目实施方案	
	地价缴交	商品性质，按照相关社区留用土地地价计收规则补缴地价	
	开发方式	①自用或自主开发。②以转让、合作开发、作价入股等方式入市交易。③按规定选取开发主体→区政府或指定部门资格确认→签订④签订土地使用权出让合同补充协议→缴交地价	
	收益分成	暂无明确规定	①规划功能为工业用地的：容积率2.0以内的所得收益，原农村集体经济组织继受单位和市国土基金的分配比例为80%和20%；超出容积率2.0的分配比例为30%和70%。②规划功能为居住、商业服务业用地的：容积率3.2以内的所得收益，原农村集体经济组织继受单位和市国土基金的分配比例为30%和70%；超出容积率3.2的分配比例为10%和90%

续表

主要内容		整村统筹	片区统筹
利益分享方式	物业返还	暂无明确规定	①规划功能为工业用地的：以出让用地容积率2.0核定建筑面积，按照该建筑面积的30%确定返还物业规模； ②规划功能为居住、商业服务业用地的：以出让用地容积率3.2核定建筑面积，按照该建筑面积的15%确定返还物业规模
	其他		原农村集体经济组织继受单位按规划实施要求理顺项目范围内土地经济利益关系，具体负责建筑物、构筑物及青苗、附着物的赔偿、拆除和清理。政府不承担上述赔偿、拆除和清理工作，对相关权益人不另行补偿

资料来源：笔者根据《深圳市土地整备利益统筹留用土地合作开发系列解读——土地整备基础政策介绍》整理。

（二）创新要点

土地整备利益统筹相较传统的房屋征收和土地储备，在以下几个领域予以积极的创新。

1. 规划计划管理

目前，土地整备在规划计划管理方面构建了五年规划到年度计划的综合规划体系。在规划方面，市层面编制土地整备专项规划，对全市土地整备的重点、方向、时序等做出部署，区层面编制土地整备单元规划对具体整备项目的实施发挥规划引导作用。在计划方面，市层面编制近期和年度土地整备计划，区层面逐级申报土地整备年度计划，形成近期和年度两个层次相结合的规划实施体系，为"规划引导计划、计划指导操作"的管理模式奠定基础。土地整备项目管理的成果根据整备类型主要区分为两类，一类是针对房屋征收整备项目，成果包括土地整备实施方案和安置用地专项规划；一类是针对利益统筹整备项目，成果包括利益统筹土地整备实施方案、土地整备单元专项规划以及土地整备留用地专项规划。其中，土地整备实施方案和土地整备单元专项规划，分别从工作组织、土地置换与安置补偿，以及安置用地或社区留用地规划指引的角度进行规范。

土地整备利益统筹项目由于不完全表现为政府自上而下的实施过程，因此无法沿用传统的政府土地整备主管部门编制计划的方式来进行管理，因此采取了类似城市更新试点申报审批的机制，由区主管部门和区政府统筹后上报市土地整备局形成土地整备利益统筹试点项目计划。此外，由于房屋拆迁式土地整备项目多数为政府发出征收或者整备相关的决定之后，由政府部门编制安置用地规划，这种安置用地往往不涉及社区未来发展，规划编制较为简单，一般作为土地整备实施方案的部分章节予以体现。然而土地整备利益统筹项目本质上是通过规划做大利益分配的蛋糕从而推动土地整备实施，因此规划手段在这一实施路径中作用逐渐凸显，土地整备规划需要与土地整备实施方案同步编制，并且依据法定规划的程序进行审批，最后将审批通过的规划要求合并到实施方案中。

2. 资金管理

根据《深圳市土地整备资金管理暂行办法》，土地整备资金管理主要分为年度使用计划编制、资金使用申请及拨付，以及监督监管三个主要环节。土地整备资金管理的首要工作为编制每年度的土地整备资金计划并且将其纳入年度土地整备计划，该计划由市土地整备局组织各区政府及相关职能部门编制，报市政府审批后下达各区相关职能部门予以执行。土地整备资金计划是落实土地整备工作的重要保障，需要市规划国土部门和市财政部门两者支持，将土地整备、资金使用、土地出让支出三者联系起来，其执行情况也需要每年报送前述两个部门进行审计。

与房屋拆迁式整备项目类似，土地整备利益统筹项目涉及的土地整备资金也是由土地整备主管部门层层拨付，按计划管理。但是在核算方式上，由于已经实现了"房地分离"的补偿模式，因此补偿资金仅包含以建筑物重置价格核算的部分。此外，从拨付流程来看，在土地整备利益统筹项目实施过程中，土地整备资金既包含实施前期社区开展测绘查丈的资金，又包括后期开发建设过程中根据土地移交情况分期拨付的土地整备金，资金管理相较于房屋拆迁式土地整备项目的一次性拨付较为复杂，需要在实践过程中对各级部门之间的权责关系和流程管理进一步予以明确。

总体来看，土地整备资金使用管理必须依托于土地整备项目的实施开展，在市级层面主要依据土地整备年度计划，在区级层面则根据具体土地整备项目实施情况，从而保障了土地整备资金专款专用、合法合规。

3. 补偿标准

安置补偿作为土地整备政策体系的核心内容，根据不同的整备方式，其补偿标准有所差异。

对于房屋征收这类土地整备方式，主要是区分现状产权人的不同使用功能和产权状态进行补偿。对于住宅类房屋，在合法产权范围内，产权人可以选择等面积或者等价值予以产权置换或者获得相应的货币补偿；对于原农村社区住宅，符合"两规"条件下，给予原村民480平方米、非原村民150平方米的产权置换，其余采用货币补偿。未经登记的住宅，属于《深圳市人民代表大会常务委员会关于农村城市化历史遗留违法建筑的处理决定》第二条规定范围内的，根据2016年市政府发布292号令即《深圳市房屋征收与补偿实施办法（试行）》（部分条款修订）的规定补缴相应的罚款和地价后，原村民合法产权按照上限要求进行产权置换，其余采用货币补偿，社区集体物业属于市规土委批准部分的予以产权置换，其余采用货币补偿。对于生产经营性用房，若其属于合法产权范围内，则分为以下几种情形分别处理：第一，在非农建设用地指标范围、征地返还用地内所建工业用途房屋，符合深圳产业导向的，经市政府批准后按"工业进园"的规定给予安排用地，房屋及构筑物、其他附着物等按照重置价评估给予货币补偿；第二，在非农建设用地指标范围、征地返还用地内的商业用途房屋，按相关规定给予货币补偿或者按已批准的统建方案与住宅一起以统建安置的形式进行产权调换；第三，在非农建设用地指标范围、征地返还用地内所建房屋，不属于以上两种情形的，可以按照等价值原则进行土地置换，置换后的土地用途可以与置换前的用途不同；第四，国有土地上工业用房，属于鼓励发展项目的，可以按"工业进园"的规定给予安排用地，房屋及构筑物、其他附着物等按照重置价评估给予货币补偿。对于未经产权登记的生产经营性用房，根据其建造者和位置区分以下情形进行处理：一是，原农村集体经济组织继受单位所建，位于非农建设用地范围内的，土地予以置换，地上建筑物按重置价扣减相应罚款予以货币补偿。位于非农建设用地范围外的，仅对房屋进行相应的货币补偿。二是，原村民、其他企业单位或者非原村民所建，按照房屋价值扣减相应罚款予以货币补偿。对于土地整备利益统筹方式，安置补偿规则与传统房屋征收土地整备有着较大的区别，其主要分为"政府与社区算大账"和"社区与居民算小账"两个层次，涉及整个社区的补偿标准和社区与利益个体之间的补偿标准。

首先在大账层面。根据《土地整备利益统筹试点项目管理办法（试行）》以及《土地整备留用地规划研究审查技术指引（试行）》，政策大账包括社区留用地、土地整备金以及规划建筑量三者的核算。其中社区留用地和土地整备金都有明确的核算规则，而规划建筑量则主要依据基准容积率和土地移交率来确定。其次在小账层面。当前政策对这部分没有明确的规定，试点探索中除了金沙社区试点是根据"人、户、房、地、股"五大要素来保障原村民与原村集体之间相对合理的利益分配以外，南布社区试点和沙湖社区试点主要是依据现有房屋征收和城市更新的补偿标准，根据社区自身情况进行调节，在保证原村民合理利益的情况下，适度压缩非原村民特别是投机者的利益，以此构建适度区分、相对公平的社区利益分配机制。

4. 审批流程

区分土地整备不同方式，审批流程也不尽相同，具体来说：

房屋征收类土地整备项目的审批区分为对全市的房屋征收计划审批和针对具体个案的征收决定及补偿方案审批。各区根据具体情况编制年度房屋征收计划草案，汇总形成全市年度房屋征收计划草案，并上报市规土委。在这一过程中，市规土委征求市发改委意见，对全市房屋征收计划草案进行审核，并上报市政府批准，形成年度全市房屋征收计划。在计划指导下，项目建设单位开展项目立项、选址工作，并提交区房屋征收部门，区房屋征收部门经过评估论证，确定房屋征收范围，并拟定房屋征收补偿方案上报区政府。区政府及相关部门对房屋征收补偿方案进行论证并进行公示，公示结束后，由区房屋征收部门提请区政府或者新区管委会核准后，公告房屋征收决定。如果具体项目中涉及到公共设施落实的房屋征收项目，还应该编制项目建议书或可行性研究，上报相关部门批准。

土地储备类土地整备项目的审批同样可以区分为全市的年度和中长期土地储备计划审批，以及具体个案的土地储备审批。对于年度和中长期这两类土地储备计划，由市土地储备机构组织编制，然后上报市政府进行批准。对于具体个案的土地储备，区分为通过土地征收、转地、收回、置换等方式纳入储备和通过土地收购纳入储备。前者常见的有房屋征收、城市更新收回等，这一类按照相应的土地管理规定纳入储备后，进行日常管理。对于土地收购，由原权利人向市土地储备机构提出书面申请及相关材料，市土地储备机构对资料进行核查，在申请人土地使用权符合权属清晰、有明确报价、符合年度土地储备计划，且其采用的收购方式不违反法律法规规定条件下，启动收购程序，由市土地储备机构与申请人签订土地收购意向书后，由市土地储备机构进行测绘、评估、拟定收购价格及土地收购方案，土地收购方案经市土地主管部门审查之后，上报市政府批准。

对于土地整备利益统筹类项目，目前还处于试点项目管理阶段，主要采取社区自主申报机制。全市试点项目计划一般由各区汇总试点申报项目后统一纳入年度计划。试点个案主要包括申请纳入计划和实施方案审批两个阶段，目前《土地整备利益统筹试点项目管理办法（试行）》对两个阶段规定如下：在申请纳入计划阶段，首先由社区提出试点项目申请，区政府及主管部门根据规划建设要求、《土地整备利益统筹试点项目管理办法（试行）》相关规定，依据社区发展意愿，提出试点项目名单，经市规划国土主管部门审核后，报市政府批准。在纳入试点计划之后，社区及区相关职能部门开始组织专项规划及实施方案编制工作，《土地整备利益统筹试点项目管理办法（试行）》对实施方案的审批规则作出了明确规定，对于突破法定图则或者确实需要开展规划研究的试点项目,规划成果纳入土地整备项目实施方案,待实施方案批准之后,相应内容纳入法定图则(见图7—2)。

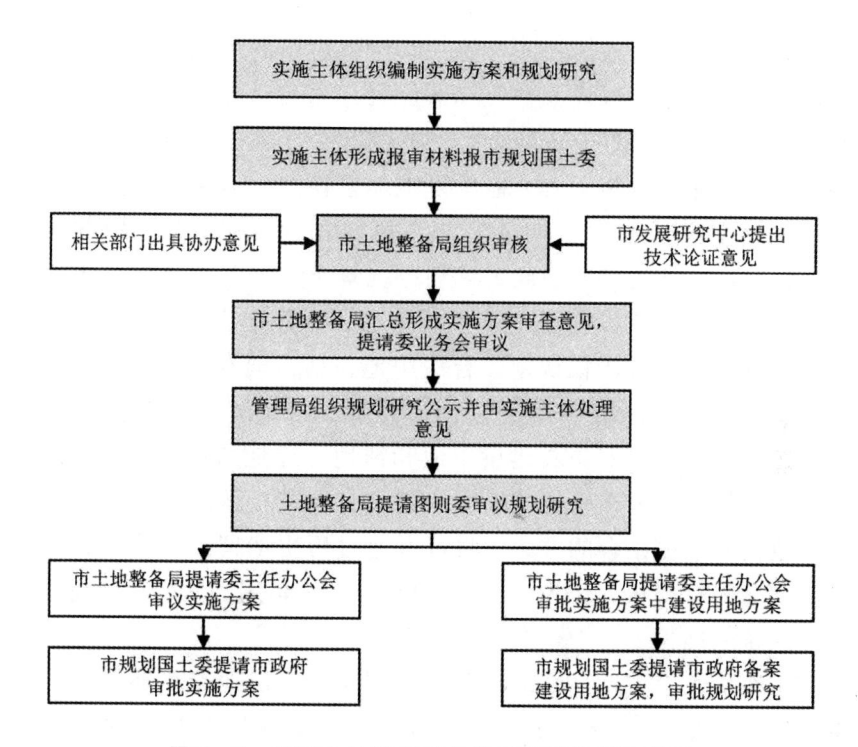

```
                    ┌──────────────────────┐
                    │实施主体组织编制实施方案│
                    │      和规划研究        │
                    └──────────┬───────────┘
                               ↓
                    ┌──────────────────────┐
                    │实施主体形成报审材料报  │
                    │     市规划国土委       │
                    └──────────┬───────────┘
                               ↓
  ┌──────────────┐  ┌──────────────────────┐  ┌──────────────┐
  │相关部门出具  │→│ 市土地整备局组织审核  │←│市发展研究中心 │
  │  协办意见    │  │                      │  │提出技术论证意见│
  └──────────────┘  └──────────┬───────────┘  └──────────────┘
                               ↓
                    ┌──────────────────────┐
                    │市土地整备局汇总形成实施│
                    │方案审查意见,提请委业务│
                    │       会审议          │
                    └──────────┬───────────┘
                               ↓
                    ┌──────────────────────┐
                    │管理局组织规划研究公示并│
                    │   由实施主体处理意见   │
                    └──────────┬───────────┘
                               ↓
                    ┌──────────────────────┐
                    │土地整备局提请图则委审议│
                    │       规划研究        │
                    └──────────┬───────────┘
                               ↓
       ┌───────────────────────┴───────────────────────┐
       ↓                                               ↓
┌──────────────────┐                          ┌──────────────────┐
│市土地整备局提请委 │                          │市土地整备局提请委 │
│主任办公会审议实施 │                          │主任办公会审批实施 │
│     方案         │                          │方案中建设用地方案 │
└────────┬─────────┘                          └────────┬─────────┘
         ↓                                             ↓
┌──────────────────┐                          ┌──────────────────┐
│市规划国土委提请市 │                          │市规划国土委提请市 │
│政府审批实施方案   │                          │政府备案建设用地方 │
│                  │                          │案,审批规划研究   │
└──────────────────┘                          └──────────────────┘
```

图7—2 深圳土地整备利益统筹项目审批流程图

资料来源:《市规划国土委关于印发土地整备项目规划审批工作规程的通知》。

5. 土地处置

在当前土地整备政策体系内,房屋征收、土地储备和利益统筹模式,采取不同的原农村集体土地处置方式,大致可区分为产权认定、地价缴交、出让方式三个主要方面进行分析。

在产权认定方面,土地整备政策中没有单独出台产权认定方法,在房屋征收、土地储备、利益统筹这三种项目实施过程中,结合现有的产权认定政策,区分不同类型进行产权认定。其中,房屋征收产权认定主要体现在征收补偿和安置环节,依据《深圳市房屋征收与补偿实施办法(试行)》(市政府292号令)、《深圳经济特区处理历史遗留违法私房若干规定》《深圳经济特区处理历史遗留生产经营性违法建筑若干规定》《深圳市人民代表大会常务委员会关于农村城市化历史遗留违法建筑的处理决定》相关政策，根据认定结果确定产权置换规模。对于住宅，根据"三规"及其配套政策处理取得非商品性质房地产权证书的，以住宅房屋的房地产权证书为产权调换基本单位，区分原村民和非原村民进行认定；对于原农村集体所建的生产经营性、商业办公类建筑，位于非农建设用地范围内的，对被征收建筑物所占土地予以土地置换。土地储备依据《深圳市土地储备管理办法》，针对产权清晰的用地开展收储，因此并未对产权认定方式进行明确规定。利益统筹土地整备则依据《土地整备利益统筹试点项目管理办法（试行）》，区分合法用地和未完善征转地手续用地进行产权认定，合法用地包括：国有已出让用地、非农建设用地（指标）、征地返还地（指标）、"两规"处理用地、旧屋村用地，以及落实非农建设用地和征地返还地指标；未完善征转地手续用地则需要在整备过程中认定。其在产权认定上采用现状确权与改造确权相结合的方式，将可以通过历史遗留违法建筑处置确权的部分先行确权，作为合法用地指标1∶1留用。其余部分通过整备完成统一确权。

在地价缴交方面，《深圳市人民政府关于征地安置补偿和土地置换的若干规定（试行）》中对于原农村集体所在社区内进行的土地安置，以空地形式申请流转的，原则上按照《深圳市原农村集体经济组织非农建设用地和征地返还用地土地使用权交易若干规定》的相关规定缴纳地价，同时针对不同的建筑功能和容积率给予一定的地价优惠。土地储备属于政府收回土地使用权行为，只涉及对产权人的补偿，并不涉及地价补缴行为。土地整备利益统筹方式则是按照土地移交率、规划功能、产权现状和容积率等进行地价核算。这一多种调控方式联动的方式，能够更好地实现产权人、政府的利益平衡。其采取的"混合地类、平均地价"的地价计收方法，避免由于分期开发实施导致因不同地类地价差异带来的开发地块选择性影响。

在出让方式方面，土地储备和房屋征收需要根据项目不同类型对产权人进行补偿和安置,收回全部的土地使用权,然后进行土地收储和出让(见图7—3)。利益统筹则是在实施过程中,将一部分建设用地通过协议出让的方式留给社区自行开发建设,基于未来增值收益实现利益共享。但是无论哪种方式,都是以现状产权和利用情况为基础,核算安置用地(留用地)与收回用地之间的比例关系;不同之处在于传统土地整备(房屋征收和土地储备)方式是基于现状已经实现的土地增值收益进行利益切分,而利益统筹土地整备则是将未来土地增值收益在政府与社区之间实现利益共享。

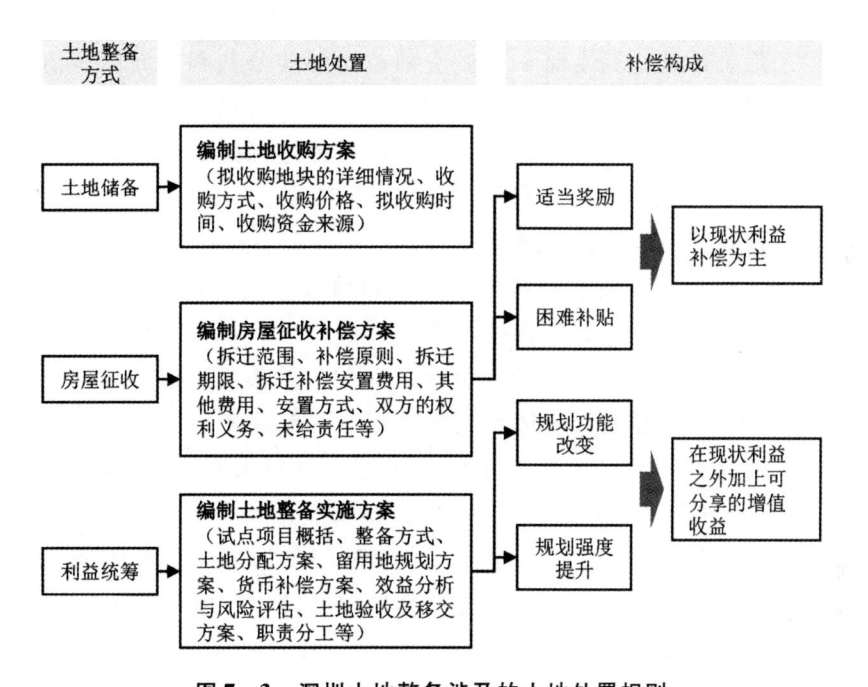

土地整备方式	土地处置		补偿构成
土地储备	编制土地收购方案(拟收购地块的详细情况、收购方式、收购价格、拟收购时间、收购资金来源)	适当奖励	以现状利益补偿为主
房屋征收	编制房屋征收补偿方案(拆迁范围、补偿原则、拆迁期限、拆迁补偿安置费用、其他费用、安置方式、双方的权利义务、未给责任等)	困难补贴	
利益统筹	编制土地整备实施方案(试点项目概括、整备方式、土地分配方案、留用地规划方案、货币补偿方案、效益分析与风险评估、土地验收及移交方案、职责分工等)	规划功能改变 规划强度提升	在现状利益之外加上可分享的增值收益

图7—3 深圳土地整备涉及的土地处置规则

资料来源:笔者自绘。

(三)完善方向

当前深圳虽然提出了包括"整村统筹"和"片区统筹"在内的土地整备利益统筹思路,但是相关的政策体系和配套技术指引尚未完全建立。具体来说,主要体现在以下几个方面:

一是尚未建立利益统筹试点项目的弹性管理规则。与任务下达式土地整备计划不同的是,土地整备利益统筹试点存在较多影响因素,面临不同社区试点动态调入和调出需求,需要建立更为弹性的管控机制。

二是土地整备利益统筹政策细节需要进一步明确。例如社区留用土地划定和规划的详细技术规范,以及作为合法用地腾挪重要组成部分之一的旧屋村认定程序与土地整备利益统筹实施流程之间的关系等等。由于利益统筹中仍然存在多种政策集成的特点,需要明确界定这些政策在其中运用的规则、边界和合理程序,保证政策更好地实施。

三是需要进一步体现土地整备利益统筹的公共利益导向。清晰界定"政府主导、社区主体"与"政府引导、市场主导"之间的差异性,在未来土地增值收益切分中,尽可能地保障城市公共利益和整体利益,实现整个社会福利提升的政策初衷。

四是要进一步完善土地整备利益统筹的政策建构。2015年之前仅出台了《土地整备利益统筹试点项目管理办法(试行)》和《土地整备留用地规划研究审查技术指引(试行)》,尚未形成完整的土地整备利益统筹办法,也未完全建立完善的政策配套体系。上述都需要在全市土地整备政策体系完善过程中不断探索。

专门针对"整村统筹"土地整备这一路径来看,从2011年坪山提出金沙社区"整村统筹"土地整备试点,到2012年金沙社区、南布社区、沙湖社区三个试点陆续明确开展,再到2015年南布社区和沙湖社区试点相继签订四方框架协议,坪山"整村统筹"土地整备的改革探索已经走过了六七个年头。在这些实践探索基础上,需要根据全市土地整备利益统筹整体思路,对"整村统筹"土地整备政策进一步优化完善。具体来说,应在以下几个方面努力:

一是"整村统筹"政策核心理念需要进一步规范。其中"政府主导、社区主体、多方参与"的基本原则,与"土地—规划—资金"政策核心的确定都是在现有政策基础上的创新,不能完全套用已有政策规定,需要研究制定一套与之相适应的政策体系固化已有成果。

二是"整村统筹"土地整备实施路径需要进一步推广。通过坪山三个试点社区的曲折探索,已经蹚出了一条"整村统筹"实施的可行路径,未来需要借助政策规范将这一模式继续推广应用,并结合实际应用情况予以完善。

三是"整村统筹"利益分配规则需要进一步明确。虽然已有的试点探索中初步约定了基于社区留用土地和规划建筑量的利益切分方法,但是就政府、社区之间的分配底线和弹性空间,需要继续明晰相应的政策,避免不同项目条件下出现让渡合理权益或者挤压社区发展空间的不均衡现象。

二 深圳土地整备政策体系完善

这样,深圳土地整备政策经过不断的探索和完善,其主要内容已经逐步演化成熟并基本固定,具体包括土地储备、房屋征收和利益统筹三个方面,具体构成详见表7—3和表7—4。

表7—3　　　　　　　深圳土地整备相关政策列表

序号	出台时间	政策名称	文号
1	2011	深圳市人民政府关于推进土地整备工作的若干意见	深府〔2011〕102号
2	2012	关于印发土地整备补偿协议示范文本的通知	深规土〔2012〕250号
3	2012	深圳市土地整备资金管理暂行办法	深府〔2012〕22号
4	2012	关于做好土地整备地块验收和移交入库工作的通知	深规土〔2012〕180号
5	2012	关于印发土地整备补偿协议示范文本的通知	深规土〔2012〕250号
6	2015	市规划国土委关于进一步完善土地整备地块验收和移交入库工作的通知	深规土〔2015〕30号
7	2016	市规划国土委关于优化调整土地整备地块验收、分类移交和入库管理有关工作事项的通知	深规土〔2016〕833号

续表

序号	出台时间	政策名称	文号
8	2016	市规划国土委关于印发《违法建筑断根专项行动、土地整备（利益统筹）专项行动及重大产业项目用地保障专项行动验收工作指引（试行）》的通知	深规土〔2016〕875号

资料来源：笔者根据《深圳市土地整备政策选编》整理。

表7—4　深圳土地储备、房屋征收和利益统筹核心政策列表

序号	类型	出台时间	政策名称	文号
1	土地储备	2006	深圳市土地储备管理办法	深圳市人民政府令第153号
2	土地储备	2006	深圳市土地储备管理办法实施细则	深国房〔2006〕775号
3	土地储备	2007	深圳市土地收购实施细则	深国房〔2007〕628号
4	房屋征收	2013	深圳市房屋征收与补偿实施办法（试行）	深圳市人民政府令第248号
5	房屋征收	2015	深圳市人民政府关于印发征地安置补偿和土地置换若干规定（试行）的通知	深府〔2015〕81号
6	房屋征收	2016	深圳市宝安龙岗两区城市化集体土地转为国有土地适当补偿标准	深规土〔2016〕891号
7	房屋征收	2016	深圳市人民政府关于进一步完善房屋征收补偿机制的若干意见	深府函〔2016〕306号
8	房屋征收	2016	市规划国土委关于印发《〈关于征地安置补偿和土地置换的若干规定（试行）〉实施细则》的通知	深规土〔2016〕1号
9	房屋征收	2017	深圳市人民政府令（第292号）深圳市人民政府关于修改《深圳市房屋征收与补偿实施办法（试行）》的决定	深圳市人民政府令第292号

续表

序号	类型	出台时间	政策名称	文号
10	利益统筹	2015	土地整备利益统筹试点项目管理办法（试行）	深规土〔2015〕721号
11		2016	土地整备留用地规划研究审查技术指引（试行）	深规土〔2016〕65号
12		2016	市规划国土委关于规范土地整备利益统筹试点项目审批工作等有关事项的通知	深规土〔2016〕193号
13		2016	市规划国土委关于印发土地整备项目规划审批工作规程的通知	深规土〔2016〕832号
14		2016	市规划国土委关于明确土地整备利益统筹试点项目地价测算有关事项的通知	深规土〔2016〕683号
15		2016	市规划国土委关于优化调整土地整备地块验收、分类移交和入库管理有关工作事项的通知	深规土〔2016〕833号
16		2016	市规划国土委关于印发土地整备利益统筹试点项目实施方案编制技术指引试行的通知	深规土〔2016〕890号
17		2016	市规划国土委关于印发《深圳市土地整备规划编制技术指引（试行）》的通知	深规土〔2016〕891号

资料来源：笔者根据《深圳市土地整备政策选编》整理。

第三节 坪山"整村统筹"土地整备的有益贡献

改革是深圳城市发展的灵魂。土地整备作为深圳土地管理制度改革的重要领域，其每一个环节、每一项举措，都在体现着深圳改革创新的精神。"整村统筹"土地整备扩展了传统以房屋征收为主要手段的土地整备模式，将城市发展的公共利益和社区发展的个体利益以及不同主体的长远利益和短期利益统筹协调，改变了过去那种征收和被征收对象之间的博弈、冲突局面，建立起一种新型的共谋、双赢的合作路径，创新出了一种由政府提供规划引导、政策支持和启动资金，由社区具体组织实施的新模式。这不仅仅为解决坪山自身问题提供了一种存量土地再开发思路，也为深圳土地管理制度改革乃至全国土地管理制度创新，提供了有益的探索经验。

一 探索形成"整村统筹"土地整备模式

（一）明晰底线思维，初步建构利益分配规则

"整村统筹"创新提出了"政府与社区算大账，社区与居民算小账"的利益分配规则，其核心就是在明确双方利益底线之后对剩余增值部分再进行分配。这对于深圳各类存量土地再开发路径中急需完善的利益分配规则，特别是政府基于公共利益保障的利益底线确定具有较大启示。

1. 土地留用

留用地制度起源于20世纪90年代珠江三角洲地区。这一时期村集体利用改革开放契机和优良的交通区位条件，迅速发展"三来一补"企业和服务业，形成了雄厚的经济基础。在土地价值迅速显化的条件下，传统的"农转非"按照产值倍数法补偿标准进行征地较难实施。为稳妥推进土地房屋征收工作，经过政府和村集体、村民的反复摸索，出现了以保障村集体和村民长远发展的留用地制度。从本质上来说，留用地将土地增值收益与村集体和村民共享，为村集体经济组织发展预留土地资源和空间资源，更好地实现从农民向市民、从半城市化向深度城市化的转变。

早期传统的留用地开发模式主要以村集体出租、自建（代建）厂房出租这类形式为主，由村集体与承租方按一定标准进行租用，土地、房屋租金成为村集体的重要经济收入，每年度村集体将所获得的收入给入股村民分红。这类模式的探索以广州、深圳等地为代表。深圳实施土地统征统转后给各个原农村集体划定的非农

建设用地、征地返还地等都属于留用地性质。由于这类土地仍然停留在出租经济状态，大多数性质仍然为集体土地，土地价值尚未充分显化。近年来，为了使留用土地制度更好地与政府产业规划相结合，各地开始积极探索留用土地制度实现的新模式。比如：广州增城区的"统筹城乡科学发展基金"，将留用地交由政府统一开发、统一招商，项目产生的地方本级税收的50%返还给农村集体；厦门西坂村由政府在发展工业集中区时，在项目区外按照规定留用一定土地，并于已保留的工业集中区范围内或紧邻的村庄和工业集中区用地进行统一规划，统一改造，实现就地城镇化。

在坪山"整村统筹"土地整备中，社区留用地包括安置土地和留用土地两类。这两者实际上都可以看作是政府在将原农村土地转化为国有土地的过程中，给予原农村集体和原村民的补偿。深圳虽然自2004年以来已经实现了所有土地的国有化，但在征地转地的过程中仍然遗留了很多问题没有彻底解决，这样使得许多土地，特别是城中村的土地还被原村集体和原村民所占有和使用。土地整备要使得大量的这类土地能够被清理出来用于城市建设和产业发展，但又不能增加土地收回和房屋拆迁的阻力，需要借助划定留用地的方式，使原村集体和原村民分享土地增值收益，从而对政府和原村集体之间的利益进行平衡。

深圳"整村统筹"土地整备过程中，对于社区留用地的确定需要经历多个层面的协调。对于政府通过非农建设用地、征地返还地、旧屋村用地、扶持发展用地等多种途径来保障原农村的发展的用地，以及社区通过符合一定条件的历史遗留违法建筑处置等方式保留的一定土地，由于这些给予社区的用地其指标内涵基本清晰，主要协调方面在于社区与政府各自的权属数据是否一致。而对于解决征转地历史遗留问题需要安置的用地，由于不同社区各自情况差异显著，并且这一部分土地本身就存在不清晰和有争议之处，因此这一问题的解决成为政府和社区博弈的焦点。此外，除了社区留用地之外的土地，由政府收回作为公共基础设施用地和产业用地，这些用地必须通过现状建设用地拆除清理后才能释放，必然还会涉及政府与社区之间的利益协调。最后,"整村统筹"土地整备中社区留用地规模还存在40%的上限要求(目前相关政策在进一步优化该比例规定)。

坪山"整村统筹"土地整备模式,直接实现社区留用土地性质的转变,将其纳入国有土地管理范畴,通过土地市场或者房地产市场直接转让土地或者其房地产。这突破了传统留用土地制度中土地性质多数仍然为集体用地,上市交易困难的限制。

2. 规划编制

由于市场存在失效、外部效应和衍生出公共物品等缺陷,需要政府在一定程度上直接干预调控资源配置与土地利用。政府通过城市规划管理土地市场,促进城市经济发展,保障市场的健康运作,城市规划成为政府管制市场的一种重要手段。规划管制是土地利用中常用的行政手段,具有资源和利益配置的作用,其行使会涉及对土地使用权利的重新界定,从而对使用者的利益产生影响,对个人利益和社会利益具有调和作用。规划管制主要通过影响供给弹性的方式影响土地和房地产市场。管制不仅限制了土地利用权利,而且直接影响土地价值,这种限制是土地发展权的直接来源。"整村统筹"土地整备通过编制土地整备专项规划,尤其是社区留用地规划来明确社区留用地的空间范围、功能配比、开发容量以及应当配套的基础设施和公共服务设施,通过明确这些内容,对各方主体的利益进行协调。

在规划功能方面,需要结合区位条件、产权基础、历史文化、社区发展等多种条件,综合制定规划方案。区分社区和政府双方利益诉求,一般来说社区留用地以居住用地为主、混合部分商业服务业以及社区配套设施。而政府收回土地则是需要重点保障公共基础设施特别是大型片区级基础设施用地以及成片的产业发展空间。坪山三个试点的探索做法是将区域内的居住用地全部作为社区留用,以此腾挪政府收回土地空间。但是对于居住和商服功能无法完全满足社区留用地规模的社区,需要进一步完善规划功能与其他技术手段的协调统筹,保障项目能够顺利实施。

在规划布局方面，在社区留用地专项规划编制过程中存在一个利益博弈的焦点问题，也即留用地的选址问题，不同的区位条件对于土地价值有显著影响。社区希望争取的地块和政府必须收回以保障公共利益落实的地块很可能存在重叠。因此在社区留用地规划布局协调过程中，首先需要明确政府底线，划定必须收回地块。然后按照地块集中、边界完整等原则确定留用地选址。此外，在社区留用地内部，还存在安置地块与发展地块之间的位置协调，为了防止社区片面追求经济利益，以及落实安置先行的拆迁思路，必须在规划布局中首先载明安置地块规模及位置，并且在社区留用地开发中作为首期项目优先建设。

在开发强度方面，在对存量土地尤其是原农村土地进行处置时，既涉及原农村土地国有化过程中的利益协调，还涉及城市未来发展格局下土地增值收益的分配。在多重利益格局的叠加情况下，完全按照未开发建设用地容积率管控规则作出的规划安排并不能有效解决利益平衡问题。这就要求规划编制主体在城市规划容积率管控规则的基础上，综合考虑土地整备中各方主体成本和收益，来安排社区留用地的合理开发强度和使用功能。

在此基础上，土地和规划如何互动是"整村统筹"土地整备推进过程中协调博弈关键。从城市规划角度看，通过"整村统筹"土地整备，落实和优化了上层次规划，强化了土地政策与城市规划的互动。一方面以公共利益为底线，严格落实公共基础设施用地；另一方面通过空间结构的整合优化，腾挪出发展用地和社区留用地，服务城市发展的同时完善了社区功能。从土地管理的角度来看，"整村统筹"通过对未来的规划，对改造片区土地增值收益予以共享，从而推动项目实施。留地指标与规划指标之间是一个相互协调的过程。如果社区获得的留用地较少，就可以在规划的空间容量上安排一定的利益，反之亦然。因此"整村统筹"在传统城市规划的基础上建立了一种新型的弹性规划机制，真正通过各方的协调博弈落实规划编制，实现协商式规划的发展目标。

3. 资金协调

近年来，随着以东部沿海城市为代表的区域土地价值急剧上升，传统的货币补偿方式已经不能满足原权利人让渡土地所有权/土地使用权的需求，因此在实践中往往采取货币补偿与产权置换相结合的方式。为实现公共利益和城市整体利益而开展的"整村统筹"土地整备，由于需要对所涉及的原农村集体用地和建筑物予以补偿，土地整备资金需求极大。与传统的房屋拆迁补偿方式不同的是，"整村统筹"土地整备采取的是"房地分离"的补偿模式，即土地补偿通过留用可供发展的土地，而房屋补偿则主要对其重置价进行补偿，该补偿即为土地整备金。这样的好处在于，由于土地补偿在土地权属核查过程中已经确定，而房屋仅补偿其重新建设的成本价格，在很大程度上减少了"整村统筹"实施过程中对违法抢建的经济利益刺激。

在坪山"整村统筹"土地整备资金方面的协调手段主要包括土地整备资金的确定和留用土地地价缴交标准的设定两个方面。土地整备资金中最受关注的是对于原村集体和原村民的货币补偿。依据目前土地整备所参照的《深圳市房屋征收与补偿实施办法（试行）》（2016年版），这部分资金测算是根据"房地分离"的思想，对土地和房屋分别给予补偿。而在社区留用土地的地价缴交中，同样对已建土地和未建土地进行了区分，前者是按照楼面地价进行缴交，后者则是按照空地的地价进行缴交。具体来讲：

土地整备资金主要是确定政府对土地整备项目提供的资金扶持。由于土地整备工作立足于实现公共利益和城市整体利益的需要，同时关键性的是要一揽子解决涉及原农村的土地历史遗留问题，而后者更加离不开政府的主导和多种方式的补偿，因此深圳土地整备搭建了较为完善的土地整备资金筹集、拨付使用的管理政策。在土地整备项目中，目前需要资金补偿或扶持的主要内容包括三个方面：一是征转地历史遗留问题处理方面涉及的征转地成本、青苗补偿和地上构筑物补偿等内容，这部分补偿在现有政策中采取的是实物补偿和货币补偿并存的处理方式，但实物补偿方式因落地困难正在逐步退出；二是在房屋拆除和土地清理的过程中产生的成本，在坪山三个试点案例中主要是指政府收回土地涉及的这部分成本；三是土地整备过程中涉及的工作经费，这些经费目前从财政预算中支付。

由于这部分资金主要由政府支撑，利益博弈也主要发生在政府和社区之间。

根据《土地整备利益统筹试点项目管理办法（试行）》，"整村统筹"留用土地地价首先需要参照规划功能确定，区分现状产权性质——需腾挪的合法用地及指标和合法外用地留地，分别核算。其次针对居住和商服用地，首先基于《深圳市城市规划标准与准则》中规定的基准容积率，构建与土地移交率（政府收回规划建设用地比率）密切相关的"整村地价"容积率，然后将规划容积率与之比较，依据留用土地现状产权性质，并且区分居住和商服规划功能进行调控。这其中涉及了规划用途、土地移交率、容积率、产权性质多个方面的调控手段联动，技术方法十分复杂，在协调过程中需要认真把握并详细模拟，防止调控方向偏离预期。

"整村统筹"土地整备的"土地＋规划＋资金"的政策大账是对现有政策的集成和优化，这种做法在消化解决土地历史遗留问题中发挥着越来越重要的作用。更进一步来讲，政府政策大账与社区小账之间的差额为集体账，通过这样的补偿方式，促进社区自治能力提高和可持续发展能力建立。只有政府让渡部分利益给社区，才能激发社区和政府共同谋划城市化发展的热情，降低政府政策推动中共识达成的成本消耗，进一步提高城市化效率。

（二）探索"整村统筹"实施路径，建立完善工作机制

1. 构建从前期研究到后期实施的完整实施路径

通过三个试点项目的逐渐探索，目前"整村统筹"土地整备已经建立了较为清晰的实施路径，主要包括：可行性研究、计划申报、规划编制、规划审批和实施监管这些主要阶段。具体到每一环节来说，其主要内容如下：

第一阶段为项目发展定位思考。通过对片区发展目标和发展诉求分析，找准"整村统筹"土地整备项目实施的宏观定位。例如坪山高新南片区"整村统筹"正在探索更优的整备模式，为符合片区重大产业项目落地需求，研究大片区统筹下的"整村统筹"实施路径。"整村统筹"土地整备项目，不仅仅局限于项目范围内解决了多少重大产业项目落地，完善了多少基础设施和公共配套，而是要

站在更高的层面，理解区域对项目所在地区的发展诉求，并且与区域未来发展模式相契合。

第二阶段为社区发展路径可行性研究。主要是由社区及前期介入的市场实施主体根据社区自身发展情况及利益诉求，通过项目现状梳理与上位规划研究，对土地再开发路径、利益统筹项目边界以及利益格局等初步明确。项目可行性研究通过后，前期介入的市场实施主体与社区签订合作框架协议。这一阶段的重点在于"政企分家"的情况下如何培育社区利益诉求表达与自我管理能力。

第三阶段为申报纳入利益统筹试点项目计划。社区在对未来发展方向达成共识后，通过社区董事会、监事会、集资会、股东大会的"四会"决议，经市规划国土主管部门审核后，报市政府批准，纳入试点计划。这一阶段的重点在于促使社区内部居民小组和原村民共同参与"整村统筹"土地整备项目的实施，其核心在于对社区内部的利益分配方案基本达成共识，降低政府与利益个体的沟通成本。

第四阶段为专项规划与实施方案编制。社区与政府明确留用土地、规划建筑面积、土地整备金三个"大账"，并且与原村民制定安置补偿方案，经过多轮沟通协调，形成土地整备单元专项规划与实施方案。这一阶段利益博弈最为明显，利益协调不仅仅停留在经济测算上面，而是具体到每一块宗地，因此需要利益主体之间多轮多层次的沟通协调。

第五阶段为专项规划与实施方案审批。以上两个文件分别历经区—市级主管部门—市政府审批。如果专项规划涉及对上位法定规划的突破，还需报图则委审批，最后合并到实施方案，一起报市政府审批。其核心在于市政府通过规划审批对宏观层面的利益切分进行把控，守住城市公共利益和整体利益底线。而区主管部门和街道办则是重点起到协调推进的作用，对上争取权利，对下限制超额利润。

第六阶段为试点项目开发建设与监管。签订四方框架协议后，项目正式开始实施。社区通过竞争性谈判选择市场实施主体，明确各自利益格局。试点项目一般采取分期开发、分期移交的方式，社区完成第一期房屋拆除与土地清理并移交区政府后,可以申请下一期的土地整备金。

2. 建立分工明确、各有侧重、互为协调的工作机制

前述每一环节涉及的工作内容不同,因此各参与主体的工作事项以及侧重点也不同。总体来看,社区作为"整村统筹"土地整备的主体,主要侧重于协调谈判和具体实施工作,街道办主要侧重于谈判和实施工作的组织协调与操作指导,坪山土地整备局和相关部门负责提供技术支持和项目监管以及向上申报审批工作,市级主管部门和相关部门负责方案审批工作,区政府和市政府主要负责项目重大决策的确认工作,技术单位和市场主体分别在项目推动的前期和后期提供技术、资金、经验等相关方面的支持。通过试点项目的推进,对不同阶段不同主体的角色定位进行不断优化和完善,逐步建立起了分工明确、各有侧重的工作机制(见图7—4)。

(三) 协调各方主体利益矛盾,由对立走向双赢

1. 协调各方利益主体关系

通过金沙社区和南布社区两个试点的探索,为沙湖社区试点及之后"整村统筹"土地整备的利益协调机制构建了相对完整的框架。金沙社区试点在传统土地整备基础上首次提出了"社区主体"的概念,基本奠定了区政府、区土地整备局及各相关部门、街道办、社区、居民、市场等多方参与格局。南布社区试点在金沙社区试点经验的基础上进一步明确了各参与主体的参与规则与作用边界。这一利益协调规则在沙湖社区试点更为复杂的社区结构中得以进一步细化完善,最终形成了各方主体利益协调范式,为后续试点项目的规划编制及开发建设等工作有序推进提供了保障。

总体来看,利益矛盾主要集中在代表公共利益和城市整体利益的城市政府管理者与代表经济利益的产权人和实施主体之间。这一利益矛盾的协调集中在三个政策大账,也即政府给多少和留多少的具体规则确定。利益协调机制通过逐步明确"土地—规划—资金"三个大账的核算方式与联动空间,从双方角度保障"整村统筹"土地整备试点项目能够实施。

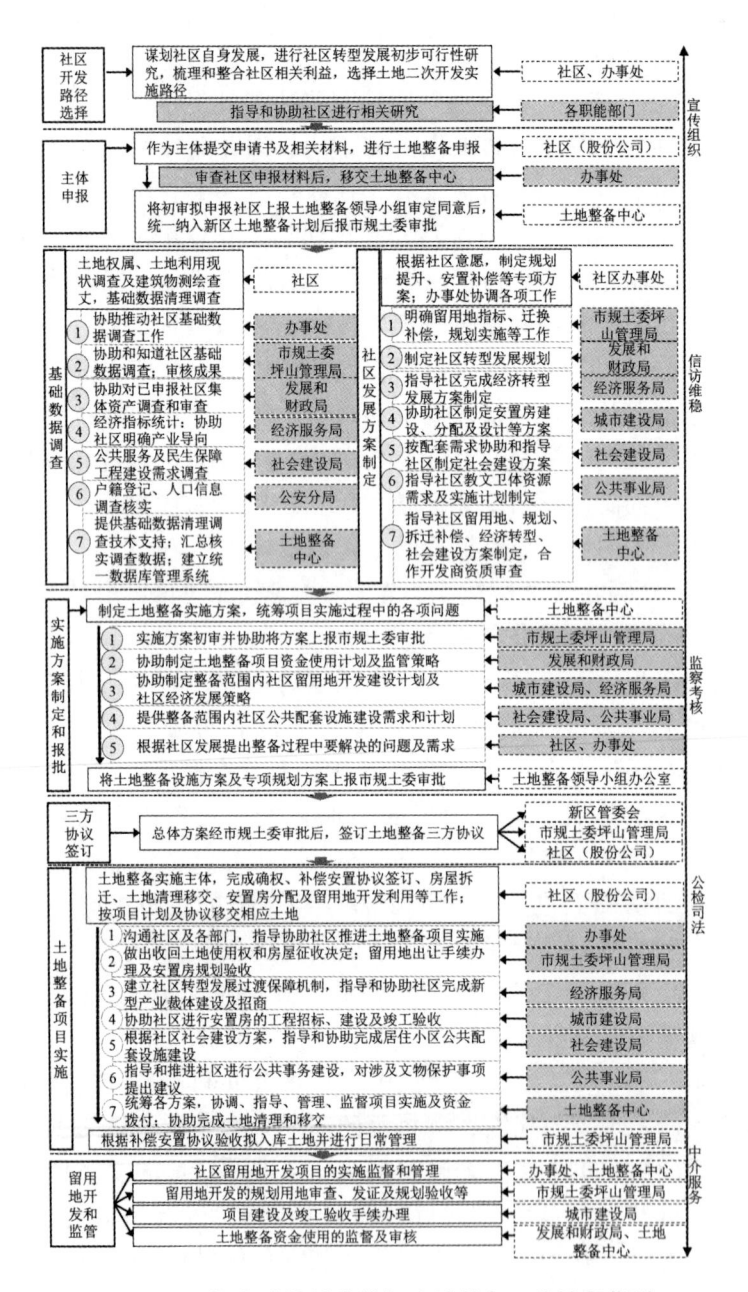

图7—4 坪山"整村统筹"土地整备工作流程指引

阶段	工作内容	责任主体	
社区开发路径选择	谋划社区自身发展,进行社区转型发展初步可行性研究,梳理和整合社区相关利益,选择土地二次开发实施路径	社区、办事处	宣传组织
	指导和协助社区进行相关研究	各职能部门	
主体申报	作为主体提交申请书及相关材料,进行土地整备申报	社区(股份公司)	
	审查社区申报材料后,移交土地整备中心	办事处	
	将初审拟申报社区上报土地整备领导小组审定同意后,统一纳入新区土地整备计划后报市规土委审批	土地整备中心	
基础数据调查	土地权属、土地利用现状调查及建筑物测绘查丈,基础数据清理调查	社区	信访维稳
	① 协助推动社区基础数据调查工作	办事处	
	② 协助和知道社区基础数据调查;审核成果	市规土委坪山管理局	
	③ 协助对已申报社区集体资产调查和审查	发展和财政局	
	④ 经济指标统计;协助社区明确产业导向	经济服务局	
	⑤ 公共服务及民生保障工程建设需求调查	社会建设局	
	⑥ 户籍登记、人口信息调查核实	公安分局	
	⑦ 提供基础数据清理调查技术支持;汇总核实调查数据;建立统一数据库管理系统	土地整备中心	
社区发展方案制定	根据社区意愿,制定规划提升、安置补偿等专项方案;办事处协调各项工作	社区办事处	
	① 明确留用地指标、迁换补偿,规划实施等工作	市规土委坪山管理局	
	② 制定社区转型发展规划 指导社区完成经济转型发展方案制定	发展和财政局 经济服务局	
	④ 协助社区制定安置房建设、分配及设计等方案	城市建设局	
	⑤ 按配套需求协助和指导社区制定社会建设方案	社会建设局	
	⑥ 指导社区教文卫体资源需求及实施计划制定	公共事业局	
	⑦ 指导社区留用地、规划、拆迁补偿、经济转型、社会建设方案制定,合作开发商资质审查	土地整备中心	
实施方案制定和报批	制定土地整备实施方案,统筹项目实施过程中的各项问题	土地整备中心	监察考核
	① 实施方案初审并协助将方案上报市规土委审批	市规土委坪山管理局	
	② 协助制定土地整备项目资金使用计划及监管策略	发展和财政局	
	③ 协助制定整备范围内社区留用地开发建设计划及社区经济发展策略	城市建设局、经济服务局	
	④ 提供整备范围内社区公共配套设施建设需求和计划	社会建设局、公共事业局	
	⑤ 根据社区发展提出整备过程中要解决的问题及需求	社区、办事处	
	将土地整备设施方案及专项规划方案上报市规土委审批	土地整备领导小组办公室	
三方协议签订	总体方案经市规土委审批后,签订土地整备三方协议	新区管委会 市规土委坪山管理局 社区(股份公司)	公检司法
土地整备项目实施	土地整备实施主体,完成确权、补偿安置协议签订、房屋拆迁、土地清理移交、安置房分配及留用地开发利用等工作;按项目计划及协议移交相应土地	社区(股份公司)	
	① 沟通收回土地使用权和房屋征收决定;留用地出让手续办理及安置房规划验收	办事处 市规土委坪山管理局	
	② 建立社区转型发展过渡保障机制,指导和协助社区完成新型产业载体建设及招商	经济服务局	
	③ 协助社区进行安置房的工程招标、建设及竣工验收	城市建设局	
	④ 根据社区社会建设方案,指导和协助完成居住小区公共配套设施建设	社会建设局	
	⑤ 指导和推进社区进行公共事务建设,对涉及文物保护事项提出建议	公共事业局	
	⑥ 统筹各项工作,协调、指导、管理、监督项目实施及资金拨付;协助完成土地清理和移交	土地整备中心	
	⑦ 根据补偿安置协议验收拟入库土地并进行日常管理	市规土委坪山管理局	
留用地开发和监管	社区留用地开发项目的实施监督和管理	办事处、土地整备中心	中介服务
	留用地开发的规划用地审查、发证及规划验收等	市规土委坪山管理局	
	项目建设及竣工验收手续办理	城市建设局	
	土地整备资金使用的监督及审核	发展和财政局、土地整备中心	

资料来源:坪山"整村统筹"社区宣传材料。

从不同环节来看，各方主体之间又形成了基于不同环节的利益关系链条，在某一环节从而形成矛盾的统一面或者对立面。例如在确定政策大账时，沙湖社区与坪山土地整备局需要根据各自诉求进行协商博弈，但是在方案审批阶段则需要共同协商落实市级主管部门的批复意见，保障方案顺利审批。为了避免协调过程混乱无序，项目实施的每个阶段均以重要文件（如专项规划、实施方案、框架协议、竞争性谈判文件等）将各方主体的利益以书面形式进行确认。虽然利益协商博弈都会由于各个主体扮演角色不同而出现"各在其位、各争其利"的局面，但其结果都是在平衡各自利益的前提下共同保障项目的顺利实施。

2. 促进政府与社区走向合作共赢

与原特区内不同的是，原特区外面临的更多是城市配套和产业发展不足的问题。城市景观仍然处于半城市化状态，普遍呈现"农村包围城市"的态势，居民意识也尚未完全融入现代城市文化，促使其接受并积极参与存量土地资源盘活较为困难。原农村社区的土地要具有更高价值，必须完善相邻功能配套和积极推进产业培育，为社区提供更好的居住环境和就业机会，不仅可促进城市建设提升，也可通过吸引优秀企业和人才进驻，促进社区居民生存能力和文化素质的提升，于社区和政府均是一种合作共赢的结果。"整村统筹"正是运用了这种思维，社区让渡土地使用权（所有权）是为了城市的发展，同时更是为了自身的长远发展；政府在收回社区实际掌握土地资源的同时也要充分考虑社区自身的发展。只有在资源共享、优势互补、充分培育成熟的市场环境下，社区留用地的价值和区域的发展才能共同提升，真正做到"以土地改革促进土地整备，以土地整备促进城市更新，以城市更新促进社区转型"。

二 为深圳土地整备体系完善提供有力支撑

（一）直接推动土地整备利益统筹政策的生成

土地整备提法本身就是深圳开展的一项创新性很强的工作，在国内尚无成熟经验。随着土地整备工作的不断推进，土地价值日益显化，原农村集体对土地的利益诉求越来越高，土地整备的难度也越来越大。因此，土地整备必须探索创新政策机制来解决其面临的新问题。坪山首次提出的"整村统筹"土地整备模式，恰好契合了全市土地整备工作继续推进的迫切需求，在全市层面上，将"整村统筹"这一政策理念予以明晰。"整村统筹"土地整备的提出，丰富了传统的土地整备体系，在"拆不动、赔不起、玩不转"的原农村土地上，探索出了一条灵活且具有可实施性的存量土地再开发政策，使土地整备形成了多项并举的综合政策体系（详见图7—5），这样在城市更新政策体系之外，逐步搭建了以政府为主导的土地整备政策体系。与城市更新一起成为深圳农村土地再开发的两驾马车。

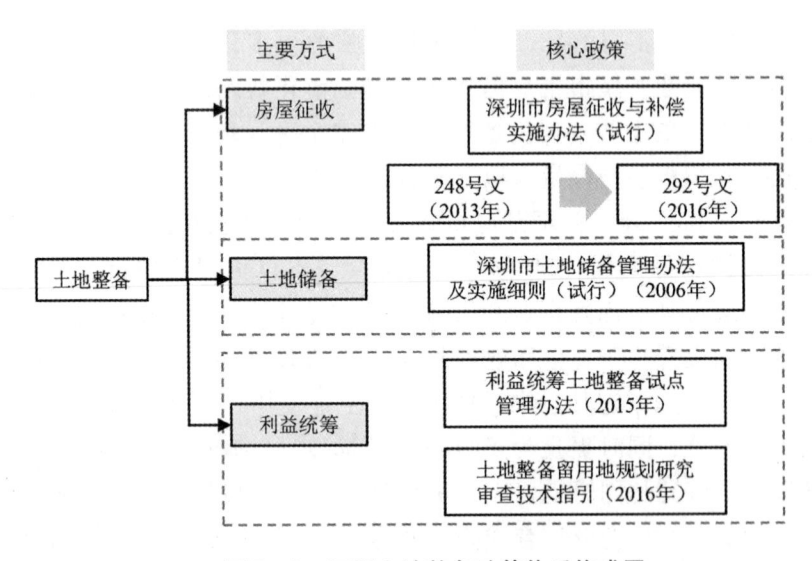

```
                 主要方式              核心政策
              ┌──────────┐      ┌──────────────────┐
           ┌─▶│ 房屋征收  │      │ 深圳市房屋征收与补偿│
           │  └──────────┘      │ 实施办法（试行）   │
           │                    └──────────────────┘
           │                    ┌────────┐  ┌────────┐
           │                    │ 248号文 │⇒│ 292号文 │
           │                    │（2013年）│  │（2016年）│
           │                    └────────┘  └────────┘
┌────────┐ │  ┌──────────┐      ┌──────────────────┐
│土地整备 │─┼─▶│ 土地储备  │      │ 深圳市土地储备管理办法│
└────────┘ │  └──────────┘      │ 及实施细则（试行）（2006年）│
           │                    └──────────────────┘
           │  ┌──────────┐      ┌──────────────────┐
           └─▶│ 利益统筹  │      │ 利益统筹土地整备试点│
              └──────────┘      │ 管理办法（2015年） │
                                └──────────────────┘
                                ┌──────────────────┐
                                │ 土地整备留用地规划研究│
                                │ 审查技术指引（2016年）│
                                └──────────────────┘
```

图7—5　深圳土地整备政策体系构成图

资料来源：笔者自绘。

坪山"整村统筹"土地整备政策的探索直接推动了2015年全市《土地整备利益统筹试点项目管理办法（试行）》的编制，坪山"整村统筹"政策探索的许多核心思路在《土地整备利益统筹试点项目管理办法（试行）》中得以体现。

一是从政策理念上来说。《土地整备利益统筹试点项目管理办法（试行）》中的"整村统筹"整备项目要求以"整村"为单位解决土地历史遗留问题，明确鼓励原农村集体将所辖范围内全部土地历史遗留问题用地纳入"整村统筹"土地整备范围，并给予"整村"实施土地整备利益统筹的社区按照基准地价10%补缴的优惠政策，鼓励社区一揽子解决历史遗留问题。二是从政策大账来说。《土地整备利益统筹试点项目管理办法（试行）》延续了坪山"土地、规划、资金"三个政策大账的利益分配思路。在社区留用地核定方面，将合法用地全部留用，此外依照全市平均水平，明确了未完善征转地手续用地的20%可作为合法用地指标。在规划编制方面，土地整备专项规划和实施方案同步编制，专项规划报图则委审批之后再纳入实施方案。在土地整备资金方面，对原有的仅补偿政府收回用地上的建筑物的做法予以调整，对项目实施范围内的全部房屋按照重置价进行补偿，在这一方面，沿用了重置价补偿的思路。三是从审批机制来说。《土地整备利益统筹试点项目管理办法（试行）》采取区政府编制实施方案，由市主管部门审查后报市政府审批，对于具体项目的审批流程，目前主要依据坪山经验进行完善。

（二）明确多主体在土地整备中的工作组织和实施机制

完善土地整备工作管理体制机制，规范土地整备实施程序，是土地整备的基础性工作。全市土地整备利益统筹政策是在坪山"整村统筹"土地整备试点基本成熟，实施机制构建基本完成的基础上，开展的应用和推广工作。坪山探索出了一套完整的项目实施工作组织机制，明确界定了社区、街道办、区土地整备机构、区政府、区职能部门、市土地整备主管机构、市职能部门、市政府等多个主体的工作职责以及实施机制，为全市土地整备管理体制和管理部门的进一步完善提供了有益的思路借鉴。

（三）为土地整备利益统筹试点推广提供鲜活经验

在试点探索之初，坪山就在2012年全市土地整备工作会议上作为2011年度土地整备优秀单位受到表彰。"整村统筹"土地整备模式受到了国土资源部、广东省相关部门及市委、市政府的关注和肯定。

"整村统筹"土地整备作为深圳土地管理制度改革的重要突破

口，在土改的背景下，坪山的"整村统筹"土地整备得以积极推进。坪山制定了"整村统筹"土地整备系列规则，丰富完善了"整村统筹"土地整备政策体系，成为深圳土地改革的一大亮点。2015年5月，"整村统筹"被写进深圳市第六次党代会报告，坪山的试点探索经验上升到全市推广的层面。2015年11月，随着《土地整备利益统筹试点项目管理办法（试行）》的出台，"整村统筹"土地整备模式正式启动在全市推广。

坪山"整村统筹"土地整备的探索，来自于三个试点案例的实际经验累积，对于全市开展利益统筹试点项目的工作推进，具有较强的借鉴意义和实现价值。在坪山相关政策思路的支撑下，全市铺开进行"整村统筹"土地整备试点项目实践探索。第一批申报的试点达到40个，总面积达到2783公顷（见表7—5）。试点工作的开展，无论对未来的政策构建，还是对深圳的存量土地资源盘活，都具有重要意义。

表7—5　　　　深圳土地整备利益统筹试点项目列表

所属区域	试点项目个数	试点项目面积（公顷）
南山区	1	141
宝安区	4	1133
龙岗区	19	1077
光明新区	1	37
坪山新区	3	34
龙华新区	9	271
大鹏新区	3	90
合计	40	2783

资料来源：《土地整备利益统筹试点项目管理办法（试行）》试点项目目录（深规土〔2015〕733号）。

截至2017年2月，全市纳入土地整备利益统筹的试点项目达48个，除南布社区、沙湖社区以外，龙华观澜下围"整村统筹"土地整备试点项目获批并且予以实施。同时还有20个试点项目正在开展申报审批工作,"整村统筹"土地整备作为深圳存量土地管理中的一个重要内容,已经逐步获得社会各界的认可。

三 为全国土地管理制度改革提供实践经验

(一)"整村统筹"土地整备为以政府为主导的成片存量土地资源盘活提供新思路

存量土地的再开发,对于一个地区空间格局优化、基础设施改善、公共服务能力及城市形象和品质提升具有重要意义。与深圳城市更新模式比较而言,"整村统筹"土地整备旨在建立一种满足全面推进城市化要求,以政府为主导的存量土地再开发模式。其基本要点包括:政府主导而非市场主导;适用对象主要为原农村集体涉及的瑕疵产权土地而非单纯的合法用地上的已建成区;自上而下与自下而上相结合而非两者割裂。针对我国北京、上海等城市普遍面临的增量土地资源紧缺以及城中村土地利用低效且产权复杂、盘活困难等现象,这一探索提供了一种全新的解决思路。

传统土地整备模式下土地开发方式一级开发和二级开发是相互独立的,政府先通过征收拆迁进行土地一级开发,再通过土地招拍挂等方式交由市场实现土地二级开发。"整村统筹"土地整备的开发方式将土地的一级开发和二级开发进行了联动,通过政府和社区的共同协商,土地现状建筑由社区主导进行拆除,社区留用地的开发建设也由社区主导,在社区留用地方面实现了土地一级开发和土地二级开发的联动。

传统城市在向郊区空间扩张的过程中往往是多点开发,零星发展,单个地块的储备和出让相对独立。由于开发方式受不同开发主体的影响,往往各自为政,不同片区的建设水平和形态差异较大,也由此产生了大量的插花地、夹心地和边角地等无法继续利用的土地空间,造成了土地资源的浪费。同时,由于在整体上缺乏统筹谋划,社区未能形成统一协调的整体格局,不利于后续可持续发展。"整村统筹"土地整备方式从整体上谋划社区的长远可持续发展,整体规划、整片改造、整体治理、分步实施,实现了集中连片开发模式优化,是对城市空间扩张方式的一种创新。

（二）"整村统筹"土地整备为实现城乡统筹发展提供新路径

虽然深圳已无农村建制，也不存在传统意义上的农村集体土地，但实际上仍存在大量建设用地或非建设用地未完善征转地手续、土地及附着物补偿不到位等导致的土地历史遗留问题。这需要采取不同于城市土地管理方式的新的路径予以盘活。在面临城市化过程中产生的这些土地历史遗留问题时，"整村统筹"土地整备将改造对象集中于原农村地区，针对原农村社区历史遗留问题这一难啃的"硬骨头"，"整村统筹"土地整备积极探索农村土地管理制度改革。从"整村统筹"土地整备政策理念探索历程来看，坪山在试点过程中借鉴了北京和成都等地城乡一体化建设经验，其政策核心思想基本适用于城中村和城乡接合部，作为服务城乡一体化的土地管理制度改革的重要实践，具有可复制推广性。"整村统筹"土地整备为促进农村与城市融合发展，实现多方共赢，提升"半城市化"地区城市品质提供新思路、新做法，为全国类似地区的土地管理制度改革、土地节约集约利用和新型城镇化发展等提供了宝贵的经验借鉴。

此外，"整村统筹"土地整备通过一个平台承载了社区发展转型的多个目标，从而真正实现了统筹发展。深圳原特区外完成镇改街、村改居之后，社区经济社会的发展一直存在政企不分、管理混乱的状况。社区股份公司主导的经济发展管理与社区居委会主导的社会管理相互交叉、权责不清，严重制约了社区经济的发展。例如，坪山共有23个社区，30个居委会，84家股份合作公司，其中社区一级股份合作公司20家。坪山贯彻落实市委、市政府部署要求，抓住社区"两委"班子换届契机，在换届工作中叠加政企社企分开改革、基层管理改革、社区工作人员薪酬制度改革、社区选举及运作改革等四项基层治理领域重点难点改革，努力探索基层治理新模式。目前，已全部实现政企社企分开，社区各治理主体各归其位，公共事务合理剥离，股份合作公司经营管理更加规范、转型发展初显成效。"整村统筹"土地整备模式，通过一个平台承载了多个目标，不仅优化了社区整体空间结构，提升了土地利用价值，还同步制定了社区经济社会发展转型方案。通过政企改革，推动社区的社会经济转型，促进社区经济的持续健康发展，实现了由政企不分到政企分离的社区发展模式的市场化转型。

总的来说，"整村统筹"土地整备的坪山探索，成为坪山设区以来在改革创新方面的重要亮点之一。

第三篇

"整村统筹"土地整备的改革路径

第八章 趋势与挑战：存量发展时代的改革应对

第一节 趋势：快速城镇化背景下的存量土地再开发成为必然

一 改革开放以来我国城镇化发展加速

改革开放以来，随着社会主义市场经济体制的建立，出现了许多有利于城镇化发展的条件和因素。例如，农业生产的进步，第二、三产业的迅速增长，乡镇工业的发展，城镇化政策的调整完善等。[①] 这些条件推动了我国城镇化的快速发展，城镇化率自改革开放之后持续增长，且增长速度超过历史任何一个时期，从1978年的18%左右，到2011年首次突破50%，达到51.27%。截至2016年，全国城镇化率继续增长至57.35%，表明我国城市化已经由初期阶段迈入了中期阶段（见图8—1）。

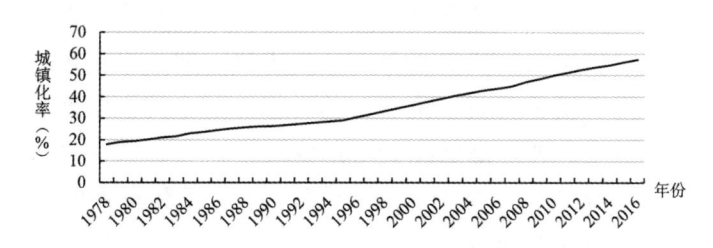

图8—1 改革开放以来我国城镇化率演进图

资料来源：笔者根据《中国统计年鉴》相关数据绘制。

[①] 新玉言：《新型城镇化——模式分析与实践路径》，国家行政学院出版社2013年版，第3—4页。

全国许多大中城市在城镇化发展方面表现突出，已经进入了城镇化发展的相对成熟阶段。北京、上海、广州这三大一线城市，目前城镇化率也都已经超过了80%，纷纷进入城市化发展的后期阶段（见图8—2）。深圳在全国是一个特殊的案例，自2004年城市化转地以来，深圳市的农村人口已经全部转为城镇人口，意味着深圳的城镇化率达到了100%。

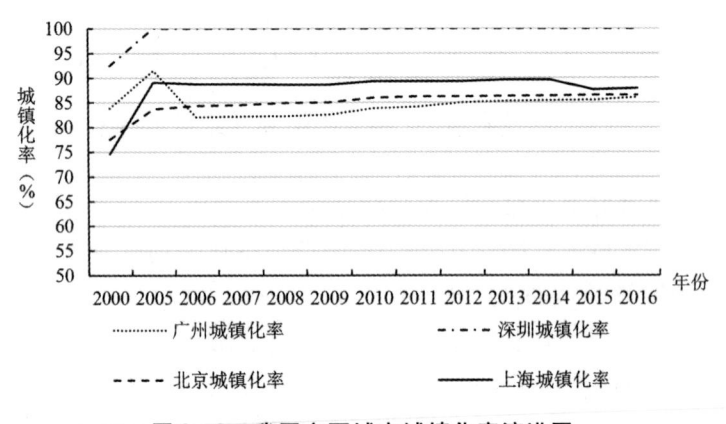

图8—2 我国主要城市城镇化率演进图

资料来源：笔者根据《中国统计年鉴》《广东省统计年鉴》相关数据绘制。

二 城镇建设用地增长迅速

在过去几十年高速发展过程中，地方政府普遍存在大力支持城区扩张和建设的倾向，使得城市市区范围快速向外围蔓延，城市建设用地面积不断增长；而户籍制度基本保持严格控制状态，制约了农民市民化速度，即使是已经长期在城市就业且有稳定收入和住房的农民，由于长期形成的与户籍捆绑的行政管理模式没有彻底改变，也难以或不愿改变身份。这样导致人口城镇化速度明显滞后于土地城镇化速度。根据中国建设统计年鉴数据，1981年至2015年，我国城市建设用地面积从6720平方公里，增长到51584平方公里，年均增长率为6.18%；在同一时期，城区人口从14400万人，增长至39437万人，年均增长率为3%，城区人口增长速度仅为城市建设用地面积增长速度的一半。

城市建设用地的快速扩张造就了高度集中的特大城市，带来了很多矛盾和问题。首先，城镇化质量偏低，在粗放外延式的发展模式下，城市呈摊大饼式无序蔓延，土地利用方式粗放，城市开发强度过大，而城市基础设施和公共设施配套不足。同时，环境污染加剧、交通拥堵严重等"城市病"日益凸显。其次，城镇化过程中土地利用效率低下。在大多数城市，城镇工业用地占比过大，土地利用效率偏低，单位土地承载的经济总量不高，经济增长主要依赖土地要素的规模化供给。土地需求作为一种引致需求，是由经济发展的需求派生的，在我国过去经济快速发展的几十年中，为了服务于以增加要素投入为主的经济增长方式，土地尽管面临稀缺性制约，但仍采取宽松的供应方式，成为导致土地低效利用的重要原因之一。最后，城镇化面临开发空间不足的约束。当土地资源被快速消耗时，有限的国土空间无法继续支撑城市建设与可持续发展，各业竞相用地的矛盾加剧。

以深圳为例，三十几年来凭借经济总量的高水平快速积累跻身全国一线城市的行列，但是这座年轻的城市也先于其他城市面临空间资源难以为继的严峻考验。根据《深圳市土地利用总体规划（2006—2020年）》调整完善方案，至2020年，深圳建设用地总规模必须控制在1004平方公里以内，而截至2015年，深圳现状建设用地已经达到975平方公里，建设用地的增长空间十分有限。

三 土地管理制度的改革创新成为必然

为了应对快速城市化过程中出现的各种问题，近年来国家鼓励各地开展土地领域的改革和创新，这些改革和创新主要体现在以下几个方面：

第一，遏制城市无序蔓延。由于缺乏有效的城市空间增长管理手段，城市无序蔓延问题日益凸显。为了解决这一问题，政府在新型城镇化规划、"十二五"规划等政策文件中，多次强调合理确定城市规模、增长边界、开发强度和保护生态性空间的重要性。习近平总书记在中央城镇化工作会议中也明确提出，要"根据自然条件，科学设置开发强度，加快把每个城市特别是特大城市开发边界划定，把城市放在大自然中，把青山绿水留给城市居民"。

国家各有关部门分别从耕地保护红线、生态红线、规划建设用地范围等不同角度加大探索城乡空间管理。住房和城乡建设部在2006年实施的《城市规划编制办法》中，第一次正式提出在城市总体规划纲要阶段要研究中心城区空间增长边界，明确建设用地规模和建设用地范围。自2012年以来，环境保护部从保护生态环境的角度划定生态保护红线，在总结内蒙古、江西等相关试点工作经验的基础上，于2014年出台了我国首个生态保护红线划定纲领性技术指导文件《国家生态保护红线——生态功能基线划定技术指南（试行）》，生态保护红线划定工作有序开展。2017年2月，中共中央办公厅、国务院办公厅印发了《关于划定并严守生态保护红线的若干意见》，进一步明确提出，2017年年底前京津冀区域、长江经济带沿线各省（直辖市）划定生态保护红线；2018年年底前其他省（自治区、直辖市）划定生态保护红线；2020年年底前全面完成全国生态保护红线划定，基本建立生态保护红线制度。国土资源部从保护耕地角度划定基本农田保护红线，结合《基本农田保护条例》等法律法规进行严格管理，在土地利用总体规划中划定城市增长和禁止建设的边界，试行建设用地空间管制。

第二，强化土地集约利用。十八大报告中提出大力推进生态文明建设要优化国土空间开发格局，全面促进资源节约，并明确指出要节约集约利用资源，推动资源利用方式根本转变，加强全过程节约管理，大幅降低能源、水、土地消耗强度，提高利用效率和效益。十八届三中全会中也明确指出健全能源、水、土地节约集约使用制度，大力发展循环经济，促进生产、流通、消费过程的减量化、再利用、资源化。

2014年国土资源部第61号令发布的《节约集约利用土地规定》是我国首部专门就土地节约集约利用进行规范和引导的部门规章，要求通过规模引导、布局优化、标准控制、市场配置、盘活利用等手段，达到节约土地、减量用地、提升用地强度、促进低效废弃地再利用、优化土地利用结构和布局、提高土地利用效率的效果。尤其是在土地盘活利用方面,鼓励对田、水、路、林、村进行综合治理,对历史遗留的工矿等废弃地进行复垦利用,对城乡低效利用土地进行再开发,提高土地利用效率和效益,促进土地节约集约利用。由此可以看出,土地节约集约利用已经上升到国家战略的高度。

第三,平衡土地供需关系。在2015年11月10日召开的中央财经领导小组第十一次会议上,习近平总书记提出了"供给侧结构性改革"的概念。供给侧改革是"用改革的办法推进结构调整,矫正要素配置扭曲,扩大有效供给",通过供给端发力来进一步释放劳动力、资本、土地等要素红利,进而破除经济增长困境,驱动经济转型升级。土地制度作为最基本的经济制度之一,是"供给侧改革"的重要组成部分,对优化生产要素配置、提高供给效率发挥重要功能。

在土地供给侧改革方面,国土资源部门制定差别化供地政策,改革供应方式,调整供地结构,规范土地储备,在供给侧结构性改革中发挥着重要作用。一方面重点保障新产业、新业态用地。2015年国土资源部联合五部委下发《关于支持新产业新业态发展促进大众创业万众创新用地的意见》,明确提出各地应以"先存量、后增量"的原则优先安排新产业用地供应,对于新产业发展快、用地集约且需求大的地区,可适度增加年度新增建设用地指标。另一方面严控产能过剩企业用地,积极盘活存量用地。2016年国土资源部出台《关于支持钢铁煤炭行业化解过剩产能实现脱困发展的意见》,要求对煤炭、钢铁等产能过剩行业新上项目一律停止办理供地手续,倒逼落后产能淘汰退出。同时,加快"僵尸企业"分类有序处置,盘活产能退出企业存量土地,鼓励企业兼并重组、转产转型为国家鼓励发展的行业。

第四,大力推进土地产权制度改革。农村集体土地产权制度改革是社会各界关注的焦点,新一轮农村集体土地产权改革的核心在于"三权分置"。十八届三中全会《关于全面深化改革若干重大问题的决定》提出"坚持农村土地集体所有权,依法维护农民土地承包经营权","赋予农民对承包地占有、使用、收益、流转及承包经营权抵押、担保权能，允许农民以承包经营权入股发展农业产业化经营"。2013年12月召开的中央农村工作会议进一步明确了"落实集体所有权、稳定农户承包权、放活土地经营权"的"三权分置"思路。这一思路在2015年11月中共中央办公厅、国务院办公厅印发《深化农村改革综合性实施方案》中得以详细说明。其中，落实集体所有权，就是落实"农民集体所有的不动产和动产，属于本集体成员集体所有"的法律规定；稳定农户承包权，就是要依法公正地将集体土地的承包经营权落实到本集体组织的每个农户；放活土地经营权，就是允许承包农户将土地经营权依法自愿配置给有经营意愿和经营能力的主体，发展多种形式的适度规模经营。"三权分置"实现了农村集体土地所有权、承包权、经营权的分离，是继农地所有权和承包经营权分离后我国农村土地产权制度改革中又一次的理论创新。各地在相关试点探索过程中，加大土地产权制度的改革创新，农村集体经营性建设用地入市、宅基地换房、地票等新思路和新做法不断涌现。

土地产权制度改革的另一重要领域是探索建立不动产统一登记制度。2013年11月，国务院第31次常务会议明确要求整合不动产登记职责，建立不动产统一登记制度，做到登记机构、登记簿册、登记依据和信息平台"四统一"。2014年12月，国务院正式颁布《不动产登记暂行条例》，标志着我国不动产统一登记制度的正式建立。2016年1月，国土资源部发布《不动产登记暂行条例实施细则》，为不动产统一登记制度的全面落地实施提供了依据和指导。作为土地产权制度体系中的一项基础性制度，不动产统一登记制度的建立和实施，对于落实《中华人民共和国物权法》相关规定、保障不动产交易安全、保护不动产权利人合法权益都具有重大意义。在不动产统一登记的基础上，我国还制定了《自然资源统一确权登记办法（试行）》等一系列政策文件，积极探索构建自然资源统一确权登记制度，对水流、森林、山岭、草原、荒地、滩涂以及矿产资源等所有自然资源统一进行确权登记，逐步划清自然资源不同所有者、不同类型之间的边界，以及全民所有、不同层级政府行使所有权的边界，为建立归属清晰、权责明确和监管有效的自然资源资产产权制度提供有力支撑。

第五，鼓励多途径探索存量土地再开发。在建设用地总量和强度"双控"的新时期，如何通过土地整理、整治和再开发，优化土地结构和布局，提高土地利用效率，满足社会经济发展空间需求，成为土地管理制度改革的关键领域之一。在此背景下，中央在相关会议和政策文件中多次强调"盘活存量"的重要性，各地也纷纷结合自身社会经济发展条件探索存量土地盘活的多样途径。

在地方层面，广州、佛山通过"三旧改造"对旧城镇、旧厂房、旧村居进行转型和改造；深圳通过城市更新、土地整备、原农村土地入市等路径，在盘活存量用地的同时积极解决土地历史遗留问题、提升城市公共配套水平和促进社区转型发展；上海加强工业用地全生命周期管控，促进存量工业用地资源优化和内涵式集约发展的实现，同时划定郊野单元，推动土地集中整治。此外，国家连续出台多项政策措施积极推进棚户区改造，在促进旧居住区改造和推动社会民生保障方面发挥了重要的作用。

由于工业园区占地范围广，土地资源浪费现象尤其突出，对旧工业区的改造成为了存量用地盘活的重中之重。除了在一系列土地节约集约利用相关政策中要求提高工业用地利用效率，进一步挖潜存量工业用地外，中央在近年来出台的产业发展政策中强调"先存量，后增量"的供地原则，鼓励通过盘活利用现有工业用地和厂房，发展文化创意、信息技术、高端制造、现代服务等新兴产业，实现存量工业用地盘活和产业发展的相辅相成。

存量土地再开发是对既有土地资源优化调整和再利用的过程，土地资源不仅仅承载了城市建设和发展的功能，还承载了生态、社会等多种活动，在存量土地再开发过程中，不仅要提高经济效益，同时要加大对生态效益和社会效益的保障与提升。比如，在严守生态红线和耕地保护红线的基础上，合理规划城市发展空间，避免盲目的"高密度高强度"开发；不过度追求拆除重建带来的高额利润空间，充分考虑各类主体的生存发展需求，提供多样化的生产空间和生活空间，加强保障性住房、人才住房、公租房、廉租房等多种房屋建设；在城市风貌提升的过程中，注重城市文脉和历史机理的延续，注重城市记忆与新的文化的和谐共生。

四 高度城市化地区亟须积极推进存量土地再开发

高度城市化地区往往具有两个方面的特征，一方面城市范围内的土地大部分已经被占用，可供开发利用的新增用地规模十分有限；另一方面，社会经济处于高速发展阶段，对于土地空间的需求仍然较为可观。城市的持续发展必然涉及产业的发展、公共基础设施的完善、城市空间布局的调整、居民生活环境的提升等等，而这些方面的实现都离不开存量土地的盘活。

在产业发展方面，城市产业结构将从以第二产业为主导向以第三产业为主导演进，产业类型也从劳动密集型、资本密集型向技术密集型和知识密集型转变。随着产业结构和产业类型的转型，支撑产业发展的空间需求也发生了显著的变化。比如，新兴的高新技术产业、信息产业、现代服务业等对产业空间的需求不再局限于标准厂房或者写字楼，而是兼具办公、研发、会展、社交、餐饮、休憩等功能的创新型产业空间。在土地资源尤为紧张的高度城市化地区，这些新兴产业空间需要大量依靠以旧工业区、旧厂房为主的存量土地改造来实现。

在公共配套和基础设施建设方面，由于我国许多城市在早期发展过程中片面强调生产功能，忽视了生活等其他功能，导致公共基础设施滞后或不足。虽然高度城市化地区的发展已经达到一定水平，但是实际依然存在一定的旧城区和旧村镇等区域。这些区域面临公共基础设施配套不足，市政设施老化，空间布局不合理，"脏、乱、差"现象突出，居住环境质量较差等问题，急需实施改造。以交通设施为例，城市人口的快速集中，人员出行和物资交流的频繁，均对交通设施产生了较大的需求，但有限的城市空间限制了交通用地的发展，交通供需矛盾突出。类似的供需矛盾也在其他基础设施和公共配套领域大量存在，这些需求也不得不依赖存量土地的盘活来供给。

此外，随着城市的发展和不断扩张，必然会产生新功能替换旧功能的不断演化现象。原本处于较好区位或地段的旧城区和旧村镇，随着城市土地价值的不断显化，逐渐会被产出更高的利用方式或业态取代，从而发生土地利用用途的转变或整体的拆除重建。原本位于城市边缘的低效工业用地，随着城市范围的不断扩张和基础设施的完善，逐步成为城市中心地区，土地价值进一步凸显，也需要转变为土地附加值较高的用地功能。在主导产业和对应的用地功能优化之后，必然会带来相应的配套服务改变，如商业办公周边的餐饮、娱乐等服务业，高新技术产业周边的法律、金融等技术服务，以及承担"职"这一功能的用地规模、区位改变带来相应的居住功能和相应的服务配套功能的变化。

在这样的背景下，传统依赖征地→收储→出让→开发的新增建设用地供应模式已无法满足经济社会发展对土地空间的需求，必须适应存量土地利用管理的特征构建一套面向存量土地再开发的制度体系，这意味着高度城市化地区必将面临一场由增量向存量转变的变革。

第二节 挑战：存量发展时代面向复杂土地开发情形的管理应对

一 产权关系复杂

(一) 土地产权性质转变过程中的模糊产权形成

我国土地产权性质分为国家所有和集体所有两种类型，在城市土地国有化过程中，土地的产权性质经历了由集体所有向国家所有的转变。然而，这个转变过程并不简单，反而由于多种因素的影响而变得比较复杂。其中政策本身存在的问题、政策操作实施出现的问题、补偿未达成一致等问题都可能导致这一转变不能顺利而彻底地实现，使得土地产权既不是完全的国有，也不是清晰的集体所有，而是处于一定的模糊地带。

根据深圳2009年原农村股份合作公司用地调查数据，截至2009年6月底，原农村集体实际使用土地约393平方公里，占到全市建成区域的近半壁江山。一方面，这部分土地利用效率低下，所产生的经济效益与实际上由政府组织开发利用的土地相比差距悬殊。另一方面，这些实际被原农村集体占用的土地中有近75%的为产权有一定瑕疵的用地，存在违法建筑规模巨大、历史遗留问题纷繁复杂等问题，使得政府管理、村民利用和市场介入都十分困难，严重阻碍了这些土地和空间资源的再开发和再利用。对这部分原农村土地进行盘活利用是打破"政府拿不走、村民用不好、市场难作为"这一土地僵局的必然要求。

由于深圳原农村土地的产权状况较为复杂，为了便于理解相关问题，这里对其进行详细说明。深圳在快速城市化过程中，分别于1992年和2004年推进了原特区内和原特区外的城市化，通过原特区内土地的统一征地和原特区外土地的统一转地，实现了土地所有权的全盘国有。在土地国有化过程中，政府出台了一系列政策用以规范原农村集体和原村民的房屋建设，但这些政策在实施过程中不同程度地出现了一些问题，使得原农村土地的产权状况陷入非常复杂的境地。根据深圳当前相关政策的规定，目前一般将原农村土地区分为合法用地和合法外用地两大类型。

原农村合法用地的来源主要包括城中村红线用地、非农建设用地、征地返还地、"两规"和"三规"处理用地、已办理土地出让手续用地、旧屋村用地和"同富裕""扶贫奔康""固本强基"等支持发展用地，其中非农建设用地、征地返还地、"两规"和"三规"处理的用地、已办理土地出让手续用地和旧屋村用地为通常所说的五类合法用地。

具体每一类来讲：城中村红线用地是根据1986年出台的《关于进一步加强深圳特区内农村规划工作的通知》中提出的："根据现有农村建设现状，按照城市总体规划要求，划定控制线"的相关规定，原市国土局按照城市总体规划要求，在原特区内划定的原村民合法建设用地控制线内的用地。非农建设用地是指根据1993年《深圳市宝安、龙岗区规划、国土管理暂行办法》和2004年《深圳市宝安龙岗两区城市化土地管理办法》，按照人均、户均等相关标准，划定给原特区外的原村民合法的住宅用地、公共设施用地和工商用地。征地返还地是指在征地拆迁过程中，为了保障被征地拆迁农村集体的可持续发展，除了支付补偿费用以外，划定部分土地返还给原农村集体，作为其发展的补偿。历史遗留违法建筑处理用地主要包括"两规"和"三规"处理的用地。其中，"两规"处理用地是根据 1999 年《深圳市人民代表大会常务委员会关于坚决查处违法建筑的决定》，按照 2001 年深圳市人大制定的《深圳经济特区处理历史遗留违法私房若干规定》和《深圳市经济特区处理历史遗留生产经营性违法建筑若干规定》（简称"两规"）处理的 1999 年 3 月 5 日前建成的违法私房和生产经营性违法建筑。"两规"用地需要经过申请和认定后才能确定其建筑用地范围。"三规"处理用地是根据《深圳市人民代表大会常务委员会关于农村城市化历史遗留违法建筑的处理决定》（简称"三规"）处理的符合一定条件的违法私房和生产经营性违法建筑。已办理土地出让手续用地主要指根据各类产权处置政策已经办理了相应出让手续的用地。比如经过"两规"处理的生产经营性违法建筑，在地价和罚款同时补缴完成情况下办理了产权证书后，视为有偿出让用地，纳入国有土地管理。旧屋村用地是指 1993 年《深圳市宝安、龙岗区规划、国土管理暂行办法》实施前，原宝安区、龙岗区、光明新区及坪山新区已经形成且现状仍为原农村旧（祖）屋集中分布区域。目前旧屋村用地需经过申请并认定才能确定用地范围。"同富裕""扶贫奔康""固本强基"用地为政府支持较为落后的原农村集体发展而提供的建设用地，其中部分被计入非农建设用地。此外，还有按照房地产登记历史遗留问题处理的用地，是指按照《关于加强房地产登记历史遗留问题处理工作的若干意见》规定，对未办理房地产权登记，又不属于违法用地或者违法建筑的建筑物、构筑物或附着物，根据规定完善手续后，可以作为权属确定的合法用地。

原农村合法外用地主要包括未完善征转地手续用地和已完成征转地手续但仍被原农村集体实际使用的用地这两种主要情形。对于未完善征转地手续用地，这类用地是指在征转地过程中，虽然已经发生了征转行为，名义上为国有，但并没有完成相应的补偿支付或用地手续办理事项，实质上依然被原村集体及原村民所使用。对于已完成征转地手续但仍被原村集体和原村民使用的用地，这部分土地在程序上已经完成了征转地手续并按时足额支付了补偿费用，可能在国土管理系统中已经被纳入储备地范围，但是由于历史原因并未从原农村集体或原村民手中收回，甚至可能存在原有的集体土地承包关系尚未解除的情况，利益关系复杂。

深圳原农村土地产权的模糊性和复杂性主要体现在以下四个方面。一是，快速城市化征地和转地导致产生了许多土地历史遗留问题，包括尚未完善征地、转地补偿手续，补偿工作不彻底；已经进行征地补偿，但尚未纳入储备和管理；已经实施征转，但尚未安排返还地和安置用地等等情况。二是，原农村合法用地的权益内涵不完全清晰。在城市化的不同时期，对不同区域的原农村土地，采取了多种不同的形式，以不同的标准划定或返还了一部分土地给原农村集体作为其合法用地。但是由于这些土地政策依据不一、来源多样，其权益内涵和权利限制存在很多交叉和混乱的情况。比如，对于非农建设用地，原特区外不同区域存在指标确定、选址依据和用途管制方面的差异；对于征地返还用地，原特区外在返还用地的比例和使用用途等方面存在差异；对于"一户一栋"政策，在申报、审批、拆迁补偿中，由于建筑物权属数据不准确，原村民存在多报情形，在实际操作中也未明确与非农建设用地和征地返还地指标之间的关系；"两规"处理政策处理的违法建筑有限且处理后存在合法用地与合法外用地混杂分布状况等。这些政策的实施状况非常复杂。三是，违建、抢建行为屡禁不止，形成了大量的合法外用地。据统计，2010年深圳农村城市化历史遗留违法建筑共35.7万栋，建筑面积达到3.92亿平方米，用地面积131平方公里，居住了近700多万人。这些合法外用地的存在增加了产权界定的成本，加剧了存量土地再开发的困难。四是，以上存在不同瑕疵问题的各类用地在空间上交错分布，若实施成片改造就必须对这些各种各样的产权问题予以一揽子解决。

具体以坪山金沙社区、南布社区和沙湖社区三个社区的产权情况来看，现状土地产权不仅包括合法的国有已出让用地、"两规"处理用地、旧屋村用地、非农建设用地、征地返还地，还包括城市化转地过程中未完善征转地补偿手续土地以及因为各种原因导致的社区实际占用国有合法土地和违法抢建占用土地。同时，上述用地还存在着部分已落实和部分指标尚未落实的情形，已落实的不同类型用地在空间上还存在叠合的状况（如非农建设用地和征地返还地的叠加），以及未落实土地指标是否调走或者以别的形式实现等情形，问题十分复杂。因此，在坪山"整村统筹"土地整备实践中，必须就以上问题进行全面梳理后统筹解决。

（二）房地关系的演变日趋多样化

土地是房屋建造和存续的基础，两者在物理上是密不可分的。尽管目前我国已经开始推行"房地合一"的登记制度，然而，在我国之前的土地管理制度中，房屋和土地的产权是相互分离的。房屋产权是指房产的所有者按照国家法律规定所享有的权利，也就是房屋各项权益的总和，包括房屋所有者对该房屋财产的占有、使用、收益和处分的权利。我国房屋产权主要由房屋所有权和土地使用权两部分组成。房屋所有权作为物权中的所有权，是私有财产权的一种，依法受到法律保护。此外，房屋所有权也不存在年限规定，其永久属于房屋所有权人。土地使用权是土地所有权的衍生权利。《中华人民共和国宪法》第十条规定，我国土地所有权属于国家和集体。土地使用权是国家和集体基于土地所有权，向相关的自然人、法人和其他组织让渡的土地使用权利。根据不同的土地用途，土地使用权的年限也不同，一般情况下，民用住宅建筑权属年限为70年，商用房屋建筑权属年限为40年。在当前"房地合一"登记制度下，按照土地使用年限同时登记土地使用权和房屋所有权。

房屋产权和土地产权的差异性和分离性使得目前两者可能处于不同的状态。一方面，房屋产权和土地产权的登记情况不一样，可能存在四种不同的情形：房屋产权与土地产权皆已登记；房屋产权已经登记，土地产权尚未登记；房屋产权尚未登记，土地产权已经登记；房屋产权与土地产权皆未登记。另一方面，即使房屋产权和土地产权都已经登记了，但是其产权可能属于不同的权利主体。这些房屋产权和土地产权不统一的情况主要是受到了土地登记制度和登记规则不完善、房屋产权人产权登记意识不强、私下及违规交易现象时有发生、登记机构不健全、房屋登记所需要件不全、登记部门职责不清等因素的影响。对于已经矗立起来的存量建筑，其产权登记结果是确认产权的主要证明，但目前存在的这些登记方面的混乱现象给产权认定带来较大困难。

此外，当前我国存量土地再开发与土地用途是密切关联的，存量土地的原有权利主体的利益核算原则上应以土地的原有合法用途为依据，而其合法用途又是以产权登记等不动产权籍管理方式为管理抓手的。但随着城市快速发展，土地和房屋的批准用途、现状用途和规划用途不一致的情形日益增多，比较突出的就是房屋实际用途与原有批准用途完全不符的情形。对于这类房屋实际用途已经变更的不动产，一般都未通过登记等方式进行合法确认。在原权利主体不断对土地追加投资建设成本的情况下，存量再开发时按照原登记用途进行补偿核算是难以受到被补偿方认可的。随着城市功能的不断调整，这些批准用途和现状用途不符的不动产，同时可能会面临规划用途的大幅调整。在存量土地再开发时，各方主体对规划用途的改变对其现有产权的影响尤为关注，对于规划用途改变会带来更大收益的情形，希望从中分得一定利益，而对于规划用途为公共利益等导致经济收益受限的情形，则会不同程度地予以抵制。存量土地在房与地的使用用途、权属证明和登记管理等方面的差异性和复杂性急需得以厘清，这样才能切实推动存量土地盘活。

深圳在高速发展的过程中，作为全国唯一一个没有农村的城市，却在全盘国有土地之上，生成了一个"合法建筑"与"合法外建筑"旗鼓相当并密切交织的二元结构。在这样的二元结构下，原农村土地在法律上属于国有，但建造在上面的大量建筑物却由原村民实际控制、受益与转让。这样原农村土地涉及的房地关系呈现出异常复杂的特征。从土地的角度来看，有些只安排了用地管理，比如扶持原农村发展而留给其使用的非农建设用地和征地返还地等，很多时候并没有完全明确其上房屋的属性要求。有的仅交代为用地指标，在实际落地时困难重重；有的是政策中规定了建筑面积，但实际建设已大幅超出。从房屋的角度来看，有的对房的处置关联到地的处置，比如对于原农村历史遗留用地中未完善征转地手续的用地，可以通过"两规"和"三规"处理补交一定罚款和地价后实现土地和房屋产权的同步合法化。但这种情况下，存在原村民个体因超建房屋而获取高额拆迁补偿、现行税收调控根本无法实现等问题，土地增值收益的分配存在一定不合理之处。土地和房屋这两张皮，在合法和合法外的不同状态下，存在多样的组合关系，处理起来极具挑战性。

二 既有利益重组面临差异化诉求

存量土地再开发涉及多个利益主体，并且在土地再开发的过程中，土地增值收益将得到再次分配，在这种情况下，各个利益主体的诉求将更加纷繁复杂。

（一）利益主体多元

一般来说，存量土地再开发过程中主要涉及政府主体、用地主体、市场主体和其他主体这四类。其中，政府主体可以根据管理权限和管理内容进行更详细的区分，比如中央政府和地方政府，土地、规划、环境、财政、产业等主管部门，以及某一领域的垂直管理机构等。在存量土地再开发过程中，上层级政府一般在宏观层面上进行指导协调，下层级的执行部门更多地开展具体运作。用地主体一般包括产权主体和实际利益相关主体。产权主体一般为企业或个人，这类主体因土地和房屋使用权的获取拥有一定的权益；而实际利益相关主体则指没有合法产权证明但又实际占有使用土地和房屋的这一群体，比如深圳原农村土地上涉及的利益主体。由于存量土地实际被这些用地主体使用，因此存量土地再开发必然涉及对这些利益主体的协调。市场主体则为不同类型的开发商，这一类主体拥有较为丰富的资金和开发建设经验，为推动存量改造项目顺利实施起到重要作用。其他主体包括在存量土地再开发过程中提供服务的各类咨询机构，一般主要涉及规划、土地、测绘、评估、金融、财务、法律、企业管理等相关领域，同时还包括公益性组织或行业协会等以及在存量土地再开发过程中涉及的一般民众，这些主体间接参与存量土地再开发。以上四类主体又可以根据对存量土地再开发需求的差异进一步的细分，从而分化出更多元更复杂的主体构成。

（二）利益诉求分化

具体从政府主体、用地主体、市场主体和其他主体四个方面来看，各主体的诉求呈现多样化特征。

1. 政府主体诉求

在我国，政府具有土地的所有者及管理者的双重职责，既代表所有者获得土地权益价值，又要为土地利用管理的顺利实施提供相应的制度和政策支撑，并进行监督调控，作为土地所有者，政府凭借对土地所有权的垄断而获取地租。地租是对土地使用产生的剩余价值进行征收的部分，包括土地出让收益、土地作价入股股权收益以及土地租赁收益等。因此，在市场经济条件下，政府凭借土地所有权参与城市土地的收益分配，这是国家土地所有权在经济上的实现形式。作为管理者，政府又将基于国家利益，着眼全局和长远发展，制定和推行土地开发利用相关政策。具体包括土地权能的界定，对土地用途、性质、布局与强度的限制与保护，以及对土地使用权流转中的供需关系、利益分配的对象、比例和方式的行政干预等。政府同时具有理性"经济人"的特征，主要表现在追求经济利益的最大化和社会利益的最大化两方面，不仅要保持经济增长，还要对土地资源的开发利用必须考虑资源利用的公平性。因而政府希望控制增量土地开发的力度，尽可能地盘活存量用地，提升用地效率。在存量土地再开发过程中，政府不仅可以直接干预土地的变更利用，还可以通过利益调整机制协调土地变更利用的利益关系，从而激励使用权人的盘活利用行为，对土地变更利用绩效有较大影响，起着其他社会组织无法替代的作用。

在土地行政管理体系中，中央政府与地方政府形成了土地行政权力的纵向分配，包括行政审批权、行政许可权、行政立法权、行政司法权及行政监察权等。当中央政府将行政权力大部分授予地方政府时，这样地方政府享有了更多的土地资源配置权力。中央政府因这种授权与地方政府产生了委托与代理的关系。因此，地方政府的利益目标与中央政府的利益目标具有一定程度的共性，包括促进区域经济增长方式转变、推动产业结构升级、鼓励土地利用效率提升等等，推动存量土地再开发不仅仅可以带来巨大的经济效益，还可以带来生态效益和社会效益的提升。同时，地方政府作为一个独立的利益主体，具有自身的价值取向和政策目标。当地方政府与中央政府的利益目标不一致时，两者之间的利益博弈不可避免。中央政府和地方政府围绕存量土地再开发开展的利益博弈主要体现在对于土地财政税收的分配方面。地方政府通过行使国有土地产权代理职能获得一定收入，这部分收入为支撑城市发展和缓解城市建设资金紧缺起到了重要作用，地方政府为获取更多收入因而会产生强烈的创新现有土地使用制度的愿望，这种自我激励机制有利于存量土地再开发的推进。

2. 用地主体诉求

用地主体是存量土地的现状使用人，在存量土地盘活活动中地位特殊。对于用地主体来说，城市土地再开发是否能带来切实利益是其最为关注的问题。用地主体的决策与预期收益水平极大地影响了土地的交易流转和再开发利用。一方面，用地主体对存量土地的价值及其增值认知程度逐渐提高，对土地增值过程中自身应获得的收益的预期在不断提升。在存量土地变更利用中，他们可能会失去土地的使用权，在补偿要求无法完全满足的情况下，自然会抵制存量土地盘活。另一方面，现行的由政府收储后出让的土地供应制度，对用地主体实施补偿时一般对其可分享未来收益的考虑较少，用地主体无法获得一部分存量土地的自然增值及其未来的用途性增值，自身的获利空间受限，因而不愿意配合政府实施再开发。这样一些使用权人会违规操作，擅自变更用途获取收益[①]。

作为用地主体中非常典型的一类，企业在存量土地再开发过程中获得的主要是土地利用现状价格补偿以及搬迁补偿费、停工停产费等，但他们往往更加希望通过获得一定数量的规划用途土地，从而参与土地未来增值收益的分享。

3. 市场主体诉求

市场主体在城市土地再开发过程中作为"经济人"而存在，其核心目的是追求利润的最大化，希望可以通过较少的成本获得较大

---

① 何芳：《城市土地再利用产权处置与利益分配研究——城市存量土地盘活与实践》，科学出版社2014年版，第143—144页。

的收益。市场主体通过增加资金和劳动力投入，可以推动土地用途向高级化转变，提高土地利用强度，增加土地产出。

4. 其他主体诉求

其他主体主要包括第三方组织和利益相关方。其中，第三方组织可以分为咨询服务机构、行业协会组织、新闻媒体等。咨询服务机构通常包括规划设计机构、金融咨询机构、法律服务机构等，在坚持行业规则和职业操守的同时，这些咨询服务机构会尽量满足业务委托方的要求。因此，这些咨询服务机构所发出的声音，能够在一定程度上代表业务委托方的利益诉求。行业协会组织通常出于公共利益或者他们保护、支持的某一群体的利益而参与存量土地的再开发。新闻媒体则可以通过报道存量土地再开发过程以及各方主体的行为来引导社会舆论的走向，从而对存量土地再开发进程产生影响。此外，相邻业主、城市市民也是存量土地再开发的利益相关者。由存量土地盘活所带来的区域土地价值的提升、公共基础设施的完善、城市经济的发展、居住环境的改变都会对这些利益相关者的工作和生活产生重要影响，他们也会从自身的利益出发，参与到存量土地再开发的进程中来。

以上各类主体在具体的存量土地再开发过程中，还可以不断地细分。相应地，涉及的诉求更加复杂，利益主体之间的矛盾冲突不断凸显。

下面以坪山目前推进的"整村统筹"土地整备工作为例进行分析。在坪山土地整备实践中，从纵向管理的角度将政府主体可以细分为市政府、区政府和街道办三个层级，每个层级都设立了相应的土地整备职能机构，具体如图8—3所示。

区分不同主体的作用及其诉求来看，在政府层面，市土地整备局是全市土地整备工作的统筹协调部门，主要从保障公共利益、促进城市整体发展、提高土地节约集约利用程度的角度出发，负责土地整备相关政策、标准与规范的制定，土地整备年度计划的编制，土地整备项目立项管理及土地整备实施方案的审核等工作，并对区土地整备局和各街道办事处土地整备中心提供技术指导和服务。区土地整备局和各街道土地整备中心在土地整备的具体实施工作中则发挥了更多的作用。区土地整备局主要基于盘活辖区内土地资源，

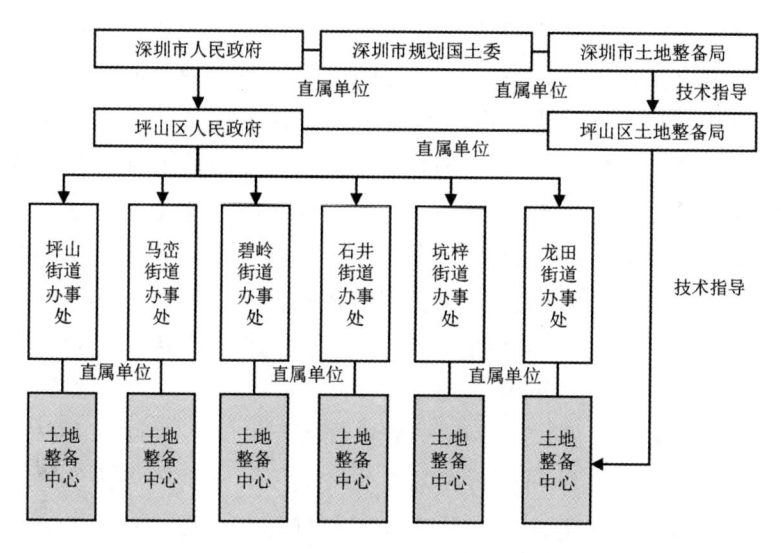

图 8—3　坪山土地整备工作中政府管理层级架构示意图

资料来源：笔者自绘。

推动公共基础设施和重大产业项目落地，促进经济、社会全面转变等目标积极推进土地整备。在坪山的实践中，作为"整村统筹"土地整备政策创新的前沿阵地和项目实施管理的中坚力量，坪山土地整备局积极摸清所有社区土地状况，深入学习城市更新和土地整备等多种政策路径，基于"综合运用规划土地产权政策，一揽子解决土地历史遗留问题，保障和促进社区发展"这一核心思路加大探索可操作、可复制的实施路径，这为坪山乃至全市的土地整备工作和原农村社区问题解决，提供了实战经验。在"整村统筹"土地整备的思路确立以后，坪山区土地整备局通过组织编制土地整备实施方案明确政府与社区之间的"土地""规划""资金"三个大账。此时，区政府作为公共利益和城市整体利益的代表，制定合理的利益分配规则，引导和控制土地整备的发展导向。各街道土地整备中心在土地整备过程中主要发挥政策宣传、前期调研、土地清查、土地确权、房屋征收、收回土地使用权、土地收购、房屋拆除、土地清理等具体工作，以及土地整备涉及的协商、谈判和各类补偿协议的签订等工作。与城市更新工作不同，街道办在"整村统筹"土地整备中发挥了重要的双面协调的作用。一方面，作为整体行政架构中的基层组织，街道办必须站在政府的立场，在行使公共权力的同时维护公共利益。这就要求街道办工作人员在各项具体工作尤其是拆迁补偿谈判工作中从政府的角度出发，坚决守护政府在利益分配中的底线。另一方面，街道办工作人员长期奋战在土地整备工作的一线，他们最清楚整备区域的实际情况和困难，也最有机会了解原农村集体和原村民对土地整备的态度和他们的利益诉求。因此，街道办有能力也有义务将这些情况向上级政府部门反映，起到上传下达、协调沟通的良好作用。

在用地主体层面，在坪山"整村统筹"土地整备中，用地主体主要涉及原农村集体和原村民。"整村统筹"土地整备最为重要的创新之处之一就在于设计出了"政府与社区算大账，社区与居民算小账"的利益关系处理模式，使得原村集体成了利益分配中不可或缺的一环，其在土地整备中的作用也被重新定位和进一步凸显。在深圳将所有土地转为国有土地之后，有大量土地仍然为原村集体占有或使用，原村集体利用这些土地进行土地出租或物业出租，获取经济收益。"整村统筹"土地整备必然会涉及对原村集体使用土地的处置，从而打破原有的集体经济发展模式，对集体经济造成影响，这也使得原村集体成为"整村统筹"土地整备的重要利益相关者。在坪山的"整村统筹"土地整备实践中，原村集体主体可以进一步区分为社区居委会、社区股份合作公司、大村（行政村）、小村（自然村）等。

在原村民和原村集体层面，对于原村民，土地是其生存发展的基础，一切生活收入来源于土地和房屋产生的收益。一旦政府收回土地，就会引起恐慌，带来违法抢建。因此，当一个新的"征地"政策路径被提出，原村民因为缺乏必要的生产技能，自然会进行抵触，然后开始千方百计地争取自身利益最大化。相较于原村民来说，原农村集体既具有追求自身利益最大化的经营者角色，又具有统筹考虑社区长远发展和集体利益平衡的管理者角色。因此对于社区来说，土地整备除了实现经济利益，还包括以下四个重要目标：一是推动原农村集体的发展，包括提供存量土地再开发的土地和建筑空间，实现多元化经营，在壮大经济规模的同时，推动社区股份合公司逐步建立现代企业制度；二是实现原村民的市民化转变，包括建立健全社会保障体系，提供和促进原村民就业，改变原来纯粹的出租经济模式；三是改善原村民的居住生活环境和条件，告别乱搭乱建，告别脏乱差，告别工商住混杂，提高生活水平；四是加强社区的规范化管理，通过小区式管理，提高安全水平，也便于治安和人口管理。

在利益相关者层面，土地整备也将对外来的购房者和租房者这些非原村民的生活产生重要的影响。对于购房者而言，其所购买的房屋会被拆除，由于房屋产权受到影响，购房者将获得相应的补偿，但是对于他们的补偿将与原村民存在差别。对于租房者而言，他们不得不离开当下租住的房屋而寻找新的住处，一旦新住处的租金高于原有住处，他们就需要为此付出一定的金钱成本，同时他们还因为重新寻找住处和搬家而付出时间这一隐性成本。

在市场主体层面，在"整村统筹"土地整备中的市场主体主要包括房地产开发商、投融资机构等。其中，开发商通过对社区留用地进行房地产开发而在土地增值收益分配中分一杯羹。由于开发商长期从事房地产开发，拥有专业的技术和人员，在土地开发、房屋建设以及资金运作等方面都比原村集体自行进行留用地的开发更具优势，引入开发商能够提高房地产开发品质和效益，因此，开发商也是土地整备中较为重要的一个利益主体。

随着城镇化的不断推进，城市土地资源日益紧缺，尤其是在深圳这种一线城市，开发商获得土地使用权的困难越来越大，成本越来越高。这使得开发商不得不关注城市存量土地，通过参与城市更新或土地整备等来获得进行房地产开发获利的机会。因此开发商参与推动"整村统筹"土地整备的根本诉求就是以尽可能低的成本，赚取尽可能高的收益。例如，在政府与社区谈判阶段，开发商一般充当社区的隐性咨询者，为社区能够争取到更大的利益出谋划策，也为后期自身利益的实现提供保障；在竞争性谈判阶段，开发商会以竞标者的身份，为自己争取开发社区留用地的机会；在房地产开发建设阶段，开发商会尽量降低成本、提高效率，使盈利保持在一个较高的水平。

（三）利益博弈复杂

1. 博弈构成要素

在利益主体之间的相互关系中有一类表现为某类利益主体的行为对其他利益主体有着重要和显著的影响。在这种情况下，该类利益主体在采取行动之前，就必须考虑这一行动对其他利益主体的影响，以及由此引起的其他利益主体的反馈行为。而在这个过程中各个利益主体的决策行为，就成为协调博弈的核心[①]。

一般来说，一个博弈关系主要构成因素包括局中人、策略、信息、次序、支付等要素，在存量土地再开发过程中，各具体博弈要素构成如下：（1）局中人：政府、原权利人、市场实施主体。（2）策略：各个局中人在存量土地再开发活动中做出的行为决策，如政府的策略为审批通过或者不通过，原权利人有同意实施或不同意实施等等。（3）信息：各个局中人在存量土地再开发活动中所能获得的信息资料，如相关的政策规定、市场其他项目实施结果等等。（4）次序：在存量土地再开发活动中各个局中人进行决策、采取策略的先后顺序。（5）支付：各个局中人在达到博弈均衡时各自获得的收益。

2. 利益博弈动机

（1）利益主体（局中人）的经济利益关系

存量土地再开发过程中各个利益主体复杂的利益关系直接影响了其行为决策和最后的结果，从政府、用地主体和市场主体三大主要角色来看：

一是政府层面具体可以分为区级政府和市级政府，分别代表履行区级管理层面的政府职能和市级宏观调控层面的政府职能。两者相比较而言，市级政府作为城市整体利益的把控者，其公共利益代表者角色更强，而区级政府作为具体实施者，在当前事权财权划分体系下，除了作为城市公共利益的"守夜人"之外，还具有明显的自利性。因此，在改造过程中，政府希望通过再开发盘活的存量土

---

① ［美］朱·弗登伯格、［法］让·梯若尔：《博弈论》，黄涛等译，中国人民大学出版社2010年版，第10—11页。

地资源，带来重大产业项目进驻和经营性用地招拍挂所产生的土地出让金，同时由于提供了发展空间保障而获得地区竞争力整体提升。而且通过存量土地再开发，提升了整体城市形象和可持续发展能力，进而提升城市整体福利。

二是对于用地主体来说，可以区分为合法用地使用权人和瑕疵产权土地上涉及的利益主体。在存量土地再开发过程中，以上两类主体均涉及使用的土地和房屋被收回的情形，所获得的收益则为因此带来的补偿。一般针对合法用地使用权人按照"现状＋部分奖励"进行补偿；而对于合法外土地等涉及瑕疵产权的利益主体，须经过一定处置后再予以补偿甚至是不补偿。除此之外，由于项目实施及周边环境的整体提升，也使用地主体产生了失去工作、获得新的就业机会、改善生活环境等多种隐性的成本和收益。

三是对于市场实施主体来说，也可以分为主导角色和参与角色。其中主导角色不仅需要完成开发建设工作，还需要支付在项目实施过程中的沟通协调成本。但两者的收益同样都是以较低的、相对稳定的方式获得盘活土地资源的可开发建设权利，以及由此带来的房地产出售或者运营收入。

（2）不同利益主体（局中人）的行为关系

根据上述经济关系，可以初步将局中人分为政府主体和非政府主体两类，其不同的经济利益关系决定了这些不同利益主体的行为关系（见图8—4）。具体来说：

对于非政府主体，以用地主体为例，当获知存量土地再开发政策之后，首先会评估政策实施对自身的经济利益影响，如果政策带来的利益增值大，则会采取下一步行动。在下一步与政府主体利益争取过程中，如果政府让步的概率较小，则会评估行为成本和所得的收益是否满足利益诉求，能够满足的话则继续开展对于可能失败结果的接受程度评估，并且继续行动，否则的话则接受现行政策并予以配合；而在政府让步概率较大的情况下，同样会评估扣除行动成本之后的净收益是否能够接受，如果是的话则继续行动。

对于政府主体，会充分评估政策推动实施的可行性和可能产生的外部性，通过评估政策推动的成效，比如市场和原权利人对政策的接受程度扣除政策推动成本后收到的成效是否能够实现利益预期等，来评估是否要开展下一步行动。

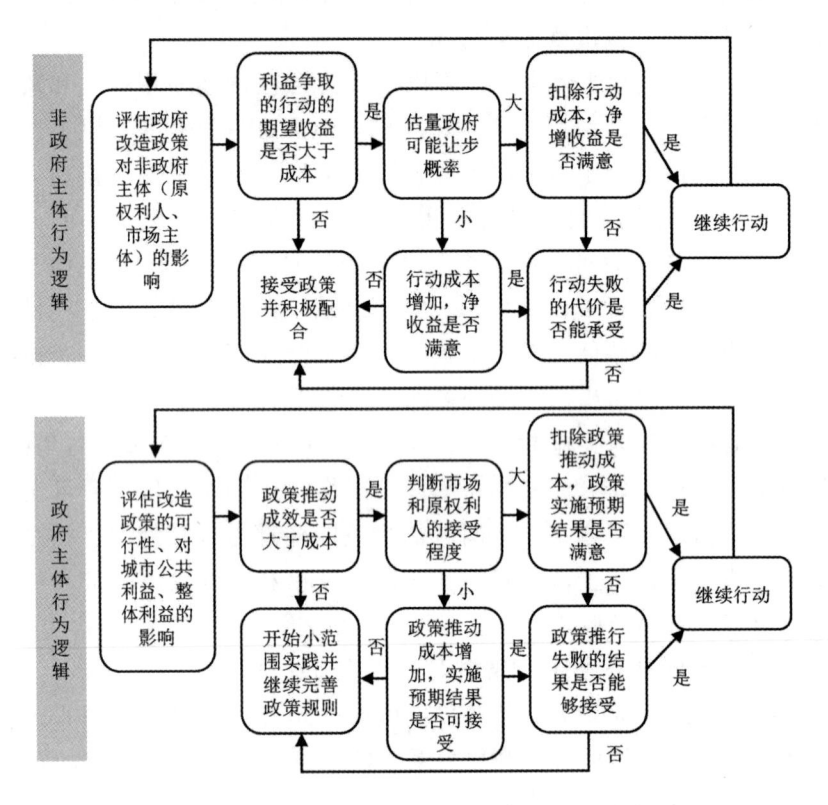

图 8—4 存量土地再开发过程中不同主体行为逻辑示意图
资料来源：笔者自绘。

（3）不同环节的利益博弈

在存量土地再开发的全环节，均面临着不同利益主体相互博弈的过程。梳理存量土地再开发的全环节，主要包括前期可行性研究阶段、中期计划规划编制审批阶段和后期项目实施阶段。由于政府主导和市场主导下存量土地再开发的利益协调存在一定差异，因此下面分别进行分析。

对于以政府为主导推动的存量土地再开发，在前期可行性研究阶段，主要工作为政府相关部门对项目实施路径、可行性和利益分配规则进行初步判断，选取可行的实施项目。在中期计划规划编制阶段，由政府相关部门将可行的实施项目纳入年度存量土地再开发的计划，进行公示并征求原权利人的意见，促使双方达成共识。然后分批开展具体项目的规划研究，在此过程中获得技术单位的支持，以及相关的专家、行业协会的意见咨询，并通过听证会、征询意见等方式邀请原权利人参与规划编制，最后通过技术单位对规划方案的不断修改，使双方就规划中涉及的利益分配和实现方式等问题达成共识。在后期项目实施阶段，政府部门通过招投标的方式邀请市场主体参与项目的开发建设，按照既定的行政管理要求办理实施过程中的各类手续，在此过程中对于原权利人的补偿已经通过规划方案进行确定，具体由政府部门和市场主体在两者的权责关系中体现。

对于以市场为主导的存量土地再开发，各环节的协调博弈关系更加复杂。具体来说：在前期可行性研究阶段，主要涉及原权利人、市场主体以及技术单位之间的协调博弈。这一过程可以区分为原权利人自行研究和原权利人依托市场主体进行研究，研究内容除了项目实施方式和可行性初步判断以外，最重要的是基于政策要求对留给原权利人的利益部分进行评估和初次分配。因此第一种情况的协调博弈主要发生在原权利人内部，而第二种则涉及市场主体与原权利人之间的利益博弈。而技术单位则通过不断调整方案，促使各方达成利益分配共识。在中期计划规划编制审批阶段，则是以市场主体为代表的非政府部门与政府部门之间的协调博弈。因此主要涉及政府部门、市场主体、技术单位之间的博弈，在这过程中，该领域的专家和行业协会也会对计划规划的合理性进行判断。首先，市场主体向政府部门提出申请，代表前期可行性研究阶段的原权利人已经达成共识并同意开展工作。政府部门同意立项之后，由技术单位协助市场主体（包含原权利人的意志）开展规划方案研究。当计划规划方案提交政府部门审核并征求相关部门意见之后，如果政府同意方案，则表示政府部门接受；如果不同意则表示政府部门不接受，那么市场主体需要选择放弃申请或者修改方案，政府部门也会根据实际情况对规划方案进行指导。通过多轮沟通协调之后，最终实现政府部门同意规划方案，审批通过之后办理各类行政许可。同时，此过程中涉及规划公示还会引起相关领域的专家和行业协会介入，对项目实施过程中的原则性问题进行舆论监督。在规划实施阶段，博弈协调则主要在市场主体、原权利人及可能涉及的利益相关方之间展开。这一阶段大的利益格局已基本固定，根据规划审批情况可能涉及到市场主体和原权利人之间关于拆迁安置补偿的协调博弈，使得最后实施结果成为各方均能够接受的分配方案。

下面以坪山"整村统筹"土地整备为例（P代表原权利人，G代表政府，M代表市场实施主体，R代表第三方组织）进行分析（见图8—5）。

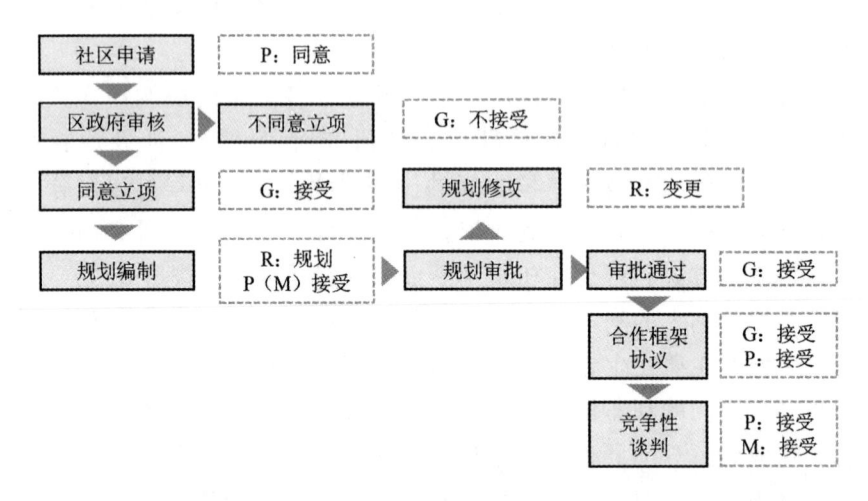

图8—5 坪山"整村统筹"土地整备中不同主体博弈关系示意图
资料来源：笔者自绘。

在前期研究阶段，一般涉及原权利人（P）和实施主体（M）之间的博弈。这一过程可以社区自行申请或社区与实施主体协商后由社区申请。第一种情况的协调博弈主要发生在原权利人（P）内部，而第二种则涉及市场实施主体（M）与原权利人（P）之间的利益分配。最后，需要形成一个各利益主体都能够接受的利益分配方案。

在计划立项阶段，主要涉及原权利人（P）与政府部门（G）之间的博弈。在社区提出申请的同时，就已经表征以社区为代表的原权利人（P）同意开展"整村统筹"土地整备工作。提交政府主管部门审核之后，如果政府同意立项，则表示政府（G）接受；如果不同意则表示政府（G）不接受，那么原权利人（P）需要选择放弃申请或者修改方案，最终实现政府（G）同意立项，才能列入试点计划。

在规划编制阶段，博弈的主体主要为实施主体（M）、原权利人（P）和政府部门（G）。这一阶段原权利人（P）以及可能存在的市场实施主体（M）提出符合自身利益要求的土地整备单元规划方案，同时与政府主导编制的土地整备实施方案进行协调。由于规划编制的过程涉及各个局中人核心利益确认，因此需要协调的过程较长。

在规划审批阶段，博弈主体主要包括原权利人（P）、实施主体（M）、政府部门（G）和第三方组织（R）。这一阶段主要涉及"整村统筹"土地整备中涉及的核心利益在原权利人（含市场实施主体）与政府有关部门之间的协调博弈，并且通过规划的变更以满足各方利益诉求。同时，由于此过程中涉及规划公示还会引起第三方组织（如专家和协会）的介入，会对项目存在的问题进行督促予以解决。规划审批通过后，最终形成一个多方均可以接受的博弈均衡。

在规划实施阶段，博弈协调则主要在实施主体（M）、原权利人（P）以及利益相关方之间展开。这一阶段各方利益已经基本固定，通过合作框架协议和竞争性谈判来约束各个局中人的利益规则。其中，合作框架协议主要针对社区和政府主管部门，最终实现政府（G）和社区（P）均能接受的博弈均衡结果。竞争性谈判则分为两种情况：一种是已经存在市场实施主体推动的条件下，通过谈判结果所签订的合作协议进一步约束社区、居民和市场实施主体之间的利益规则；另一种是在尚未出现市场实施主体介入的情况下，需要通过谈判过程中的协调博弈，形成一个社区（P）和实施主体（M）均能接受的利益格局。

三 多样情形急需多种实现途径应对

各种存量土地再开发改造需求催生了更多的解决方案，这些解决路径在各地实践中不断充实和变化。

（一）不同开发模式并存

我国存量土地再开发的实现路径多种多样，大致可以分为政府主导型、村集体主导型、房地产商主导型以及多元主体开发型。

1. 政府主导型

政府在改造过程中掌握主动权，充当开发商角色，直接投资改造存量土地，解决拆迁安置问题。其主要有两种形式，即政府独立开发和政府联合其他主体进行开发。这种方式虽然能够综合平衡各方利益并可以对利益进行宏观调控，但由于政府需要负担巨大的改造成本，对财政能力要求高，适用于城市中心区或城市重点地段，利用土地出让金收入承担一定的补偿成本。在实践领域，典型的如杭州模式。由市政府负责城中村改造政策和规划制定，区政府作为改造主体统一运作。政府招标建筑公司建设安置村民的农转居多层公寓，部分地块用于出让以解决资金问题，土地出让金上交市财政，剩余返还区政府用于全区城中村改造。

2. 村集体主导型

以村集体为主体，在政府给予优惠条件及协助引导下，由村委会自行筹资开发，自行完成拆迁安置、回迁建设以及商品房建设工作。这种方式可以提高村民改造的积极性，没有拆迁补偿谈判障碍，阻力小，但是对村集体财力要求高，如果村集体缺少建设规划经验，不利于改造。因此该模式存在较大的局限性，只适用于村集体和村民经济基础好，能够自行筹资的农村，一般村规模较小。这一模式主要适用于村集体或村民有足够财力的小村庄。在实践领域，典型的如广州模式。广州在城中村改造方面，实行"谁受益，谁投资"的原则，不允许房地产商进入该领域，通过"三个一点"解决资金问题，即村集体或改制后的股份制经济实体、所在区财政、广州市政府（通过优惠政策）各解决一部分资金。

3. 房地产商主导型

政府划出出让地块，完成前期土地手续工作，招拍挂出让土地，由资金雄厚的开发商开发。开发商通过成立项目公司，按市场化形式完成征地拆迁、安置补偿等工作，资金全部由开发商承担。开发商在开发时需要遵从政府设定的限制条件，如建筑密度、容积率及配套设施等。采用这种方式，政府不用担负资金问题，可以减少财政压力，也不需要村民投入成本，但容易出现开发商在利益最大化的刺激下忽视城市规划和公共设施配套问题，也容易出现开发商与村集体利益难以协调的问题。这种方式适用于政府与村民都无财力的情况，但同时可以保证开发商收益。地方实践领域，典型的如珠海模式，引入房地产开发商。政府通过政策实施，没有出任何资金，在给予开发商优惠政策的情况下吸引开发商参与城中村改造，如"拆一免二至三"政策，即每拆一处房屋，可免交一定建筑面积地价，并减免相应的报建费用，另外保留一定建设面积给开发商做商品房经营。

4. 多元主体开发型

多元主体可以包含政府、村集体以及开发商三者中的任意两个或者三个。单一主体开发方式容易产生各种问题，如政府主导下的财政负担问题，村集体主导下的资金以及规划建设经验问题，开发商主导下的农民利益保障、政府法规调控问题等。因此，在实践与理论上都存在有不少多元主体共存的做法。实践过程中，北京何各庄，由乡、村集体和社会投资人三方组建股份公司，采用政府控股、民营管理的运营方式，让相关的社会各方都参与其中；深圳采用房地产商与原村集体联合开发，房地产商与原村集体以及原村民共同出资，在政府财政支持下进行开发等方式。

深圳目前主要存在城市更新和土地整备两种存量土地再开发模式。其中，城市更新主要由市场主导，政策指引清晰，项目运作路线基本成熟，实践案例丰富，一般可以快速推进。但由于可纳入城市更新的原农村土地需满足合法用地达到一定比例的要求，因此大多用于局部解决原农村土地的再开发及产权合法化问题。"整村统筹"土地整备以一个原农村为单位进行存量土地再开发，前期主要由政府主导，后期在开放平台上引入市场主体，一揽子解决原农村社区历史遗留问题，彻底实现土地和房屋产权的合法化。由于"整村统筹"土地整备项目位于同一社区范围内，涉及用地面积较大，并且能够一揽子解决土地问题，避免了由于历史遗留问题的阻碍而导致的土地碎片化现象，有利于集中成片土地的盘活，能够为产业发展和公共基础设施完善提供充分的空间。同时，"整村统筹"又是一种城市整体空间提升、社区经济结构再造、社会形态重塑的城市综合变革模式，在整合空间资源的基础上，还可以在促进社区转型发展，实现区域完全城市化和深度城市化等方面发挥积极的作用。目前，深圳基于利益统筹的整村实施路径正逐步开展试点探索工作，实践中仍然面临较多困难，特别地由于历史遗留问题的复杂性，其处理往往与多个政策相关，甚至面临尚无处理政策的局面，因此"整村统筹"土地整备一揽子推进起来不会很快。

（二）不同实现路径并存

存量土地的再开发利用可以通过土地和房地产转让（含股权转让）、土地再开发、土地收回或收购进入土地储备等多种路径实现。其中，土地再开发又可以根据用途是否发生改变、是否涉及新增建筑或新增建筑面积的多少等情形区分不同实施路径。以深圳城市更新为例，主要分为功能改变、综合整治和拆除重建三种类型。由于存量土地再利用并不仅仅是某个主体的单方面意愿，需要协调多种矛盾，比如短期需求与长远发展之间的矛盾、局部地区利益与城市整体利益之间的矛盾、个人利益与公众利益之间的矛盾等等，因此在存量土地再开发过程中，选择哪一种路径涉及多个层面的考量。在不同的考量之下，不同路径在具体实施时都会面临不同的问题，因而在管理过程中不仅需要差别化政策支撑，同时还需要对不同政策予以协调平衡，这样更好地满足效率和公平的双重要求。

（三）多种实现手段并存

在以上这些不同的存量土地再开发路径下，由于土地利用现状、土地规划情况、土地产权关系、利益主体构成、利益主体诉求以及利益主体之间的博弈等因素而使存量土地再开发陷入不同情境，面临不同的问题。面临复杂的情境，多变的问题，传统的、单一的土地增值收益分配方式或调节手段有时候能够解决问题，使存量土地再开发顺利推进，但有时候也不能发挥有效作用，导致土地再开发进程受阻。在这种情况下，只有在原有的手段或方式上进行创新，或者将不同手段进行有机联动，才能有力地应对存量土地再开发过程中日益复杂、不断变化的各种情形。

无论是哪一种对象和再开发方式，在存量土地再开发过程中必然会产生土地价值的提升或者显化，进而产生新的利益空间。例如，通过存量土地再开发，原有物业的使用功能从单位价值较低的工业变为单位价值较高的居住、商业。再如，通过实施过程中开发强度的提高和建筑质量、水平的提高，新的物业建筑面积大幅度增加，并且单位建筑面积的价值也大大提升，进而影响了整宗地块的土地价值。又或者，通过土地产权的完善，原有土地变得可交易，其原本的土地价值就得到了显化，等等。上述新的利益空间，给相关主体共享存量土地再开发带来的收益创造了一定条件，这对存量土地再开发过程中达成利益分配的共识提供了重要支撑。

一般来讲，运用土地分配、规划调整和资金补偿是实现土地增值收益分配的三个重要手段，这些手段在具体应用中需要灵活组合，特别是解决复杂的综合性问题时，更加需要加强多个手段的综合协调运用。在坪山"整村统筹"土地整备探索中，就对土地、规划、资金三种手段结合实际需求进行了组合使用。

具体来说，运用土地手段就是用土地这一实物落实利益分配结果。比如原农村留用土地中的征地返还地、非农建设用地等都属于这一类型。在存量土地再开发过程中，一般需要提供一定土地用于基础设施和公共服务设施建设，由于可以用于解决利益矛盾的土地非常有限，因此在政策中会根据不同情形设定一定的规模限制。另外，建设用地的开发利用与其容积率有着直接关系，因此在存量土地再开发中，容积率的确定是利益分配的又一个重要领域。容积率管控作为规划管理的重要内容，有着相对成熟的管理体系。土地面积、使用用途与容积率设定是紧密相关的三个指标，这些指标在具体项目实施过程中需要互相协调。不论是土地还是房屋，都是用实物形式来体现利益博弈结果。除了实物形式以外，货币作为利益的重要构成，也是实现存量再开发利益平衡的重要手段。这部分跟钱有关的内容，对于政府而言可以通过收取地价或是罚款来实现，对于用地主体可以通过货币补偿或资金扶持等方面得以体现。在利益实现过程中，由于以上这些要素可以互相转化，因此需要同时予以统筹协调考虑，综合发挥土地政策、规划安排和资金管理的联动作用。

尽管在目前的存量土地再开发过程中，开发的主导者已经尽量通过单独或组合使用土地、规划、资金方面的手段来实现土地增值收益的分享，但仍然存在以下问题：一是现有手段利用不充分。例如在深圳已有的存量土地再开发实施路径中，规划容积率往往容易成为被突破的主要方面，造成存量改造点状开花、开发下强度过大，为之后的片区环境、交通、市政和公共服务配套带来更大的压力。二是现有手段之间组合力度不够。目前尚未运用上述手段建立起不同路径下相互协调的宏观利益调控格局，各个手段之间联动机制不强，难以实现政府调控目标。三是目前上述利益实现方式难以完全满足所有利益诉求，从而延缓土地再开发的进展。随着存量土地再开发的不断推进，现有土地增值收益实现手段的不足将会越发明显，需要进一步探索更多元的方式，以适应更加复杂多变的存量土地再开发情形。

第九章 改革思考：存量发展时代土地管理制度建构

第一节 基于"存量"的土地管理制度核心

一 基础："存量"主体关系理清需要权益认定

（一）存量土地管理需要与之相适应的产权制度

土地权益认定，是指按照法律规定的内容与程序，对土地上权利的主体、客体、内容予以确定。只有通过权益认定获得清晰的产权关系，才能够为产权交易和基于产权的增值收益分配提供基础依据，稳定利益博弈过程中各方主体的利益格局，约束各方主体行为，从而提高存量土地资源的利用效率和优化配置水平。因此土地权益认定，也即通常所说的土地确权，在存量土地管理制度中居于基础地位。尤其随着我国市场经济体系的建立和不断发展，土地价值飞速增长并逐渐显化，土地利益关系和矛盾冲突日益复杂，权益认定在土地管理制度改革中的重要意义不言而喻。深圳土地管理制度改革总体方案中也将产权确认作为改革的重要领域。

1. 存量时代土地权利束构成日益丰富

我国实行的是以公有制为基础的土地国家所有制和集体所有制并存的土地所有制制度。1986年的《中华人民共和国土地管理法》确立了以土地所有权和土地使用权为核心的土地权利制度。2007年出台的《中华人民共和国物权法》进一步对土地这一不动产的物权性质进行了详细界定和权能说明。

新中国成立之后，逐步完成了城市土地国有化。1982年，《中华人民共和国宪法》明确"城市土地属于国家所有",通过最高法律形式明晰了我国城市土地国有、农村土地集体所有这一基本土地所有权属性,以及相关的土地使用权权能。随着社会经济不断发展,土地权利开始逐步细化和分离。1988年《中华人民共和国宪法》修正案中确定了"土地使用权可以依法转让",这样土地使用权从土地所有权中分离出来。之后,随着市场经济的活跃和社会需求多元化,土地的他项权利,如转让权、租赁权、抵押权也纷纷从土地使用权中分离出来,土地使用权权能得到进一步细化扩展。随着开发权、经营权的提出,从而进一步突破了土地使用和流通领域。土地产权从原有高度集中的土地所有权体系中逐渐分化、完善,形成了以所有权、使用权和他项权利为主要内容的土地权利体系(见图9—1)。

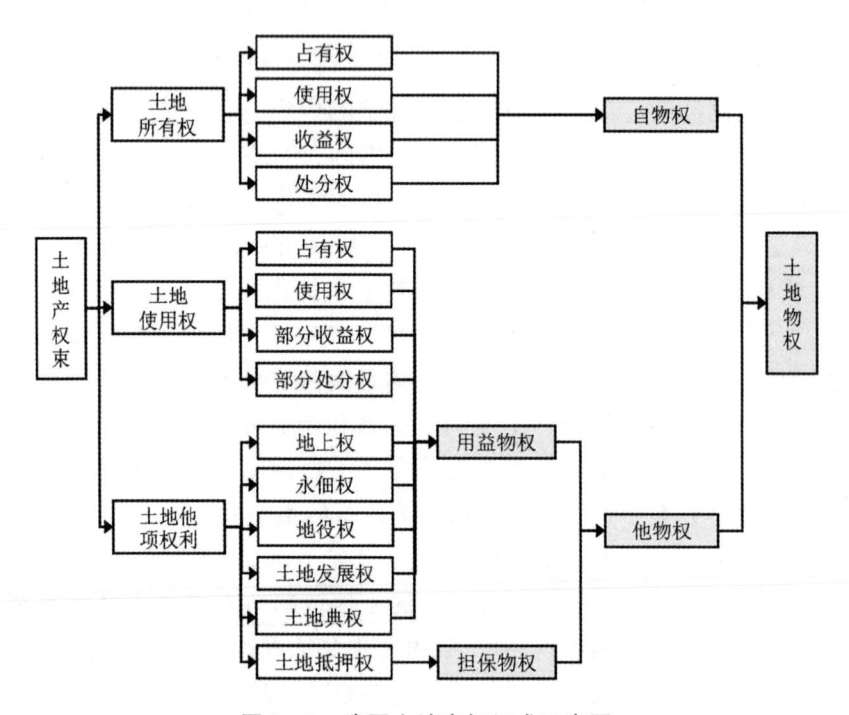

图9—1 我国土地产权组成示意图

资料来源:笔者根据《土地经济学原理》绘制。

2. 存量时代土地产权关系更趋复杂

土地产权与任何财产权一样具有排他性，能够在外部条件影响下产生增值，并在交易中予以体现。土地产权作为由占有、使用、处分、收益等多种权能共同组成的权利束，在其利用特别是存量土地利用过程中，极少数情况能够使得上述土地权利被同一产权主体所掌握，而是因为多种交易关系分散在不同的产权主体手中，从而形成了不同的产权关系和产权结构。

在存量时代的土地利用活动中，由于新的产权结构需对既有利益格局打破重组，相较于新增建设用地供应过程中直接由土地所有权人转让土地使用权给使用权人的情形来说，其各项权利相对分散，结构复杂。具体来说：

一是在土地占用方面，我国新增建设用地的来源多为政府征用的农用土地，土地产权国有。然而存量建设用地在再开发之前已被各土地使用权人所占有，形成了不同的产权关系，并且在上述关系之中，可能还存在土地交易过程中形成的模糊产权，这进一步增加了产权结构的复杂性。

二是在土地处置方面，存量建设用地不同于新增建设用地开发，其处置权利已经随着土地使用权的分配而分散在不同的土地使用权人手中，其享有通过赠送、转让、置换、出租、抵押等多种形式进行处置的权力，政府既不能随意干涉土地使用权人的处置行为，也不能随意干涉其处置方式，同时还需要积极保护土地使用权人的这部分权益。然而对于土地使用权人来说，其个体的趋利性决定了其不可能充分考虑城市公共利益和整体利益而采取相应的土地处置方式，这必然会产生存量土地再开发偏离城市总体发展目标的不良后果，给各项城市管理带来困难。

三是在土地收益方面，新增建设用地的收益一般为土地出让金，其过程为政府代表的土地所有权人与土地使用权人的直接交易过程，不涉及复杂的利益关系。而存量建设用地再开发，既要兼顾项目实施范围内的原土地使用权人和新土地使用权人的利益以及政府所代表的城市公共利益，同时还要兼顾市场活动中与之相关的各相关主体利益，各主体的利益诉求差异性较大，利益关系十分复杂。

可见，存量土地资源多数制约在既有的土地权利主体手中。存量土地再开发本质上就是实现土地资源由低效利用者向高效利用者手中不断集中的过程，这个过程往往受到既定产权关系的掣肘而进度缓慢。然而只有当土地产权制度足够清晰的时候，才能更好地促进土地资源的高效流转和合理利用，从而产生较高的制度绩效，因此存量土地再开发中的产权复杂性必须得到足够重视。

（二）权益认定是推进存量土地再开发的重要基础

在马克思产权理论之后的一百年，以科斯为代表的新制度经济学派指出，当交易存在费用时，当事双方需要尽量寻求使各自利益损失最小化的合约安排，凸显权利的界定和权利的安排在经济交易中的重要性。产权界定可以减少交易成本，而交易成本的降低是促进交易活动活跃的重要条件（见图9—2）。在以新增建设用地供给为核心的土地管理时代，由于产权结构简单，交易活动受政府宏观调控影响较大，因此产权的复杂性与模糊性并没有在此过程中明显体现。随着存量时代的到来，为了保障城市社会经济的稳定运行，就必须为城市的发展提供必要的土地、空间资源保障。而其基础在于原有产权关系的解除与释放，也即通过权益认定，明确存量建设用地上各类产权类型所载权能和合理权益，通过权益认定使其重新具有明确性、专有性、可转让性和可操作性，进一步降低交易成本，高效配置土地资源，从而促进存量土地再开发，实现城市可持续发展。

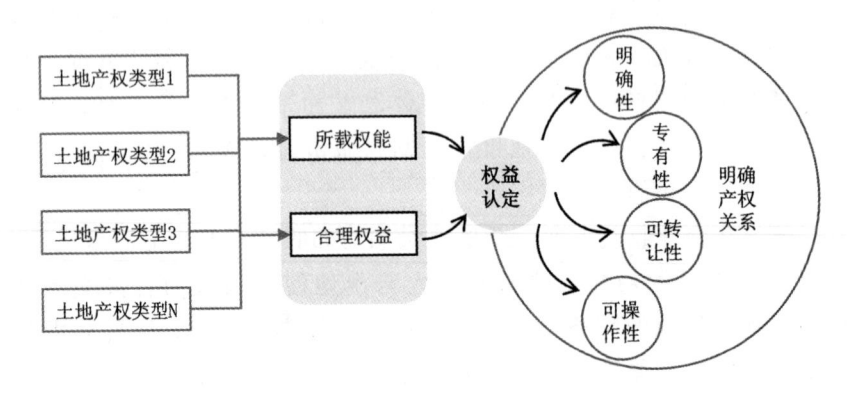

图9—2　科斯定理中产权交易关系示意图

资料来源：笔者自绘。

二 关键:"存量"管理核心为合理的利益分配

(一) 存量时代必然涉及土地增值收益分配

正如马克思所说,土地利用活动和产权关系是以人与人之间的经济关系为基础的,因此存量土地再开发的核心问题为基于土地的利益分配,也即土地增值收益分配。从理论上来讲,每一块土地的增值收益均有其明确的来源和合理归属。以深圳原农村土地为例,可以对其土地增值收益的理论类型与归属梳理如下。

从增值的来源来看,主要包括投资性增值、用途转变增值、供求性增值、制度政策引导带来的增值以及技术进步性增值。

一是投资性增值。该因素包括土地使用者直接投资性增值以及外部投资辐射增值,其中前者是土地使用者也即原农村集体和原村民对地块进行基础建设开发引起的增值。根据土地经济学原理,原农村集体和原村民在用地开发时将一定资本投入同一土地上而产生了不同的生产力带来的利润,这一部分增值主要由原农村集体和原村民对土地投入资本和劳动力获得。后者是指毗邻地区开发给本地区的辐射作用所带来的额外经济收益,使得土地的总收益增加。这种由于本地区之外的投资产生的效应和价值的外溢,使本地区土地原具有的潜在价值具备了变为现实价值的条件。对于原农村土地来说,由于政府投入的城市公共设施建设和配套设施完善,吸引了对该片区进行开发建设的投资者的到来,从而带动了该区域土地价值的提升与显化。土地增值最直接的表征为周边区域开发带来的房地产市场活跃和交易价格攀升。这一部分增值主要是由于政府的公共投入获得,当然市场活跃程度对其也具有较大影响。

二是用途转变增值。是指在土地使用者对土地进行投资的总体水平保持不变以及对市场投放的土地总量保持不变的前提下,同一地块的用途由低收益转变成为高收益的过程中所实现的土地收益水平的提高。对于原农村土地,在进行"整村统筹"土地整备之前,土地合法用途主要为原村民自用的宅基地,或者以出租经济为主的集体物业,并不具有流通性和商品性,土地价值处于未显化状态。通过土地整备可以将原农村土地纳入城市规划的实施范围,与城市国有土地统一规划、统一建设、统一管理,在从原有的自住或者出租向商业服务业和房地产业转型过程中实现土地用途收益的提高。这部分增值的主要来源既有因土地性质变化带来的超额利润,也有因性质变化需要更多资金和劳动力投入所带来的土地收益增加,是政府与社区共同推动的结果。

三是供求性增值。这部分增值是指由于城市化进程加速,社会经济迅速发展、生产与产业高度集聚引发的土地供需矛盾下产生的。我国土地投放市场的总量主要由各级政府统一调控和配置,因此对于日益增长的土地需求来说,土地供给量无法完全满足需求。随着土地需求不断增长,土地资源的稀缺性必然会导致土地供给不足,从而引发土地价值迅速提升和显化。对于原农村土地来说,该部分土地由于不具有商品性质不能够真正纳入土地市场以实现自身价值,因此需要通过多种途径使其纳入正常的土地供求市场,共同参与城市化发展。这部分增值是由于土地市场的活跃程度带来的,而土地市场的活跃,一部分来源于土地资源的自然属性,一部分则来源于社会经济的繁荣,前者属于所有土地资源的共性问题,而后者是政府与投资者共同作用的结果。

四是制度政策引导所带来的增值。这部分增值主要是指我国的相关制度和法律对土地用途的方向和转变趋势实施了较为刚性的管制,比如集体土地所有制向国有土地所有制转变,以规划为基础的土地用途管制制度以及通过强制性约束对土地市场进行政策调控等。"整村统筹"土地整备属于实施存量土地再开发的调控类政策之一,通过引导原农村积极进行存量土地确权与再开发,实现这部分土地价值的显化与提升。因此,这部分增值主要是由政府的政策调控获得。

五是技术进步性增值。随着社会化生产的发展和劳动生产率的提高,单位人类社会一般劳动所推动的生产资料数量不断增加,也即同样面积的土地所产生的经济和社会效益在不断提高,那么必然会导致土地价值的提升。这部分增值主要是基于整个社会发展获得,收益应该向社会整体利益倾斜。

从增值产生的过程来看,又可以分为自然增值和人工增值。其中自然增值是指财产所有人拥有的财产因所有人以外的变化因素的存在而出现的价值增长状态。包括上述外部投资辐射增值、供求性增值、制度政策引导带来增值和技术进步增值。这部分增值收益应该归全社会所有。人工增值则是财产因财产所有人作出的改变导致的财产价值增长状态。主要包括上述投资性增值中由土地使用者直接投资带来的增值，如开发建设，改善建筑质量等。从理论上来讲，除了土地使用者直接投资性增值归属于付出成本的土地使用权人以外，其余自然增值部分，应该归属全社会共有。

在存量土地再开发过程中，基于原权利人现状产权和对应权益，在考虑全社会和市场实施主体引起的投资性增值、用途增值、政策引导增值和技术进步增值的基础上，通过各个利益主体的协调博弈，明确利益分配规则，形成新的分配方案，并使原权利人和新的利益主体、城市公共利益维护者等认可新的分配方案，这对于整个存量土地再开发顺利实施十分重要。

(二) 利益分配规则建构是存量土地管理的关键问题

虽然当前理论上对于存量土地再开发过程中的增值收益归属有了明确的界定，但是在现实操作中，存在土地增值类型无法完全切分以及已经形成的土地增值收益与未来增值收益相互关联等多种情况，这需要建构基于存量土地管理的利益分配规则。具体来说，主要包括以下几个方面：

一是在增值收益来源切分方面。存量土地由于价值的提升，不同于新增建设用地中由农用地或者未利用地转为建设用地所带来的用途性增值，而是包含了在土地利用过程中的城市整体发展所带来的供求性增值和技术进步性增值，也包含了土地使用权人对其进行改造利用所带来的投资性增值，以及项目周边公共基础设施改善所带来的全社会投资性增值。由于在存量再开发过程中不同阶段不同类型增值来源的影响程度不尽相同，无法对其来源进行准确切分，这必然造成土地增值收益归属的模糊。因此，理顺各利益主体在存量土地再开发过程中的贡献程度和成本收益关系，是土地增值收益方面分配规则建构的基础。

二是在现状增值收益与未来增值收益关联方面。由于存量时代土地价值上升，原有的已经显化的收益结果往往不能满足各方利益主体的利益诉求，尤其是对于原土地使用权人来说，土地使用权未到期丧失致使其必然渴望分享土地后续开发收益以作为补偿。因此利益分配的基础由现状已经形成的增值收益与未来可能获得的增值收益两部分构成，也即通常所说的做大利益分配的蛋糕。现状与未来涉及的增值收益分配增加了利益分配规则建构的难度，利益分配不仅要考虑现状公平，更要考虑代际公平，其是否合理成为存量土地再开发能否推动土地资源流转的关键。

三 保障："存量"复杂情况需要多元化利益实现

（一）利益分配结果必然要求一定的利益方式实现

我国土地开发过程中的利益实现方式，从早期传统征地模式中的单一货币补偿模式，逐步演变为充分考虑权利人的"货币补偿＋产权置换"方式，再到后来发展出沿海地区普遍采用的留地安置、保障发展的补偿模式，利益实现的手段越来越丰富，利益的保障也越来越充分。面对存量时代土地利用管理的复杂情形，原有的补偿方式进一步向规划、财政、地税、产业补贴等多元化的实现方式演变。究其根源，由于存量时代的利益分配格局的多样性和差异性，必然导致单一的利益实现方式难以全部满足所有分配结果，这就要求进一步丰富利益实现形式。从另一个角度来说，实现方式的多元化也使得利益分配规则的进一步细化成为可能，从而进一步保障了利益分配结果的公平性和合理性。

（二）多元利益实现方式是存量土地再开发复杂情形的积极应对

存量土地再开发利用面临多种复杂情形。从利益主体来看，包括政府主体、使用主体、市场主体和其他相关主体等；从产权状况来看，涉及房屋产权与土地产权合法性不统一、房屋产权与土地产权不属于统一主体等多种情形；从利益诉求来看，不同主体的利益诉求千变万化；从开发模式来看，包括地方政府主导型、村集体主导型、房地产开发商主导型、多元主体开发型等多种类型。存量土地再开发利用的这些复杂性要求其利益分配的实现方式也必须更加灵活多变，以保障多元化的土地利益诉求得以实现。

四 手段：利益协调贯穿"存量"开发各个环节

存量土地再开发过程中涉及的多主体诉求、多产权类型、多实现方式的复杂情况，必然导致各利益主体之间的经济关系复杂。存量土地再开发过程中的实际或可能的成本收益关系将使各利益主体在不同阶段不同情形下形成不同的行为关系，这种行为关系的出现使得贯穿全环节的利益协调手段在存量土地再开发过程中发挥着关键作用。

（一）存量土地再开发各个环节均需要利益协调

存量土地再开发顺利实施的关键在于所有利益主体对利益再分配结果的一致认同，这一达成共识的过程就是利益协调博弈的过程。从存量土地再开发的各个环节来看，均涉及既有利益主体与新增利益主体之间的利益协调博弈。区分不同主导类型来看，在政府主导的存量土地再开发过程中，同一环节主要涉及政府和原权利人之间的协调。在市场主导的存量土地再开发过程中，同一环节往往涉及三方以上的利益协调。

（二）各环节利益协调的难度和重点各不相同

在利益协调过程中，由于各环节涉及的利益主体的利益诉求不同，解决利益矛盾的方式也不同，因此在协调博弈的难度和重点方面存在一定差异。具体来说，政府主导的存量土地再开发过程中，容易出现原权利人对安置补偿的预期和市场的经济利益诉求无法完全满足的情况，利益协调过程易陷入僵化局面，利益协调的难点在于在一定的条件约束下尽可能达成双方的共识。市场主导的存量土地再开发的利益协调过程中，对市场实施主体的沟通协调能力提出较高要求，市场实施主体需要在保证自身经济利益的前提下，既要满足现行的存量土地再开发政策要求，又要尽可能地满足原权利人的利益诉求，在三者之间找到一个平衡点。而在这一过程中，对于政府则需要尽可能完善相关政策规则，来明晰各方主体的责权利关系。

（三）利益协调结果在各环节之间相互关联，彼此影响

存量土地再开发各个环节的利益协调过程和结果并不是彼此孤

立的,前一环节的利益分配直接影响到后一环节,而后一环节的利益协调又会反过来影响前一环节的分配结果。而且从更大层面来看,已经实施的项目的利益分配关系也会影响到尚在计划之中的项目的利益分配关系,特别是原权利人对安置补偿的利益诉求。

由于利益协调贯穿于"存量"开发的各个环节,这就需要不断优化和完善存量土地再开发中的利益协调机制。

五 理想框架:存量土地管理制度改革模型构建

总结存量土地管理制度改革的核心领域,可以构建未来以权益认定为基础、利益分配为关键、利益实现为保障、协调博弈为手段的改革理念模型(见图9—3)。具体来说:

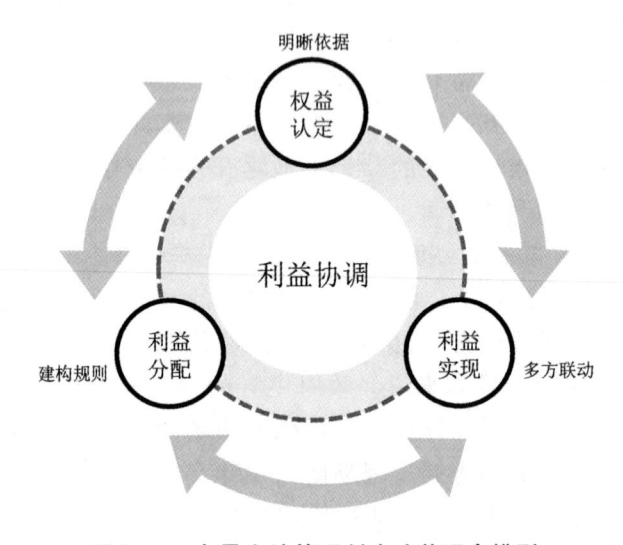

图9—3 存量土地管理制度改革理念模型

资料来源:笔者自绘。

首先,存量土地管理制度改革的基础是土地产权关系的厘清与产权结构简化,从而进一步促进土地产权制度绩效最优。因此,改革的第一步即是把握权益认定的规则依据,平衡产权"合法"与"违法"之间的"度",从而促使权益认定更加高效,产权交易成本逐步降低,最终实现土地产权的快速交易和土地资源的优化配置。

此外，还应该不断创新权益认定方式，使其不再僵化地依靠现状权属进行界定，而是合理分析各个相关利益主体所应该获得的土地价值，从而反推其所能够享受的权益。

其次，是基于权益认定明晰的土地增值收益分配规则的制定。由于快速的社会经济发展，目前关于利益分配的规则不能仅仅基于现状已经显化的土地增值收益，必须加入未来规划产生的土地增值才能平衡各方利益需求。因此，对于未来利益分配规则的建构十分重要。基于现状已经显化的增值收益分配主要依据现状土地产权下所能够获得的权益，而基于未来规划的增值则需要重新考虑现有产权作为分配依据的合理性。关于未来这一部分增值如何切分，一方面需要考虑各利益主体在存量土地再开发过程中的贡献大小，也即是推动再开发活动实施的成本收益比例关系。另一方面需要及时调整优化处理利益分配规则，根据未来各个阶段各方主体所应该获得的增值收益来弹性变更利益分配规则。

再次，面临存量时代多元化的利益诉求和复杂的现实情况，构建多种利益实现方式，并且将其与存量土地再开发实施路径有机结合。也即是说：无论是现状已经存在的土地处置、产权置换、货币补偿、物业安置、财税调控等手段，还是未来可以采取的土地证券、土地信托、换地权益书等方式，多种实现方式的组合始终以实现既定的利益分配格局为基本原则。因此不仅需要创新多元化的权益认定手段，还需要在此基础上构建各种调控路径之间的利益协调关系，从而简化"等价值"权益实现的操作路径。

最后，在这一过程中，利益协调手段始终贯穿其中。土地产权关系也是人与人之间的经济利益关系，存量土地管理时代的核心是这些既有利益格局的打破与重构，因此无论什么环节，都会涉及人与人之间因为利益预期差异而产生的矛盾冲突。因此利益协调是促使各方主体达成利益共识的重要手段。而存量土地管理制度改革的关键内容，也即是构建各方主体更加清晰明确的博弈规则，从而简化再开发过程中面临的复杂的主体关系、产权关系、利益分配关系与利益实现方式，最终实现存量土地资源的高效盘活。

基于存量土地管理制度改革的理念模型，未来土地整备特别是

"整村统筹"土地整备改革需要从产权确认、利益分享、利益实现和利益协调几个核心领域出发积极进行规则的建构和完善。在坪山"整村统筹"土地整备过程中，充分运用了以权定益和以益促权互相推动的原理，积极探索了原农村土地的产权清晰化路径。其中，在以权定益方面，充分发挥社区协调平衡的作用，在社区内部的"小账"确定中，根据原村民个体的户籍、房屋、股份等情况综合认定其权益；在以益促权方面，通过对社区留用地规划的总体安排，在政府与社区的"大账"确定中，将未来发展的一定收益合理地返还到社区手里，推动社区的长远发展。在这一过程中，充分运用了"土地—规划—资金"的联动方式，建立三者之间弹性的转换规则，在保障社区能够推动项目实施的前提下，满足不同社区的差异化诉求。这样，经过"整村统筹"土地整备后的土地和房屋，统一纳入国有化土地管理渠道，破解了存量土地再开发的难题。

第二节 存量土地管理制度改革的方向探索

一 权益认定体系不断完善

我国城市土地国家所有的性质决定了城市存量土地再开发的对象是城市存量土地的使用权而不是土地所有权。因此，我国城市存量土地再开发的实质是对城市土地使用过程中涉及的用途转化、强度变化及其空间结构的调整以及在这些要素属性调整过程中产生的产权变迁。然而，现阶段我国存量土地使用权并不完整。以土地发展相关权利制度为例，在我国现有的正式土地产权制度中，尚没有明确其内涵，所涉及的各项权能仍然分散在相关土地产权中。由于土地发展相关权利制度尚未明确，权能界限也没有明确界定，必然导致其在土地权利体系中与相关土地产权关系的模糊，尤其是土地发展权与土地所有权、土地使用权在实际运作过程中混为一体。

而土地发展相关权利制度对使用主体合理高效地变更利用存量土地将产生重要的激励作用，其激励作用主要通过约束变更利用主体的行为、抵消未来不确定性、减少改造带来的外部性以及节约再开发的交易成本等方面来实现。作为土地权利制度重要内容的土地发展相关权利制度的缺失，必然影响城市存量的盘活。而且土地变更利用主体行为激励作用的偏向，甚至使其消失，会导致城市存量土地变更利用的绩效降低。[①] 鉴于土地发展相关权利制度残缺的危害，"存量"时代的土地产权制度改革势在必行。

（一）夯实土地他物权，细化用益物权权能

细化用益物权是存量时代土地管理制度改革的重要方向之一。土地权利是土地增值收益分配的重要依据和基础，我国目前的用益物权体系无法很好地支撑增值收益分配过程中相关主体的权益落实。尤其是在存量土地再开发的情境下，常常会出现一些十分复杂的土地利用关系，但这些关系并不能用当前存在的用益物权种类去对应和确定，当然无法明晰其涉及的所有利益主体的权能。例如，在深圳原农村地区，土地使用权名义上属于国家，但土地的实际占有和使用者却是原农村集体或者原村民。在这种情形下，土地的实际占用者和使用者并不拥有目前用益物权权能中的任何一种，但是在进行土地增值收益分配的过程中，他们却是必须纳入考虑的重要利益主体之一。由于没有明确的权能界定，导致相关利益主体在进行博弈时，处于相对弱势的一方，其在存量土地再开发中所应该享受到的权益并不能得到充分的保障。同时，由于划分权益的依据不足，也会延长各方主体的博弈或谈判的过程，增加各方的交易成本，阻碍存量土地再开发的进程。

土地增值收益的分配实际蕴含了对于土地发展权利归属的考虑。在实践中，我国并没有在法律体系中明确设置土地发展权这一土地权利，也没有明确相关权利与土地增值收益分配的关系。这就要求在目前的用益物权体系下，遵循现代土地产权制度发展的规律和趋势，结合我国的国情，进一步夯实他物权，彻底物权化，细化用益物权的权利束，以明确权利的互相约束，缓解和制衡存量土地再开发过程中出现的矛盾冲突。

[①] 高荆民、何芳：《变更利甲中城市存量土地产权制度分析框架》，《经济论坛》2010年第3期。

（二）完善配套措施，保障土地权益的实现

明晰土地产权并构建合理的土地产权结构固然很重要，但是，根据我国的社会基础和制度环境，土地权益得到充分保障可能更为关键。如果缺乏有效的配套保障措施，再合理的产权结构和权能界定在现行条件下也难以实现预期目标。为此，需要从以下两个方面建立完善的配套措施。

第一，不动产统一登记管理的细化。随着存量土地再开发范围的扩大，土地和房屋权益认定和变动方面的纠纷会越来越多，土地和房屋权利登记的重要性则越发凸显。土地和房屋登记制度是以证书或者其他方式将土地和房屋权利以规范的形式明确和记录下来，而存量土地再开发制度则关系到被明确的土地和房屋权利能够在何种程度上得以实现。在存量土地再开发机制与土地和房屋权益最为相关的两个方面主要包括：一个是土地和房屋使用权的转换机制，另一个是土地增值收益的分配机制。目前，我国关于这两个方面的政策规定，在形式丰富性、内容具体性、条文可操作性等方面都仍有待改进。这些不足之处将导致某些权利主体的权益得不到保障，不利于实现存量土地再开发过程中土地增值收益分配的公平性和合理性。

第二，建立规范的市场规则。市场力量是影响存量土地再开发结果的重要力量之一，在市场主体主导的土地再开发过程中，市场机制的影响作用则更为明显。在此背景下，土地权益的实现也需要建立规范和可操作的市场规则，包括及时、对称的信息沟通机制，土地、劳动力、资本市场之间的联动机制，以及集体土地市场、土地一级市场、二级市场等不同土地市场本身之间的连贯机制等。[①]只有这几个方面的市场机制得以完善建立，才能在保障土地权益的基础上，实现土地资源的优化配置。

二 利益分配规则逐渐明晰

（一）完善土地租税费体系，加强土地利益的宏观调控

土地租、税、费是土地增值收益实现初次分配和再分配的基本

---

① 吴次芳、谭荣、靳相木：《中国土地产权制度的性质和改革路径分析》，《浙江大学学报》（人文社会科学版）2010年第6期。

形式。土地增值收益分配首先表现为地租分配,土地税收实质上是对地租收益分配的课税,土地费的功能是用于弥补社会管理或治理负外部效应的成本。[①]在我国的存量土地再开发机制中,地租成为土地增值收益分配的主要手段之一,而土地税和费则未能充分发挥其利益调节作用。

由于土地租税费管理主要涉及国土、地税和财政三大管理领域,为此,可以基于以下三大管理视角,构建有机联动的土地租税费调控体系。第一,基于国土管理的视角,需要更好地配置土地资源。为了实现这一目标,应该提高农用地占用和新增建设用地使用成本,降低存量建设用地流转的税负,鼓励存量的循环高效利用,促进土地资源的节约集约利用。第二,基于地税管理的视角,需要更好地分配土地收益。为此,应该将当前以土地取得阶段的地租收入

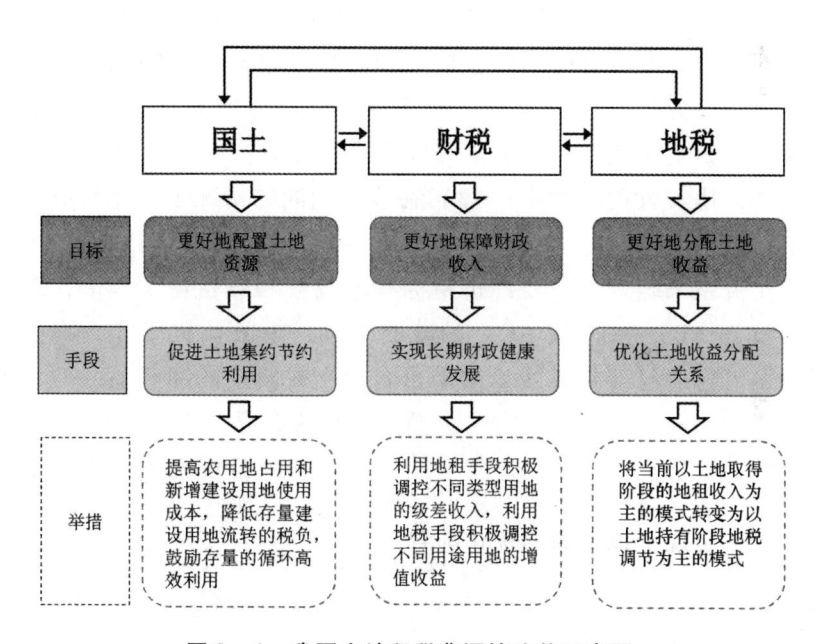

图9—4 我国土地租税费调控改革示意图

资料来源:笔者自绘。

---

① 朱一中、曹裕、严诗露:《基于土地租税费的土地增值收益分配研究》,《经济地理》2013年第11期。

为主的模式转变为以土地持有阶段地税调节为主的模式，优化土地收益的分配关系。第三，基于财政管理的视角，需要更好地保障财政收入。因此，应该利用地租手段积极调控不同类型用地的级差收入，并利用地税手段积极调控不同用途用地的增值收益，实现财政长期健康发展。通过以上这三个方面完善，加强国家对于土地增值收益分配的宏观调控（见图9—4）。

（二）开展多主体"成本—收益"分析，把握利益调控的合理范围

相关利益主体在存量土地再开发过程中的行为是基于对于自身成本和收益的考量而实施的。只有通过对不同主体成本—收益关系的分析，才能清楚各个主体在利益分配中的底线，继而为利益调节的开展提供基本依据。

"成本—收益"分析的基本原理是对项目或方案所需要的直接的和间接的成本同可得到的直接的和间接的收益尽可能用统一的计量单位货币分别进行计算，以便从量上进行分析对比，权衡得失。在进行多方案比较时，一般采用以下三种方法：（1）在成本相同的情况下，比较收益的大小；（2）在收益相同的情况下，比较成本的大小；（3）当成本与收益都不相同的情况下，以成本与收益的比率和变化关系来确定。主要评价指标有净收益和效费比。其中，净收益即效益（B）和成本（C）相减的结果，净效益大于零，是项目或方案可行的经济临界线。如果达到相当或期望的净收益，即为可行方案；否则，为不可行方案。而效费比为效益（B）和成本（C）的比值，效费比大于1，是项目或方案可行的经济临界线。如果达到相当或期望的效费比，即为可行方案；否则，为不可行方案。"成本—收益"理论是一种适用性很强的研究工具，经济学家在将这一理论进行运用时，又将成本和收益的内涵和外延进行了扩大，对于什么是成本和什么是收益进行更加多元的解释，从而将经济学理论运用于支持不同情境下决策的合理性分析。

在存量土地再开发过程中，往往市场主体会进行充分的"成本—收益"分析，而政府主体和用地主体则或多或少地存在不能全面考虑成本和收益的问题，尤其是对于短期利益和长远

利益的把握只能采取定性分析，这将极大地制约决策的成效。将"成本—收益"分析引入存量土地再开发涉及的利益匡算环节，将土地、房屋、货币等利益分配结果折算成可以比较的数值，并在不同尺度（比如城市和片区）、不同时间（比如长期十年或短期五年）、不同程度（比如政策的宽与严、补偿的高与低、谈判的易与难等）相关方面进行比较分析，这样可以更好地确定利益调控的基准线和弹性空间，使得利益博弈不再无效或低效开展。

三 利益实现方式更加丰富并有机协调

（一）推动土地资本化运作，创新土地价值实现和转换的形式

土地具有资源、资产和资本的三重属性。土地作为生产要素，承载了人类社会的一切活动，并提供了多种产品和服务，是土地可以作为财产占有和使用，继而转化为土地资本的基础。在市场经济条件下，土地的使用价值和交换价值都得以不断显化，土地资产资本化运作日益频繁。目前土地资产资本化的主要做法有换地权益书、土地银行和土地基金等。

换地权益书是政府收回土地时，向土地使用权人或土地权益人核发的用于保障其换地权益及其他土地经济利益的法律凭证。①

这种政策工具通常在政府进行土地征收、收购或收回时使用，其产生的主要原因在于政府财力不足以支撑政府在以上行为中需要支付的补偿，使政府难以通过付现的方式实现收储土地的政策目标。在此背景下，一种可以将土地产权人的即期土地和政府供给的远期土地进行等价值置换的工具应运而生。在这种交换中，政府放弃了部分土地收益，但是在近期获得了其所需要的土地；土地产权人获得了政府提供的那部分未来土地收益，但是放弃了在现时占有和使用土地。

换地权益书在香港的具体做法是：第一，政府收回建设用地或农用地，原土地产权人可以要求现金补偿，也可以要求同等面积的

---

① 胡存智、宫玉泉：《〈换地权益书〉：海南处置泡沫的特别方式》，《中国土地》2010年第Z1期。

换地权益书；第二，凭换地权益书可以在适当时候向政府换回等量面积的同类土地；第三，农地换地权益书换取建设用地时，5份农地才能换回2份面积建设用地，并需补回地价差额；第四，换地权益书可以自由转让，年代越久的换地权益书因农地与建设用地差价小，故越值钱；第五，以换地权益书竞投土地，除需要等量换地权益书外，还要看换地权益书发生的年代和区域，年代久和区域好者可以优先换地（见图9—5）。

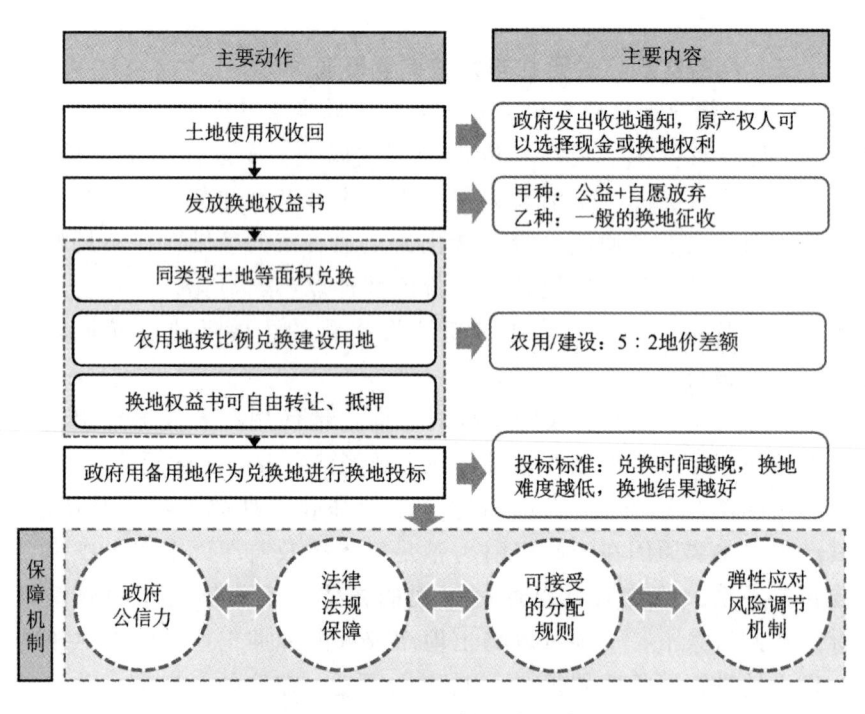

图9—5 香港换地权益书示意图

资料来源：笔者根据《香港换地权益书制度调查报告》绘制。

换地权益书实现了土地的产权和债权之间的相互转换，将土地权益价值与土地实物脱离开来，这样可以对土地的腾挪使用提供一种有效路径。随着土地开发利用进入"存量"时代，可以在更广泛的领域找到换地权益书的用武之地。

土地银行可以分为两种类型，一种是指代表城市政府集中进行土地收购、整理、储备、供应和开发的专门机构，另一种是以土地为抵押的办理长期放款业务的银行。在我国具体实践中，针对农村土地集体所有权与农户承包土地经营权分离的制度环境，创新设立了一种促进土地流转的金融创新平台，农户将所承包的土地"存入"土地银行，领取利息，土地银行对所存入土地统一规整后再"贷给"土地需求者，以此赚取土地存贷利差，[①] 同时也促进了农村土地的流转和闲置土地的盘活利用。

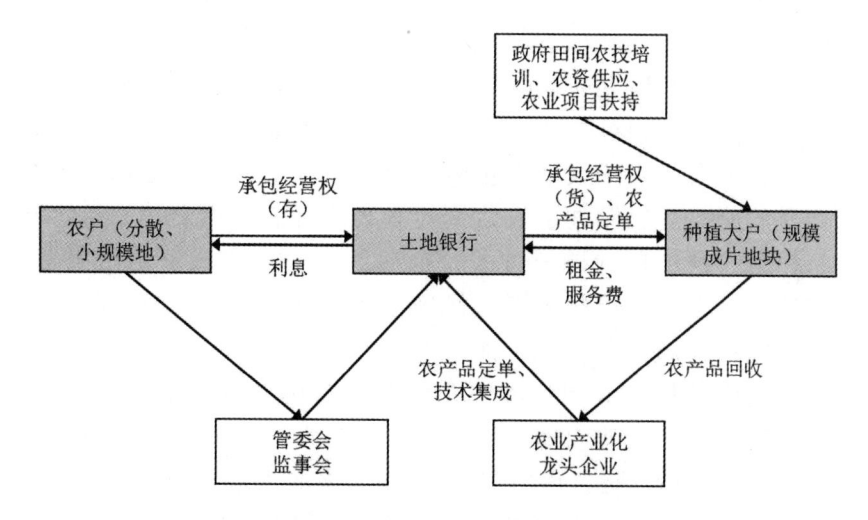

图 9—6　彭州市鹿坪土地银行组织架构

资料来源：蒋勃芊、刘志文：《交易费用经济学视角下"土地银行"的产生及运行——以四川省彭州市"土地银行"模式为例》，《西南大学学报》（社会科学版）2010年第 4 期。

以彭州市鹿坪"土地银行"为例，其运作机制为：第一，农户将零散、小块、界限明晰的承包地经营权存入"土地银行"，"土地银行"按照一定标准支付农户土地存款利息。第二，"土地银行"将零散土地进行整合后，成片划转包给种植大户，种植大户付给"土地银行"土地贷款利息、服务费，通过利息差获得收

---

① 王劲屹：《土地银行：促进农地流转效率的制度创新》，《南方金融》2012 年第 8 期。

益。第三,"土地银行"与龙头企业签订种植面积、产品要求和最低保护价的总协议,同时又与种植大户签订土地借贷协议和种植订单协议,由种植大户进行适度规模经营,并将产品卖给龙头企业,龙头企业在品种、技术、农资等方面通过"土地银行"为种植大户提供服务,确保产品质量安全。第四,政府为"土地银行"的运作提供政策支持。主要包括:帮助"土地银行"寻找龙头企业、帮助争取项目改善农业基础设施条件并开展田间农技培训、以低于市场价组织好质量安全的农资供应、对种植大户实施农机具购置补贴以及组织农民转岗就业培训,促进农民外出务工等。第五,农民通过民主选举产生"土地银行"管理委员会和监督委员会,对"土地银行"进行管理和监督。上述这种土地银行模式适应了我国农业生产关系变化的新趋势,在不改变农地承包经营权性质的前提下,促进了农地流转和规模经营(见图9—6)。同时,作为一种创新的融资方式,也拓展了农户获取资金的渠道。其实质是以土地银行作为平台促进土地、资金、劳动力等其他生产要素的重新组合和分配,提高资源的利用效率。然而,这种土地银行主要是作为农地流转中介以促进农村土地的整合和流转,并不是完全意义上的农地融资机构,其尚未开展发放农地抵押贷款、发行土地债券等方面的业务。[①] 在未来的土地管理体系中,可以尝试将两种模式的土地银行进行融合,创造兼顾土地资源整合与土地资本化、信贷化功能的土地银行。

土地基金是指以土地资源为载体,为了土地资源的合理开发和利用或促进公共基础设施的建设而专门设立的一种基金。土地基金不一定是单纯的公益性基金或者经营性基金,还可以是两种性质基金的结合。一方面,土地基金是国家或者政府为了合理地管理和利用土地资源,通过收取国有土地使用权出让金、土地使用费、土地增值费、土地租赁费用以及由土地开发利用所衍生的其他收益等资金而筹集的,用于土地收购储备、土地开发整理、城市公共设施建设等的一种基金。另一方面,也可以鼓励社会投

[①] 李蕊:《中国土地银行农地融资制度建构之权衡》,《政法论坛》2014年第4期。

资者通过投资的方式设立经营性土地基金,这种基金不仅进一步拓宽了土地开发的融资渠道,有利于吸收更多的社会闲散资金用于土地开发利用和城市建设,而且也丰富了社会投资者的投资形式,使得他们可以通过投资参与土地开发,并且获得丰厚的回报。①

土地基金的构成主要包括四个要素:第一,基金投资人。即基金的受益人,可以是国家、地方政府、金融机构或其他社会投资主体。第二,基金投资公司。土地基金投资公司是基金投资人或受益人的集合,可以由国家相关部门的公司和法人联合发起,以加强土地基金的国家监督、管理,使其投资运作符合国家法律、法规,使其充分体现出公益性作用。第三,基金管理人。基金管理人需要进行基金资金的运作管理和基金使用管理。基金资金运作管理是指基金的组织机构从事的资金保管、信贷、投资等金融性活动;基金使用管理是指基金负责机构从事的基金受益人的资格审查、贷款审批、项目监督等活动。② 第四,基金托管人。即基金资产的名义持有人与保管人,是基金的监督主体,也是基金投资公司以及基金管理人的联络中枢,我国基金的托管人可以是商业银行、储蓄银行、专业银行及信托投资公司等。

土地基金的具体运作模式即基金投资人以授权管理或信托契约的方式将土地基金交由基金投资公司管理,或直接交给基金管理人运作,并由基金投资人或基金投资公司对基金管理人实施监督管理;基金管理人在获得土地基金的运作经营权后,可以将基金交付银行等基金托管人具体实施经营业务,基金管理人和托管人通过基金资产的托管建立信托契约关系。托管人运作经营基金所获得的收益在支付自己报酬之后应上缴基金投资人(见图9—7)。

---

① 陶楚南、梅昀:《对我国土地基金制度发展的探讨》,《中国城市经济》2008年第4期。

② 姜开宏、姜海:《土地基金运作模式的国际比较及其对我国的启示》,《现代城市研究》2004年第1期。

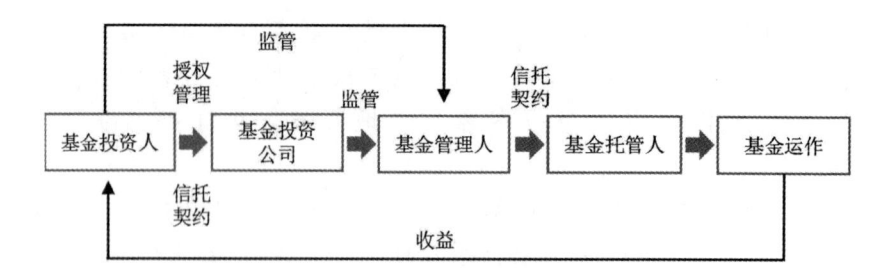

图 9—7　土地基金运作模式示意图

资料来源：笔者自绘。

随着我国城镇化进程加快，城市的开发建设必然需要大规模的土地空间作为支撑，而土地空间的获取又需要消耗大量的资金。土地基金的建立有助于将不同时期、不同类型的分散的政府资金集中起来进行运作和管理，并且能够实现资金的增值，从而为城市土地储备、基础设施建设提供可持续性的资金支持，减轻政府财政负担，控制地方政府负债规模扩张。另外，存量土地的再开发往往涉及复杂的利益关系，耗时长、投资量大，仅仅依靠财政拨款和银行贷款，不仅资金有限，也具有不确定性。而通过设立土地基金允许社会资本参与存量土地再开发，既能够拓宽资金的筹集渠道，又能够让更多的社会主体分享土地增值收益，从而最终保障存量土地再开发的顺利开展。

（二）加大各类调控手段的组合、协调、联动使用，平衡不同路径获利水平

随着土地资产和资本的属性日益凸显，其利益实现方式也逐步向多元化发展。整体来说，存量土地再开发过程中需要在保障城市公共利益和原权利人合法权益的基础上，对土地增值收益进行合理共享。

从利益实现方式来看，可以区分为土地、规划和经济等多种手段。对于城市公共利益的实现，在土地方面主要体现为通过改造可以贡献的公益性用地规模；在规划方面主要为满足相关规划要求和未来发展需求的公共服务设施、基础设施的落实，同时负载配建一定比例的保障性住房或创新型产业用房等形式。对于原权利人合法

利益的实现，一般基于等价值原则，对原权利人拥有土地的原用途现状价值进行评估后通过多种方式进行安置补偿。具体来讲，在土地方面可以体现为可以由原权利人留用的可开发建设经营性用地规模；在规划方面包括容积率的提升，或通过落实公共利益、保护历史文化所获得的一定建筑面积的奖励等。

除了以上利益保障之外，需要对可分享的土地增值收益通过更加多元和弹性的方式予以合理分配，从而满足不同利益主体的差异化诉求。比如，对于独立占地且用地规模较大的原权利人而言，可以通过核算双方利益切分比例，通过留用一部分发展用地而剩余用地由政府收回的方式进行利益分享，并可由双方共担地块开发的公共服务设施和基础设施成本。这一过程中，企业还可以通过人才住房和产业用房的配建，体现对公共利益的落实。对于占地规模较小或者不独立占地的原权利人，在其利益实现的过程中，需要采用更加多元的方式，例如除了货币补偿、地价减免、容积率提升以外，还可以通过物业置换、规划功能转换和地方税收留成等方式予以体现，从而切实保障原权利人合法权益的同时推动存量土地集约节约利用。对于城市公共利益的进一步保障，可以通过公益性用地贡献比例（包括其上承载的公共服务设施和基础设施）、公益性住房的配建比例、使用功能转换等方式来进行调控。

以上多元化利益实现方式，需要从内部和外部两个角度加强协调。从内部来看，每种利益实现方式都需要体现其土地价值，也即与利益主体的权益对应起来。例如货币补偿中，一种是参考使用用途的土地房屋市场价格，进行等价补贴；一种是参考房屋建设成本，对房屋进行等价补贴。无论是哪种方式，均体现了基于等价值原则的思想。从外部来看，各个利益实现方式之间存在相互转换。这是因为，原权利人对利益补偿的需求不一样，部分需要资金，部分需要物业等，通过对其现状产权价值进行评估之后，对比规划的土地价值进行利益核算，确定其分享的比例。而在这一确定的比例下，需要通过不同实现方式的排列组合，满足差异化诉求。这就要求，各类实现方式之间需要建立起一定的换算规则。同时通过多个利益方式相互转换的调节，更有利于实现政府对存量土地再开发项目实施方向的把握。

第十章 坪山实践："整村统筹"土地整备的发展建议

第一节 "整村统筹"土地整备的规则建构要点

存量时代的土地利用必定面临复杂的利益主体关系、产权处置情形和利益分配方式，多个领域的彼此交叉会形成更加多元繁复的实施状况。然而存量时代土地流转的频繁发生需要一定的制度环境予以支撑。在积极适应复杂的产权结构和经济利益关系的条件下，未来应尽可能完善土地再开发的规则，保障各利益主体能够有效地利用政策规定和市场规则积极参与实施过程，进一步促进存量土地资源的优化配置。

在坪山"整村统筹"土地整备的探索和实践过程中，从产权确认、利益分享、利益实现和利益协调几个核心领域出发，搭建了适应复杂产权状况下存量土地再开发的完整体系，逐步完善了相应的规则，从而形成了"整村统筹"土地整备模式。

从这一模式的内核来看，可以主要区分原农村合法用地和合法外用地这两种对象来入手进行分析。对于原农村合法用地，以现状产权状况进行确权，如对合法用地进行核查并按照一定换算规则予以留用。这一处置依据在于现状产权本身的权益所得，因此需要进一步细化完善现状确权体系（如"两规"处理、"三规"处理，旧屋村认定等），细化现状合法产权对应的处置规则，从而通过产权情况确定其权益情况，实现改造后原有产权清晰化和对应权益的保障。而对于原农村合法外土地来说，通过"整村统筹"土地整备进行依改造确权。也即通过改造，做大利益蛋糕，然后通过构建合理的土地增值收益分配关系并均衡协调利益分配格局，来实现土地增值收益的共享。实质上是通过明确现状合法外土地的可得利益，来核算对应的合法产权，从而实现现有模糊产权的明晰。无论是原农村合法用地还是合法外用地，在"整村统筹"土地整备过程中，均运用了土地、规划、资金三种互动手段，将各类产权的权益对应到留用土地、规划容积率和土地整备金三类主要的实现方式中，从而实现原农村土地产权明晰和历史遗留问题的解决，破解存量土地再开发的难题（见图10—1）。

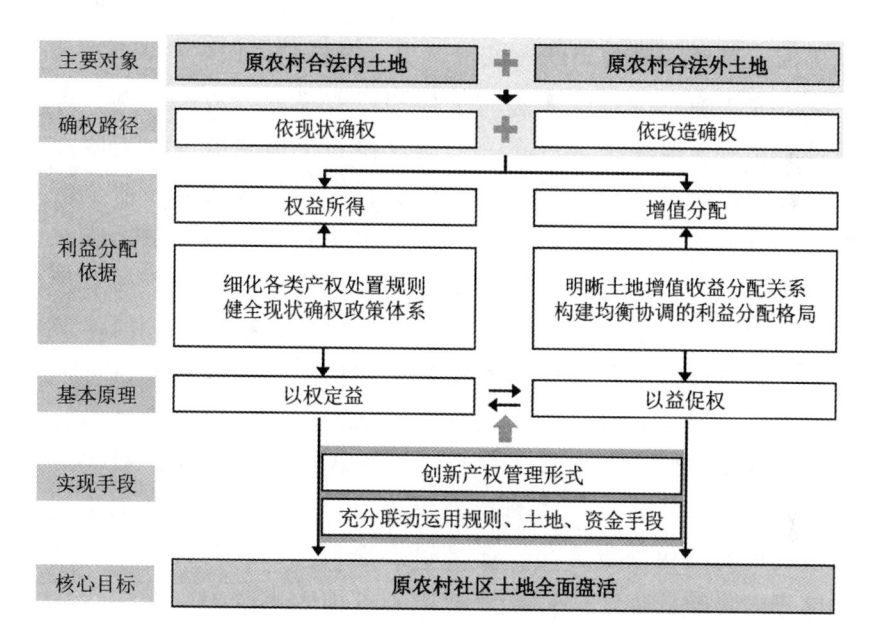

图10—1 坪山"整村统筹"土地整备总体思路
资料来源：笔者自绘。

一 完善土地权益认定

由于"整村统筹"土地整备所面对的主要对象即原农村集体实际使用的土地，其产权结构更为复杂，因城市化征转地所带来的模糊产权问题尤为突出，因此需要从现状权益实现和未来发展权益明晰两个方面构建政策通路。从现状权益实现的角度，需要关注原农村土地在城市化过程中原本应该获得的权益构成，例如非农建设用地指标落实、征转地历史遗留问题处置等等；从未来发展权益明晰的角度出发，则需要关注原农村集体及原村民在存量土地再开发过程中可以分享的城市化发展成果，这涉及新的发展形势与条件下的用地安排。这样，无论是现状权益实现，还是未来发展权益明晰，都对权益认定的规则建构提出了更高的要求。

（一）细化权能，创新产权管理形式

在"整村统筹"土地整备实施过程中，原有的以土地使用权为核心的权利体系已经较难满足所有再开发情形，需要根据原农村集体涉及的土地权益类型设置更为详细和合理的产权内容，从而解决现状确权过程中无法完全处理所有模糊产权的问题。可以针对原农村土地在土地占有、土地收益和土地发展等方面所产生的权益和权能进行合理界定，细化设置产权处置规则，健全现状确权的政策体系。在产权清晰的基础上，开展权益保护，确保以权益为依据的合法利益得以实现。此外，进一步创新产权管理形式，探索引入土地权益证书等，作为土地产权权益保护的新型媒介。土地产权虚拟化认定不再局限于实体土地和建筑物，可以进一步弹性处理权益确认的实现方式，从而向土地金融等资本化运营方式转变。此外，在这一过程中，确权成本可以在产权实现之后予以支付，从而进一步简化确权程序。然而，无论是基于现状权益实现的产权处置方式，还是引入虚拟化产权管理形式，均需要构建完善的认定规则，充分考虑各方面影响因素，避免产生不良风险。

（二）增值激励，完善市场配置作用

在现状确权的基础上，充分运用市场对资源配置的有效性，建立基于增值收益共享的激励机制。从某种意义上讲，存量土地再开发相较于新增建设用地出让来说有一个必经过程，即项目主导者通过付出一定的成本推动各方利益主体特别是产权主体形成共识，而这个过程，也即是通过土地增值收益激励来促进土地原权利人同意以某种形式开展土地再开发的过程。因此，构建土地增值收益共享机制，并以此统筹利益主体差异化诉求，有机联系增值收益分享与权益认定过程，从而激发各主体通过改造实现各自的土地增值收益，调动其参与与推动权益认定的积极性，这即是通常所说的依改造确权。在依改造确权的路径中，土地增值收益的分享与土地权益的认定相互促进，互相依赖共生。

二 明晰利益分配规则

（一）遵循利益分配的均衡与协调

"整村统筹"土地整备实施过程中，作为核心的利益分配规则，虽然是协商博弈的结果，但是同样需要遵循利益分配基本原则，也即利益均衡原则、社会效益最大化原则和协调国家管制与私法自治原则。

1. 利益均衡原则

利益均衡原则，也即在土地增值收益分配的规则建构中，应当充分考量各方利益主体的得失情况，平衡所涉及主体的利益分配，使得增值收益分配成为社会公平的调节器。其中原农村集体的土地权利行使的资格与能力，以及城市公共利益底线的保障，是实现政府和原农村集体之间土地增值收益公平分配的制度基础。尤其是在"整村统筹"土地整备过程中，土地历史遗留问题突出，政府与原农村集体对于利益分配的认知较容易出现差异和冲突，如何把握利益均衡的"度"十分关键。

2. 社会效益最大化原则

从我国的土地管理法律体系上来说，土地资源属于公共资源、全社会共有，其优化配置的结果必然是社会整体效益的最大化。因此，构建合理的土地增值收益分配制度，除了上述阐释的实现社会公平、机会均等和利益平衡等目标（也即土地增值收益分配中规定公平价值标准）外，还需要充分衡量制度构建前后，土地利用过程中的投入产出关系，进一步提高土地利用效率。而此时的利用效率并不仅仅只是土地使用权人获得较高的经济利益，而是要从社会、经济、环境等领域进行综合评估，实现土地资源对社会发展、经济增长、环境保护和资源充分利用的支撑作用。

3. 协调国家管制与私法自治原则

我国土地管理法律体系中，对于公共利益的保护（《中华人民共和国土地管理法》：城市土地属于国家所有，集体土地属于农村集体所有）十分严格，同时又坚持土地作为不动产的财产权维护（《中华人民共和国物权法》对土地、建筑等不动产的权益规定）。而土地整备中土地增值收益的分配过程，实际上是政府代表的公共利益和原权利人坚持的合法权益之间的博弈过程。因此，分配规则的构建，不能仅从国家管制或者私法自治的角度出发，还需要在同一政策体系中对两类具有独立意义和价值的法律角度进行理念互补和规范技术协调。

（二）运用底线把握和弹性调剂思维

1. 底线思维：明确政府主体与非政府主体的分配原则

"整村统筹"土地整备利益分配规则，首先需要明确政府主体与非政府主体之间的利益底线，也即是基于权益认定的双方应该获得的合理权益。其中政府主体利益底线主要是基于城市规划安排的基础设施和公共配套等公共利益的落实，是未来城市可持续发展的重要基础。对于非政府主体来说，则是推动项目实施所须付出的成本。例如，对于原权利人来说，须保障现状已有的合法权益；对于项目实施主体来说，须平衡必要的开发建设成本。只有建立了底线思维，明确各方主体最基本的权益保障，才能够在实施过程中避免某一方利益主体过度让渡应得利益而产生利益分配不均、社会公平未能实现的问题。

2. 弹性共享：充分构建各利益主体获利底线以外的增值收益分配规则

对于各方利益主体利益底线以外涉及的增值收益，需要构建完善的利益分配规则实现共享。包括有政府获得的落实重大产业或者作为土地储备的经营性用地，原权利人在已有产权基础上获得的利润以及市场实施主体通过项目实施所获得的利润等等。其利益规则构建思路主要分为两个层面：在近期实施过程中，可以参考累进税率的方式对各方利益进行分配，当相关主体获利的增值额超过一定比例之后，采用类似税收的方式计算应该移交政府的增值比例；在远期分配规则建构上，可以建立基于各个主体贡献程度的弹性收益共享方式，依据"谁贡献、谁受益"的基本理念，实现各方利益分配公平。

3. 灵活配置：积极培育市场力量，实现社会综合效益最大化

在基础地籍信息的统一更新管理和土地总登记逐步完善的基础上，逐步发挥市场和政府的各自优势，在城市发展过程中有序消减积累的大量历史遗留问题。具体来说，应重点关注以下两个方面：

首先，积极培育市场力量，建立完善成熟的土地市场规则，充分发挥市场机制对土地资源配置的基础性作用。市场具有天然的"逐利性"，能够较好地实现各方利益分配结果下的土地资源经济效益最优。因此充分发挥市场力量、利用市场规则，对快速促进"整村统筹"土地整备的利益分配结果的形成十分必要。目前在整备实施中对于市场主体如何参与尚未明确规定，导致实施过程中市场推动作用十分微弱，未来需要进一步加强该领域的规则建构。

其次，需要进一步加强政府公共职能，实现社会、环境、资源保护等方面的综合效益最大化。市场对于经济利益实现具有较强优势，然而在社会效益方面考虑较少，需要政府充分发挥公共职能进行协调。同时，政府需要充分协调公共利益与私有权利之间的平衡关系，在制度规则和法律体系上充分体现两者的诉求。

三 增强实施路径的适应性

（一）丰富土地整备策略

由于"整村统筹"过程中面临多元化的项目条件，需要根据不同的产权类型和需求特点，提供土地整备的不同实施策略。策略越完善，"整村统筹"土地整备的途径和选择就会越多。而针对不同条件和特点的地块、主体，其选择对自身较为有利的弹性空间越大。当土地整备策略制定十分完善之后，政府主体甚至可以置身事外，让中介机构、行业协会、新闻媒体等第三方组织按照规则对项目实施情况进行监督，形成自律和自我完善机制，政府主体则集中

精力根据新的形势不断地完善政策制定和规则建构。

在这一方面，需要对不同的"整村统筹"土地整备项目进行分类。以整备目标来看，不同的整备项目其核心目标包括解决土地历史遗留问题、完善公共基础设施、推动产业项目落地、收储大规模土地等。整备项目常常会同时具备这几大目标，但是针对不同的项目，这几大目标的重要程度一般会出现差别，一个整备项目往往以其中某一个或两个目标为核心目标。这样，可以根据目标的主次关系，确定实施手段如何选取和组合。以实施进度要求来看，有的整备项目需要快速推进，有的项目则允许用更长的时间来做优做精，这样，在项目整体或分期实施方面可采取不同的策略组合。对整备项目进行细化分类后，可以根据项目类型采取不同的策略，选择不同的整备模式，区分不同的利益分配确定方式。

（二）明确各方主体行为边界

进一步约束各方利益主体的行为，明确相应的权利义务，避免出现"打政策擦边球"管理真空区。同时将相关权利义务内容运用多种政策调控手段予以明确，例如现有的规划、土地、资金、税收，以及未来可以创新引入的换地权益书、土地银行、土地基金、土地信托、运营收益分红等新型实现方式。其根本目的在于，构建基于不同实施路径下各方主体行为准则，并且将其通过不同的手段予以实现。这样既能维护不同路径的利益分配原则，又能弹性应对存量土地再开发过程中层出不穷的新情况、新问题。

四 加强利益调控政策创新

（一）探索建立统筹开发模式的总体利益调控格局

以社区为基本单元，清算通过存量土地再开发可以获得的利益总账，在此模式下，社区内部各个片区根据实际情况灵活选择不同实施路径。实现改造利益较少的项目与改造利益较多的项目进行合理搭配，共同促进社区可持续发展。

（二）积极优化完善容积率调控方式

在"整村统筹"土地整备实施过程中，社区留用地规模和容积率大小往往成为各方主体博弈的焦点，在土地分配方案固化的情况下,构建面对不同情形的容积率调控机制,创新容积率转移和奖励制度、容积率开发指标转移制度以及区域容积率开发总量平衡制度,可以更加明确地实现利益分配。

(三)综合使用准入门槛、留用面积、合法指标使用等调控手段

准入门槛方面可考虑协调设置"整村统筹"土地整备负载的公共利益比例;在留用土地方面,"整村统筹"可进一步参考城市更新中合法外土地处置规则,分阶段分情况设置移交比例;在合法指标使用特别是非农建设用地和征地返还地指标调入等方面,应该严格设置调入规则,减少先发地区对后发地区的利益侵占,并且与地价优惠、历史文化保护等"整村统筹"设计多个领域的政策要求有机结合,联动调控。

第二节 "整村统筹"土地整备的制度环境建设

一 强化顶层设计,逐步构建开放迭代可更新的政策体系

(一)从"整村统筹"土地整备的全环节出发,构建系统政策框架

虽然深圳目前已经形成了土地整备利益统筹的"1+6"政策体系,包括以《土地整备利益统筹试点项目管理办法(试行)》为核心的综合政策,以及对社区留用地规划、地价补缴、审批程序等领域进行规定的配套文件。在未来的政策框架构建过程中,还需进一步强化《土地整备利益统筹试点项目管理办法(试行)》等主干政策的主体地位,深化"整村统筹"土地整备理念层面和指引层面的规则构建,充分考虑各个环节的配套政策支撑与联动,形成政策合力。

(二)进一步完善相关配套政策,细化政策操作指引

在"整村统筹"土地整备涉及的核心领域,也即土地处置、产权处置、留用地规划,以及规划和实施方案的审批制度建设方面,目前土地整备利益统筹已经相继出台了较为明确的政策规定,未来

"整村统筹"土地整备改革制度建构应该加强以下两个重要方面（见图10—2）。

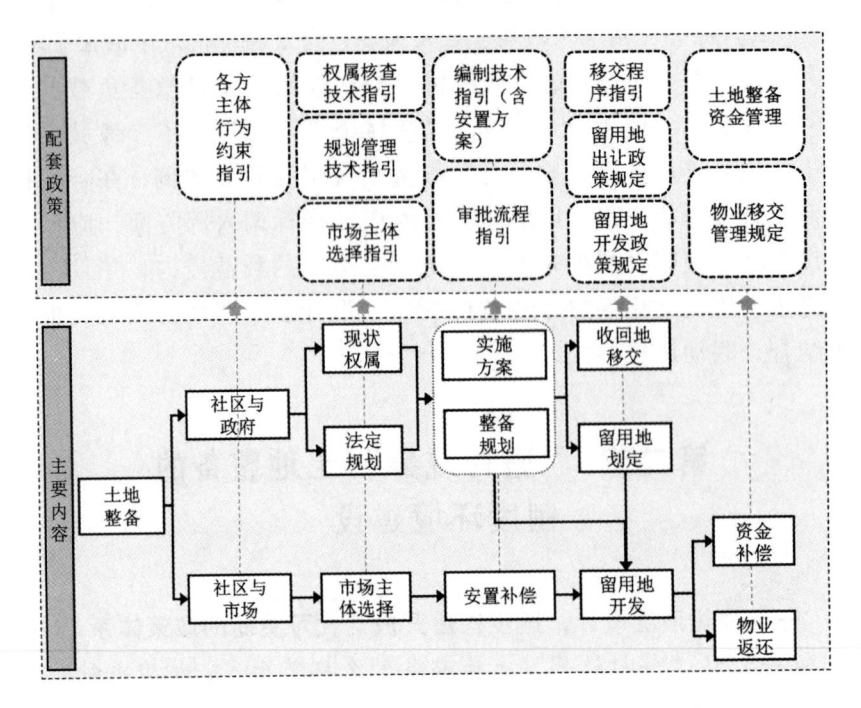

图10—2　"整村统筹"土地整备政策配套主要领域示意图
资料来源：笔者自绘。

一是制度体系内部的系统完善，重点在非农建设用地及征地返还用地管理、土地历史遗留问题处理、违法建筑确权、土地增值收益的分配与管理、产权置换方式方法、测绘与土地房地产价值评估等方面，对既有政策的修改、补充、调整、优化和完善，使之适应新形势下的土地整备发展要求。比如在权属核查方面，在"整村统筹"土地整备工作中，土地建筑物权属核查作为基础性工作，目前缺少对其技术要求明确的规定。例如五类合法用地指标叠加情况下如何扣减，旧屋村和"两规"等历史遗留问题处置程序如何与数据核查互相支撑等等，都需要在之后的规则建构中逐步完善。另外需要进一步明确收回土地的移交程序和土地整备资金拨付的规范性指引。"整村统筹"土地整备要求实施土地分期移交与土地整备资金分期拨付相联动。也即在社区完成一期土地清理移交后拨付下一期的土地整备资金。然而对于该阶段各方权责尚未进行明确的规范性指引，可以在全市或者全区的层面上建立原则性要求，各个项目再根据自身不同情况在四方框架协议中予以细化。

二是加强上述制度与现行的土地管理、规划管理和行政职权制度的高效衔接和有机协调，加强对各方主体规范的指引，提高政策的可实施性。目前对于社区和政府主管部门的参与规则分散在各个政策之中，对于市场实施主体的介入方式和规则几乎没有相关规定。由此便导致在真正实施过程中，社区由于政策理解程度不够而做出错误的行为决策，市场主体由于利益保障机制不明而踌躇不前。从而避免政府热切希望通过"整村统筹"土地整备模式推动存量土地资源盘活而其他主体普遍存在"畏难"情绪从而不利于整备项目实施的局面出现。

（三）开放迭代，形成不断完善的土地整备修复体系

无论何种制度，都是在社会经济发展过程中通过不断地探索构建起来的，同时也需要随着新的形势变化不断地调整完善。例如深圳城市更新政策，针对合法土地上的已建成区所面临的历史遗留问题较多且与合法用地犬牙交错和难以区分的现状问题，在2012年的《关于进一步推进城市更新工作的实施意见》和《关于加强和改进城市更新工作的暂行措施》中明确提出城市更新应考虑历史用地处置问题，积极提出历史遗留土地处置的相关规则；此外随着早期符合产权门槛的项目被开发殆尽，城市更新逐步降低合法用地的准入门槛，并且根据政府实施更新的目的进行细化和区分。上述政策规定的不断完善，正是由于市场和实践不断反馈的结果，使得城市更新能够适应各种需求，实现政策改进的良性效果。因此，"整村统筹"土地整备也应该建立起开放有机的政策完善机制。一方面，依据外界形势变化，不断借鉴国内外其他存量土地再开发的政策优势，不断提高制度体系的完备性，使其更加适应土地整备实践需要；另一方面，协调土地整备政策内部的关联关系，形成有机的政

策系统，避免出现部分配套政策改变而导致政策要求自相矛盾，阻碍实施工作的情况（见图10—3）。

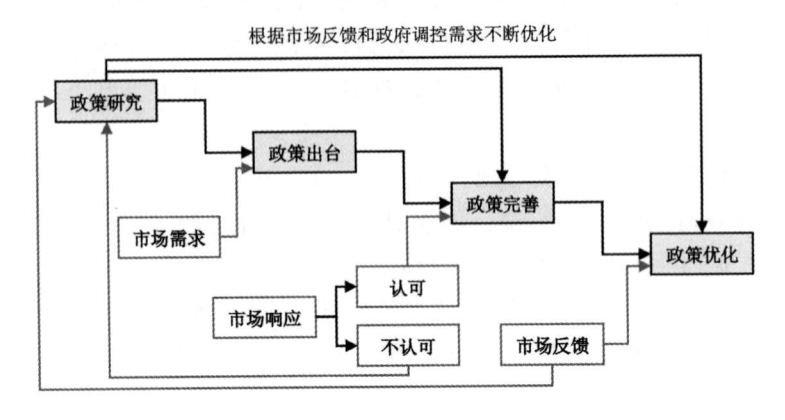

图10—3 土地整备政策完善思路示意图

资料来源：笔者自绘。

二 加强政策联动，进一步增强土地整备工作实施力度

"整村统筹"土地整备涉及土地再开发利用的所有环节，涉及相关领域政策的集成，仅靠《土地整备利益统筹试点项目管理办法（试行）》等这样原则性、方向性的文件较难支撑，需要进一步完善各层次政策体系，统一土地整备工作实施过程中各个领域的操作原则，加强土地、产权、城市规划、集体资产处置、财政、地税、企业管理等多个领域的配套制度建设。

（一）协调城市更新、土地整备、房屋征收等多样化的实现手段

1. 城市更新与土地整备联动

城市更新与土地整备是深圳市进行存量土地再开发的两条重要路径，两者在目标、门槛、实施模式、补偿标准上都存在差异，适用于不同的项目，同时也分别具备不同的优势。面对有些原农村社区虽然合法外用地比例较高，无法满足城市更新合法用地达到60%的门槛要求，但是原村集体和原村民愿意通过城市更新盘活土地的情况，可以将城市更新与土地整备两种路径联动起来，发挥两者各自的优势，共同解决社区面临的问题。

以当前正在尝试这一联动的坪山田头社区为例。田头社区位于坪山高新南片区范围内，为保障落实高新南片区内规划，需对田头片区内建设用地进行二次开发，一并解决范围内的征转地历史遗留问题。该社区内同时存在城市更新、房屋征收、历史用地处置等项目，存量土地的再开发面临以下问题。第一，田头社区部分区域已经签署了城市更新意向，尚未纳入城市更新计划，但是城市更新合法用地比例不足60%，即整村进行城市更新的合法用地也不够。第二，田头社区内部分区域涉及房屋征收项目且已纳入土地整备计划，但房屋征收工作推动较难，同时存在城市化转地涉及的返还用地落地问题。面对这些问题，田头社区尝试采用城市更新与土地整备联动的策略来解决。具体来说就是将房屋征收、征地返还地落实纳入"整村统筹"土地整备范围，核算社区留用地，并将此留用地指标调入城市更新，使得更新合法用地比例满足60%的要求，纳入城市更新计划。由城市更新项目统筹解决田头社区涉及的所有拆迁和安置问题，这样政府不需再拨付土地整备资金，而由城市更新作为最终实现路径予以实施。

2. 房屋征收与土地整备联动

房屋征收与土地整备联动的做法通常是将房屋征收项目纳入"整村统筹"土地整备范围，对于房屋征收项目范围内的房屋先按照预估的"整村统筹"土地整备标准进行补偿，并进行拆迁。待"整村统筹"土地整备实现时，房屋权利人有两种选择，一种是继续选择货币补偿，此时若"整村统筹"土地整备的实际货币补偿标准高于当初的预估值，则由政府补贴差价；另一种则是选择产权置换，此时房屋权利人需要将前期获得的货币补偿退回，然后才能获得相应的置换房屋。房屋征收项目基本上出于建设公共基础设施或者落实重大产业项目的目的而开展，但是由于其本身的补偿标准较低，不能达到原业主的期望值，造成房屋征收推进困难，此时将房屋征收项目与"整村统筹"土地整备项目联动起来就成为一条较好的解决路径（见图10—4）。

以坪山沙田社区的南京金龙项目为例。2016年6月，坪山引进南京金龙新能源汽车及核心零部件产业基地项目，本项目涉及房屋征收任务。同时，为推动一系列在沙田集中部署的重大项目，坪山提出开展沙田小片区"整村统筹"土地整备工作，其范围包括了南京金龙项目的选址范围。南京金龙项目时间较紧，其房屋征收工作需要在沙田小片区"整村统筹"土地整备实施方案确定之前开展。但由于房屋征收和"整村统筹"土地整备的补偿方式和标准存在差异，拆迁户希望按照"整村统筹"的方式和标准得到补偿。

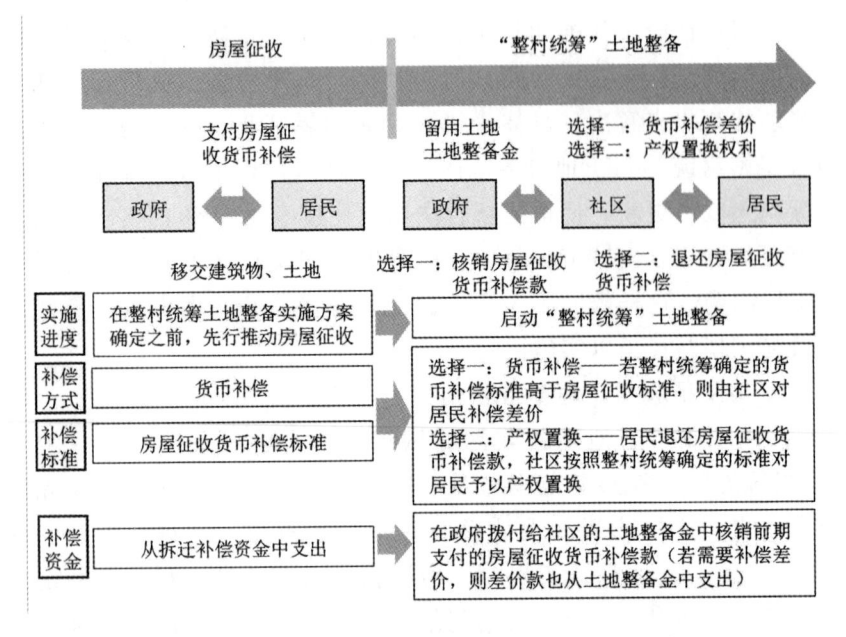

图 10—4　土地整备与房屋征收联动机制构建示意图

资料来源：笔者自绘。

在这种情况下，坪山决定先行启动南京金龙项目房屋征收工作，先由政府按房屋征收方式以货币形式补偿原村集体或原村民，再在"整村统筹"实施方案中全部计入整村统筹大账，并在政策总账中核销提前支付的房屋征收补偿款。对于在房屋征收阶段现行拆除的住房，相关业主可选择以下方式：（1）小片区"整村统筹"项目顺利实施，存在置换安置房诉求的，采用"退钱换房"的模式，由住房业主将房屋征收拆迁补偿款退还社区股份公司后,由社区股份公司按照迁换补偿标准进行房屋置换。(2)小片区"整村统筹"项目推进不力,退还拆迁补偿款后可以按照现行房屋征收安置政策执行,按先行启动房屋征收工作中所签订的补偿协议的备用安置方案落实安置问题。

在借鉴田头社区和沙田社区南京金龙项目案例经验的基础上,为了使城市更新、"整村统筹"土地整备、房屋征收的两者或者三者联动机制具有更加广泛的适用性和推广意义,还可以从以下几个方面进行完善(见图10—5):第一,建立统一的政策基础。基于大致统一的基准线,合理设置补偿方式、补偿标准以及合法外用地处置标准,使得同等产权条件的土地在城市更新或者土地整备任一路径下核算出来的利益格局基本一致。第二,实现政策的差异化。通过科学的政策设计,使得两种路径在项目规模、项目周期、利益空间等方面具有不同的适用性,形成市场和政府各有阵地、各司其职的局面。第三,建立利益公约数。通过单元利益统筹或社区利益统筹,使得在不同的开发方式下单元或者社区的整体利益格局基本相同。

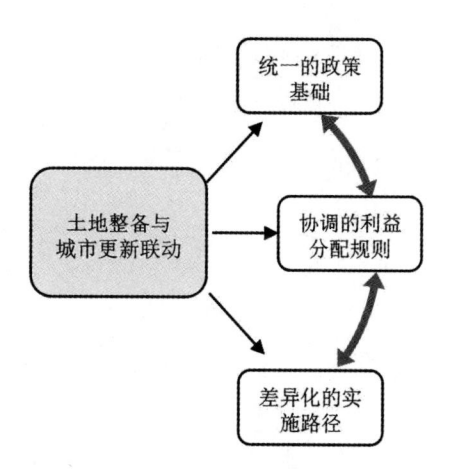

图10—5 土地整备与城市更新联动机制构建示意图

资料来源:笔者自绘。

（二）加强与土地整备相关的各个领域研究及政策配套

在与"整村统筹"土地整备有着紧密联系的其他领域，包括需要重点关注的财政、地税、法务、企业管理等，应该尽快研究与土地整备理念和原则相一致的配套制度建设。例如，财政方面对于土地整备资金的监管，国资方面对于集体资产处置的程序规定，地税方面对于实施过程中涉及的土地租税费调控体系设计，法律方面对于整备过程中多主体纠纷协调和仲裁，以及后期市场实施主体进驻之后对于其开发建设和物业运营的实时监管等等，均需要在改革过程中进一步探索和完善，保障"整村统筹"土地整备实施的良好制度环境（见图10—6）。

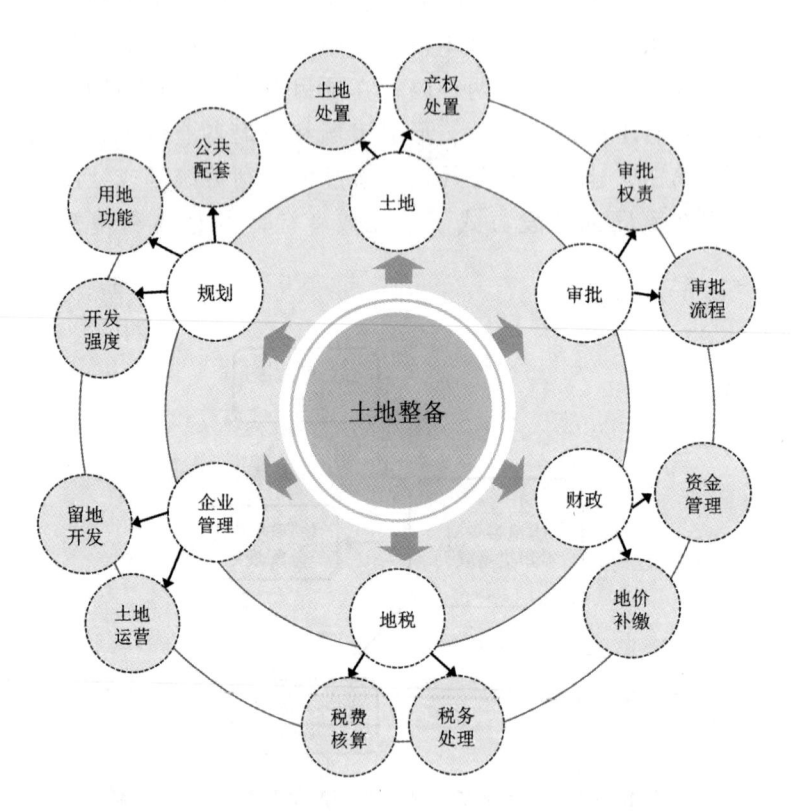

图10—6 土地整备配套政策完善涉及领域示意图

资料来源：笔者自绘。

三　增强组织保障，提升土地整备决策支撑

作为深圳存量土地再开发的重要实施路径之一，土地整备与城市更新类似，实施过程涉及多环节多部门，工作组织复杂，体制机制不顺畅，均给政策的进一步推动和实施带来困难。作为土地整备改革的重要内容，未来应该进一步加强"整村统筹"土地整备工作的统筹协调、部门联动和流程简化，进一步提升政策实施成效。

（一）加强全市存量土地管理协调机制建设

可在全市层面建立存量土地管理协调机制，统筹城市更新、土地整备、产业升级转型、棚户区改造等存量土地再开发实施路径的相互协调，避免出现政策打架，同时也进一步减少因政策实施的"真空区"而导致"打政策擦边球"的现象出现。其次需要在市区以及街道层面协调各部门之间的权责分工，建立工作协同组织体制。具体来说：市政府对应市土地整备局、财政、发改等部门，区政府对应规划国土管理局、财政、发改、投资开发、城市管理、街道办等部门，按照"简政放权、放管结合"的改革精神，在"整村统筹"土地整备中强化街道办事处的实施管理地位，推行职能部门联动机制，创新领导挂点包干方式，充分发挥社区作用，运用中介服务机构专业力量，加强监督考核，调动各方积极性，依法、高效推进土地整备工作。最后，需要进一步统一标准，简化项目实施面对多个部门多头管理的工作流程。

（二）提升社区管理能力

一是提高社区政策认知水平。一方面，在"整村统筹"土地整备的计划申报之前，社区必须充分了解政策规则，分析自身通过整备实施的成本收益，并将其转化为居民可以理解的语言进行宣传，实现各个利益个体达成共识，这对社区的政策理解能力和宣传组织能力提出了较高的要求。同时在列入试点计划之后的各环节博弈过程中，社区需要与其余各个利益主体进行协调博弈，首先要求社区明确自身的利益底线，其次则需要社区具有较高的谈判技巧，既能够理解政府政策制定者和实施者的思维，又能够平衡社区内部的利益矛盾。在项目实施阶段，则需要社区根据自身利益预期选择最合

适的市场实施主体，要求其具有较强的谈判能力。可以说在"整村统筹"土地整备实施过程中，几乎是以原农村社区为核心的利益博弈过程，而社区自治能力的提升，一方面来源于其余项目的经验借鉴和通过"耳濡目染"的政策宣传逐渐提高的"整村统筹"土地整备政策认知，另一方面也需要政府进行针对性的社区自治能力培育和引导，保证其快速适应新的政策和新的形势。

二是加强社区人才培养。社区自治的实现不仅需要自治权的获得，更需要自治能力的提升，建设一支高素质的社区工作者队伍对实现社区自治起着重要的作用，是促使自治手段转变的关键因素之一。随着社区工作专业知识的不断科学化和系统化，首先，需要加强社区工作者的专业培训力度，为优秀工作者提供接受专业学历教育的机会；其次，需要设置岗位聘用制度，公开招聘社区建设所需的各类专业人才，并创新用人激励机制；最后，建立社会工作专业机构，在政府不直接干预社会工作专业组织服务的前提下，需要不断加强与多种组织和机构的沟通与合作。

三是建立完善社区内部工作制度。目前"整村统筹"土地整备工作中，对于社区、政府、市场以及其他利益相关方的参与规则和工作职责已经进行了明确的界定。但是，对于社区内部基层领导班子以及社区与居民小组之间各个管理机构的职责分工仍然处于模糊状态。由于全市每个社区都是由原有的农村集体和自然村落发育而来，具有独具特色的自我管理体系，因此，无法在全市或者区层面进行明文规定其内部工作组织及各方职责，需要社区内部自我完善。其中既包括近期组织宣传、政策解读、经济测算和项目实施等土地整备工作在社区各个管理机构、社区与居民小组、居民小组之间的工作职责分工，各利益主体的权利与义务界定，同时也包括远期系统工作组织程序的完善（见图10—7）。具体来说：其一是建立有效的公众参与制度，打通原村民向上表达利益诉求的渠道，使得利益相关个体在社区的组织下充分参与整备工作，减少实施反对面，保障政策和规划落地；其二是建立定期工作会议制度，不仅使得"整村统筹"土地整备工作的沟通协调、讨论决策有章可循，也为社区学习新的政策要求和思考未来发展提供平台，使其保持自我管理和接受新兴事物能力；其三是完善社区决策制度，把握社区主导决策和全体居民共同决策之间的"度"，针对安置补偿方案这类涉及每个居民切身利益的决策事项必须征求所有利益个体意见，针对政策大账这类涉及整体利益的决策事项则需要社区基层领导班子判断准确、决策果断，最终实现实施过程中粗细结合、张弛有度。

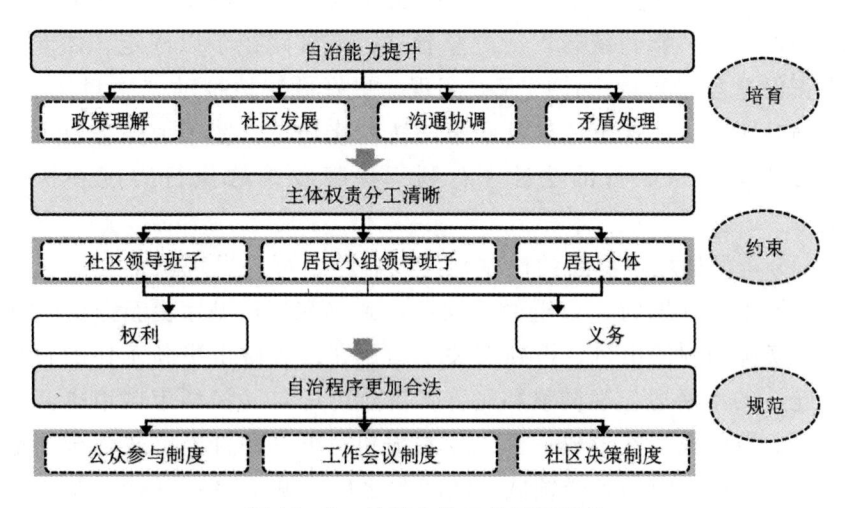

图 10—7　社区自治工作规则建构

资料来源：笔者自绘。

（三）发挥社会组织优势

存量土地再开发特别是"整村统筹"土地整备，需要在进一步提高市场竞争力的过程中，激励相关的行业组织、咨询机构和专家协会等第三方社会组织的发育和完善。比如深圳城市更新，在多数市场主体面临自身较难解决的问题时，于2014年6月由众多企业自发成立了城市更新协会，尝试搭建政府、原业主和市场实施主体之间的沟通平台，发挥了积极的协调作用。社会组织对于基层民众可以进一步将"整村统筹"土地整备的政策理念向社区渗透，减少市场介入的阻力；对于上层管理可以进一步反馈市场实施过程中无法解决的共性问题，推动"整村统筹"土地整备的政策体系更具有可实施性。此外，有关行业协会的成立，可以为市场主体对政策的理解和实施提供专业指导，促进"整村统筹"土地整备不断提高社会接受度。随着深圳与"整村统筹"乃至存量土地再开发相关的社会组织和民间组织的发育成熟,以及相关技术服务和专家协会的专业性和参与性的增强,将最终为实现充分的公众参与奠定基础条件。

四 推动立法工作,加强土地整备法制化建设

土地管理制度必须建立相应的法律制度予以保障。只有通过法律的形式将"整村统筹"土地整备这一实施路径予以固定,才能够真正保障各方利益主体的权益实现,更好更快地推动"整村统筹"实施。因此,加强土地整备政策的法制化建设,使土地整备政策成为必须遵守和执行的法律,有利于保障政策的执行力度和执行效果。

分析深圳城市更新的法制化建设思路,可以发现从最初的《深圳市城中村(旧村)改造暂行规定》到《深圳市城市更新办法》和相应实施细则的出台,再到《关于加强和改进城市更新工作的暂行措施》的不断适应性调整和完善,目前正走向《深圳市城市更新条例》起草阶段。在形成一套较为系统和完善、并且能够较为全面地应对实施过程中的各个领域关键问题之后,城市更新开始法制化建设道路。借鉴深圳城市更新法制化建设经验,"整村统筹"土地整备需要在扎实的探索和有效的实践检验基础上,提出较为成熟的政策体系,出台相关的法律条文,推动法律制度建构。

从法制化建设要求来说,探索构建深圳土地整备管理办法等需要满足以下几个方面的要求:一是依据充分,严格按照国家、省、市土地管理相关法律法规、规章制度进行编制,确保土地整备规定合法合规;二是程序正当,在编制过程中,需要书面征求各相关部门意见,并进行公示,接受专家和社会公众的舆论监督,需要经过法制部门的合法性审查,并经过市政府会议通过,保证发布文件内容合法、程序合规;三是政策规范,将土地整备的政策要求上升到法律层面,具有比部门规章更有效的法律效力,因此必须保障其政策内容的规范性和稳定性,保障法律的严肃性。

致 谢

本书自2016年8月开始筹划，2017年初启动资料收集和调研访谈工作，在分类整理和消化吸收既有研究成果的基础上，开展了对坪山"整村统筹"土地整备的深入思考，于2017年4月形成初稿，经过与政策专家、研究学者和实务人员的多次沟通交流，在多轮修改完善之后，最终形成了本研究成果。

在坪山"整村统筹"土地整备试点探索和实践过程中，不仅凝结了直接参与政策研究和工作推进的各类人员的心血，也离不开发改、规划、土地、产业、环境、财政等城市管理工作者的大力支持，而且体现了市区政府的共同作用，是深圳市与坪山区集体智慧的结晶。

本书在编写过程中得到了相关部门的大力支持。感谢深圳市规划和国土资源委员会、深圳市土地整备局、深圳市规划和国土资源委员会坪山管理局、坪山区土地整备局和坪山规划国土事务中心等为编写本书提供的宝贵经验。

本书在编写过程中得到了各方参与人员的支持和帮助。感谢时任坪山新区管委会副主任雷卫华同志，在坪山"整村统筹"土地整备政策探索实践过程中，牢牢把握改革方向，为改革的成功推进提供了强有力的支持，并在书稿撰写时提供了大量指导。感谢时任坪山新区土地整备中心主任黄坤赤同志，以其丰富的土地管理政策理论和实践经验为基础，开创性地提出"整村统筹"土地整备模式，并在改革实践过程中不断补充完善，最终构建形成完整的政策体系，为坪山"整村统筹"土地整备工作做出了突出贡献。

坪山土地整备的改革实践历时多年，涉及很多以不同方式参与其中的各方人员，本书无法一一提及，在此一并向为坪山"整村统筹"土地整备工作做出贡献的人员致以衷心的谢意。

编　者

2017 年 10 月 12 日